Kohlhammer

Nina Käsehage

Frauen im Extremismus

Radikale Rekruteurinnen zwischen
Tradition und Moderne

Verlag W. Kohlhammer

Umschlagabbildung: © Justlight – stock.adobe.com

1. Auflage 2025

Alle Rechte vorbehalten
© W. Kohlhammer GmbH, Stuttgart
Gesamtherstellung: W. Kohlhammer GmbH, Heßbrühlstr. 69, 70565 Stuttgart
produktsicherheit@kohlhammer.de

Print:
ISBN 978-3-17-046294-6

E-Book-Formate:
pdf: ISBN 978-3-17-046295-3
epub: ISBN 978-3-17-046296-0

Für den Inhalt abgedruckter oder verlinkter Websites ist ausschließlich der jeweilige Betreiber verantwortlich. Die W. Kohlhammer GmbH hat keinen Einfluss auf die verknüpften Seiten und übernimmt hierfür keinerlei Haftung.
Dieses Werk einschließlich aller seiner Teile ist urheberrechtlich geschützt. Jede Verwendung außerhalb der engen Grenzen des Urheberrechts ist ohne Zustimmung des Verlags unzulässig und strafbar. Das gilt insbesondere für Vervielfältigungen, Übersetzungen, Mikroverfilmungen und für die Einspeicherung und Verarbeitung in elektronischen Systemen.

Für meine Freundin SSB, der das Gemeinwohl mehr bedeutet als die eigenen Bedürfnisse. Dank Dir wird die Welt ein besserer Ort!

Inhalt

Vorwort 9

I Hinführungen zum Thema

1 Einleitung... 15

2 Extremistinnen im Spiegel der Zeit – Historische
  Beispiele, aktuelle Entwicklungen 19

3 Relevanz und Aktualität von Geschlecht für den
  Extremismusdiskurs 25
3.1 Was bedeutet Gender? 25
3.2 Die Rolle von Anti-Gender und antifeministischen Narrativen
    im Extremismus 31

II Betätigungsfelder weiblicher Extremistinnen

4 Radikal-islamische Bewegungen 43
4.1 IS-Anhängerinnen – Von Perlen, Schäferinnen und
    Kämpferinnen.. 45
4.2 Tschetschenische Kämpferinnen – Sisters in Arms 47
4.3 Islamische Gemeinschaft Millî Görüş e. V. (IGMG) –
    Wächterinnen gottgewollter Ordnung 49
4.4 Zusammenfassung....................................... 52

5 Rechtsextremistische Bewegungen 56
5.1 Junge Alternative (JA) der Partei Alternative für
    Deutschland (AfD) 57
5.2 Fraueninitiative Lukreta – Feminismus von rechts 61

5.3	Tradwives – Weiblichkeit als Vehikel für Weltflucht	66
5.4	Zusammenfassung	73
6	**Verschwörungstheoretische Bewegungen**	**80**
6.1	Germanische Neue Medizin (GNM) – Rechtsgerichtete Heiler:innen	84
6.2	Das Ludendorffer-Netzwerk – Die rechtsradikale Kulturrevolution	87
6.3	QAMoms – Die pastellfarbenen Rebellinnen	97
6.4	Zusammenfassung	106
7	**Linksextremistische Bewegungen**	**112**
7.1	Antifa – Feminismus von links	115
7.2	Boycott, Divestment and Sanctions (BDS)	118
7.3	Marx 21 – »Marx Is' Muss«	120
7.4	Zusammenfassung	123
8	**Extremistische Bewegungen mit Türkei-Bezug**	**126**
8.1	Gülen-Bewegung (Hizmet)	128
8.2	PKK (Kurdische Arbeiterpartei) – Töchter der Berge	133
8.3	Graue Wölfe (Ülkücüler) – Die Wölfin als Mutter der Bewegung	141
8.4	Zusammenfassung	145
9	**Die Betätigungsfelder weiblicher Extremistinnen im Gesamtvergleich**	**153**
III	**Abschlussbetrachtungen**	
10	**Fazit**	**159**
11	**Ausblick**	**166**
	Anmerkungen	**171**

Vorwort

Viele Jahrzehnte lang wurde die Diskussion über extremistische Erscheinungsformen von männlichen Akteuren dominiert. Forschung und Praxis konzentrierten sich auf die Untersuchung der Biographien, Motivlagen und Zielsetzungen von Männern und Konzepte der Prävention sowie der Repression waren klar auf Extremisten ausgerichtet.

Obwohl es bereits seit dem letzten Jahrhundert eine hohe Beteiligung von Extremistinnen unterschiedlicher ideologischer Orientierung gab, wurden diese als Einzelfälle gewertet. Hierzu zählen Frauen wie Leila Khaled[1], eine weibliche ›Pionierin‹ im Bereich der Flugzeugentführungen und führendes Mitglied der *Volksfront zur Befreiung Palästinas (PLO)*.

Vielfach wurde die Existenz von Extremistinnen heruntergespielt, weil nicht sein konnte, was nicht sein durfte: eine Frau, die militant organisiert war und gewaltbereit handelte. Dieses Bild widersprach den gesellschaftlichen Geschlechtererwartungen und Rollenmodellen, die in Deutschland und ebenso in anderen Ländern hinsichtlich Mädchen und Frauen vertreten wurde. Ihnen zufolge wurde Weiblichkeit mit einer hohen Sensitivität, Mütterlichkeit und Friedfertigkeit assoziiert. *Frauen im Extremismus* wurden vielmehr als Opfer von Gewalt und Manipulation der Männer betrachtet, keineswegs jedoch als Täterinnen oder selbstständige Rekruteurinnen für gewalttätige Ideologien.

Seit Beginn der Covid-Pandemie, der damit verbundenen Unsicherheit vieler Menschen sowie ihrer Suche nach Halt, ist eine zunehmende Heterogenisierung extremistischer Erscheinungsformen erkennbar. Diese zeigt sich im »Fusion Terrorismus«, der auch unter dem Begriff »Salad Bar Terrorismus« geführt wird. Sowohl der Bezug zur Musik als auch die Anlehnung an die Gastronomie verdeutlichen, dass aktuelle Extremismuserscheinungen nicht mehr so statisch sind, wie sie es vielleicht in den 1980er Jahren waren, sondern Inhalte, Strategien und optische Merkmale unterschiedlicher Ideologien für ihre extreme Gruppe übernehmen. Die Extremist:innen wählen aus, was ihnen gefällt und lassen andere ideologische Elemente, die im

Grunde essentielle Bestandteile ihrer extremistischen Bezugsgruppe wären, außer Acht. Dies führt dazu, dass Außenstehenden und Wissenschaftler:innen eine trennscharfe Unterscheidung der jeweiligen extremistischen Ausrichtung auf den ersten Blick oftmals schwerfällt. So übernehmen ›hippe‹ Yoga-Mütter mit einer spirituellen Orientierung plötzlich eine Blut-und-Boden-Ideologie rechter Tiefenökologie Bewegungen.

Doch auch in den 1980er Jahren erkannte man Mitglieder der rechtsradikalen Szene nur zum Teil an ihren Bomberjacken und Springerstiefeln. Denn die militärische Optik und Schnürsenkelfarbe der Mitglieder dieser Bewegung war so ideologisch divers wie die Skinhead-Szene selbst. So stand und steht die Farbe weiß der Schnürsenkel zum einen für die sogenannte rechtsradikale ›White Power‹-Bewegung innerhalb der rechtsextremen Skinhead-Szene, während nicht-rassistisch orientierte Skinheads damit auf ihre Wurzeln im Sinne des Mottos »Black and White – Unite« hinweisen woll(t)en.[2] Rote Schnürsenkel werden sowohl von Frauen und Männern der *RASH*-Skins (*Red and Anarchist Skinheads*) als Zeichen ihrer linksgerichteten bzw. anarchistischen Gesinnung als auch von Mitgliedern des rechtsgerichteten *Blood-and-Honour* (*Blut und Ehre*) Netzwerkes getragen.[3] Einige Autor:innen zählen auch das Trio des *Nationalsozialistischen Untergrundes* (*NSU*) um Beate Zschäpe zu einem Zweig dieses Netzwerks in Jena.[4]

Rechtsradikale weibliche Skinheads nennen sich »Reenes« oder »Skingirls« und tragen als optisches Erkennungsmerkmal einen szenetypischen Haarkranz mit langen Strähnen um das Gesicht, während der Rest des Kopfes ausrasiert ist. Diese Frisur wird z. B. als *Feather Cut* bezeichnet und von Skingirls sämtlicher ideologischer Lager getragen. Die rechtsgerichteten Frauen möchten sich mit ihrer Frisur deutlich von gängigen Weiblichkeitsidealen der Mehrheitsgesellschaft abgrenzen und hierdurch ihre Unabhängigkeit und Stärke demonstrieren.[5] Diese Äußerlichkeitsmerkmale und ihre geschlechterbezogenen Zielsetzungen sind in Bezug auf die weiblichen Vertreterinnen der sogenannten Neuen Rechten Gruppen wie *Lukretia*, *Junge Alternative* oder *Identitäre Bewegung* nicht mehr derart verallgemeinerbar. Ihr Aussehen unterscheidet sich im Wesentlichen nicht von denen anderer junger Frauen in ihrem Alter und die *Tradwives* (*traditional* + *housewives*) kokettieren sogar mit als besonders weiblich gelesener[I] Kleidung wie Röcken oder Kleidern, ausschweifendem Make-Up und Schmuck.

I   Als »gelesen« bezeichnet man eine Interpretation des Wahrgenommenen nach den entsprechenden verinnerlichten Deutungsmustern der interpretierenden Person.

Die Vertreterinnen extremistischer Bewegungen mit Türkeibezug treten durch ihre Äußerlichkeitsmerkmale als Kämpferinnen oder Strenggläubige, die an der spezifischen Bindung ihres Kopftuchs untereinander erkennbar sind, ebenso uniform auf. Obgleich sich ihr Auftreten von dem der anderen extremistischen Frauengruppen ideologisch unterscheidet, verbindet sie mit ihnen dieselbe Entschlossenheit, persönliche Opfer für ›die eigene Sache‹ zu bringen und daran unverbrüchlich festzuhalten.

Das vorliegende Buch kann nur als eine Momentaufnahme mit Blick auf die Extremistinnen in exemplarisch ausgewählten radikalen Phänomenbereichen betrachtet werden. Wie viele extremistische Gruppen sind auch die hier vorgestellten Bewegungen immer aktuellen Trends und gesellschaftlichen Veränderungen unterworfen, um wettbewerbsfähig zu bleiben. Denn die Konkurrenz auf dem extremistischen Markt schläft nicht. Den Leser:innen soll durch diese Lektüre ein grundsätzlicher Überblick über die unterschiedlichen extremistischen Bewegungen vermittelt werden, denen sich *Frauen im Extremismus* zugehörig fühlen (können). Dabei verdeutlicht die vorliegende Diskussion, dass sich diese Frauen als *Radikale Rekruteurinnen zwischen Tradition und Moderne* bewegen. Einerseits müssen sie als Frauen gruppenspezifische Traditionen befolgen, andererseits emanzipieren sie sich davon, indem sie selbst Demonstrationen organisieren, aktiv Mitglieder für ihre Zielsetzungen gewinnen und verschiedene Formen von Gewalt sehr bewusst einsetzen. Dieser Wandel extremistischer Geschlechterrollen führt dazu, dass die Mehrheitsgesellschaft hinsichtlich ihrer eigenen Geschlechtervorstellungen in Bezug auf Extremistinnen umdenken muss, weil diese Frauen keinen gängigen Rollenerwartungen mehr entsprechen. Zudem müssen sich auch die extremistischen Gruppen und ihre Begründer moderner Strategien bedienen, die patriarchale Rollenmodelle (zumindest zeitweise) hinter sich lassen, um ihre Ziele zu erreichen. Nicht selten werden in diesem Zusammenhang Frauen als Selbstmordattentäterinnen akzeptiert. Insbesondere dann, wenn nicht genügend Männer hierfür zur Verfügung stehen oder, um diese zu beschämen, wenn sie sich weigern, ihr eigenes Leben für das Kollektiv der extremistischen Gruppe zu opfern.

Aufgrund der steigenden Zahlen weiblicher Extremistinnen und ihres Rektrutierungserfolgs muss auch ein Umdenken im Bereich der Politik, Präventionsarbeit und Strafverfolgung einsetzen. Denn Mädchen und Frauen können alles sein, was sie wollen: auch Extremistinnen.

I Hinführungen zum Thema

1 Einleitung

Die Welt hielt für einen Augenblick den Atem an, als bekannt wurde, dass die kindlich wirkende Hayat Boumeddiene Teil des Planungsteams der Anschläge auf die Île-de-France vom 7. bis 9. Januar 2015 gewesen sein sollte. Gefühlskälte war eines der Worte, das sehr häufig in den Medien verwendet wurde, um Beate Zschäpe im Zuge des NSU-Prozesses zu beschreiben.[6] Während des Prozesses im Gerichtssaal verzog sie keine Miene. Zschäpe wurde vorgeworfen, zusammen mit zwei Männern (Uwe Böhnhardt und Uwe Mundlos) verantwortlich für eine Serie von rechtsextremistisch motivierten Taten in Deutschland zu sein.[7]

Zwei Frauen aus zwei verschiedenen Welten, die auf den ersten Blick nichts miteinander gemein haben, außer ihrem Interesse für radikale Überzeugungen. Während Boumeddiene sich im jihadistischen Milieu engagierte, fühlte sich Zschäpe dem rechtsradikalen Gedankengut verbunden. Beide Frauen teilten on- und offline extreme Ideologien mit anderen und scheuten auch nicht davor zurück, im Feld selbst aktiv zu sein und von der Waffe Gebrauch zu machen. Beide Frauen wurden zudem als aggressiver und ideologiekonformer charakterisiert als ihre männlichen Mitstreiter.

Zschäpe wuchs bei ihrer Mutter auf und lernte ihren Vater niemals kennen. Sie zog mit der Mutter innerhalb Thüringens in ihrer Kindheit häufig um. Von frühester Jugend an war sie Mitglied in verschiedenen rechtsextremistischen Gruppierungen wie der »Anti-Antifa Ostthüringen« oder dem »Heimatschutz Thüringen« und wies ein »nationalsozialistisches [...] völkisch rassistisches Weltbild« auf, das sie mit ihrem früheren Lebensgefährten Mundlos und dem darauf folgenden Lebensgefährten Böhnhardt teilte. Seit dem Jahr 1997 betätigte sich diese Gruppe im rechtsextremistischen Milieu, und verübte u. a. Volksverhetzung und Anschläge mit konstruierten Sprengstoffattrappen. Ab dem Jahr 1998 wollten sie den »Erhalt der deutschen Nation« durch unterschiedliche Gewalttaten, darunter deutschlandweit verübte Mordanschläge auf Migrant:innen, gewährleisten und ihren Worten zur ›Rettung‹ der »deutschen Nation« Taten folgen lassen. Im Jahr

2001 gaben sie sich den Namen »Nationalsozialistischer Untergrund« (NSU). Diese rechtsextremistischen Taten filmten sie und vervielfältigten sie mit Tatortabbildungen und Zeitungsberichten versehen in der Art der Zeichentrickserie »Paulchen Panther«, um eine breitere Anhängerschaft zu erreichen und Migrant:innen in Deutschland in Angst und Schrecken zu versetzen.[8]

Gutachter:innen zufolge soll Zschäpe dabei die männlichen Mitglieder der Bewegung NSU dominiert haben.[9] Zusammen mit Mundlos und Böhnhardt verübte sie zur Finanzierung ihres Lebensunterhalts und der wechselnden Wohnräume, die sie im Untergrund benötigten, Raubüberfalle auf Banken. Nach einem aufsehenerregenden Prozess wurde Beate Zschäpe im Juli 2018 als *gleichberechtigte* Täterin des NSU-Komplexes »zu einer lebenslangen Freiheitsstrafe als Gesamtstrafe« aufgrund »besonderer Schuld« der Angeklagten verurteilt.[10] Obwohl das Gericht keine Einbindung des NSU in ein größeres rechtsextremes Unterstützernetzwerk feststellen konnte, bezweifelten dies u. a. die Amadeu Antonio Stiftung[11] und die Rechtsextremismusexpertin Andrea Röpke.[12]

Boumeddiene hatte sich bereits über Spanien und die Türkei nach Syrien abgesetzt,[13] währenddessen tötete ihr Mann Amedy Coulibaly, einer der Täter des Anschlags auf das französische Satiremagazin *Charlie Hebdo* und Beteiligter an der Schießerei in Montrouge, im Anschluss an diese Taten vier Geiseln in einem *Hypercacher Kosher Supermarket*. In Syrien schloss sie sich dem *Islamischen Staat* (IS) an und trug fortan den Namen *Basir al-Muhajirah*.[14] Vor Ort soll sie eine der berüchtigten Frauen-Brigaden (*Hisba*) des IS angeführt haben. Deren Aufgabe bestand u. a. in der strengen Kontrolle der IS-Bekleidungsvorschriften hinsichtlich anderer Frauen, wenn diese sich in der Öffentlichkeit bewegten. Die weiblichen Brigadiere, zu denen Boumeddiene in Syrien gehört haben soll, trugen Waffen und überprüften auch, ob die fundamentalistischen Vorgaben zur Lebensführung eingehalten wurden. Dazu gehörten z. B. die Kopf-, Hand- und Körperbedeckung der IS-Anhängerinnen sowie deren Kindererziehung und ihr partnerschaftliches Verhalten. Abweichungen davon, wie etwa das Tragen von Nagellack, wurden mit drakonischen körperlichen Misshandlungen bestraft. Derzeit wird angenommen, dass Boumeddiene noch am Leben ist. Im Jahr 2019 sei sie trotz Angabe einer falschen Identität von einer französischen Jihadistin im Flüchtlingscamp Al Howl wiedererkannt worden sein. Von dort sei sie jedoch geflohen.[15] Boumeddiene gilt als »die meistgesuchteste [sic] Frau Frankreichs« und wurde aufgrund ihrer Mitgliedschaft in einem Terrornetzwerk in Abwesenheit zu 30 Jahren Gefängnis verurteilt.[16]

1 Einleitung

Obwohl rund ein Fünftel der Mitglieder extremistischer Bewegungen weiblich sind, konzentriert sich auch im 21. Jahrhundert die Debatte über unterschiedliche Radikalisierungsformen und deren Präventionsmöglichkeiten noch immer auf männliche Biographien und Täterprofile. Vor dem Hintergrund der Emanzipationsbewegungen des 20. Jahrhunderts sowie der aktuellen Forschung zu unterschiedlichen Geschlechterperspektiven, die unter dem Stichwort Gendervielfalt gebündelt wird, erstaunt dies umso mehr.

Das vorliegende Buch beschäftigt sich infolgedessen mit den unterschiedlichen Rollen von Frauen im Extremismus. Um zu verdeutlichen, welche Funktion die *Radikalen Rekruteurinnen in Tradition und Moderne* bekleideten, wird zunächst in ▸ Kap. 2 *Extremistinnen im Spiegel der Zeit* die weibliche Teilhabe in extremistischen Bewegungen mit Hilfe von exemplarisch ausgewählten Beispielen früherer und aktueller Gruppen abgebildet. Hierdurch wird erkennbar, dass Frauen sich schon immer im Extremismus betätigten und zum Teil Schlüsselrollen in den unterschiedlichen Bewegungen eingenommen haben, die heute nur noch wenigen Menschen bekannt sind.

Diese Diskussion führt zwangsläufig zur *Relevanz und Aktualität von Geschlecht für den Extremismusdiskurs* (▸ Kap. 3), in dem die Bedeutung unterschiedlicher Genderkategorien jenseits des biologischen Geschlechts diskutiert wird. Das Verständnis für die Vielzahl der Bedeutungen von Gender ist deshalb so bedeutsam, weil es dazu führt, dass unterschiedliche Inhalte und Zielsetzungen mit ein und demselben Wort verbunden sein können. Darüber hinaus wird hierdurch der gegenwärtige Trend sogenannter Anti-Gender-Bewegungen aufgezeigt, der inhaltlich von zahlreichen Erscheinungsformen, die in diesem Buch vorgestellt werden, aufgegriffen und ideologisch aufgeladen wird. Fraglich ist, warum in *modernen* Gegenwartsgesellschaften eine Rückkehr zu *traditionellen* Geschlechtermodellen zu beobachten ist, die sowohl von Männer *als auch* von Frauen unterstützt wird?

Das Erkennen der zunehmenden Instrumentalisierung von Geschlecht durch frauenfeindliche Gruppen und Akteur:innen verdeutlicht erstens die Einordnung unterschiedlicher Definitionen und Bedeutungen von Genderkonstruktionen sowie deren Zielsetzungen, von denen Mädchen und Frauen heutzutage gesellschaftlich geprägt werden.

Zweitens werden die Selbstwahrnehmung von Extremistinnen, deren individuelle Motive, Rollenbilder und Funktionen in extremistischen Gruppen thematisiert. Es wird dabei überprüft, inwiefern individuelle Wunschvorstellungen der Frauen in Bezug auf ihr Engagement in der jeweiligen Bewegung mit der Realität der extremistischen Bezugsgruppe einhergehen.

Drittens erfolgt die Diskussion der Fremdwahrnehmung der Extremistinnen durch die Gesellschaft, Medien sowie durch ihre (von männlichen Vorstellungen dominierten) Bezugsgruppen mit Blick auf radikal-islamische, rechtsextremistische, verschwörungstheoretische, linksextremistische sowie extremistische Bewegungen mit Türkeibezug.

Die Analyse der *Betätigungsfelder weiblicher Extremistinnen* erfolgt unter Zuhilfenahme prägnanter Gruppen und Akteur:innen der jeweiligen Szene (Kapitel 4–8). Dieses Kapitel stellt das Herzstück dieses Buches dar. Die folgenden Themengebiete werden darin abgebildet: Radikal-islamische (▸ Kap. 4), Rechtsextremistische (▸ Kap. 5), Verschwörungstheoretische (▸ Kap. 6), Linksextremistische (▸ Kap. 7) und extremistische Bewegungen mit Türkei-Bezug (▸ Kap. 8). Aufgrund der Vielzahl dieser extremistischen Gruppierungen können im vorliegenden Rahmen davon nur spezifische Aspekte und ausgewählte Bewegungen skizziert werden. Hierdurch wird ein grundsätzlicher Überblick über die verschiedenen Betätigungsfelder weiblicher Extremistinnen ermöglicht, der in einem Gesamtvergleich den Hauptteil des vorliegenden Buches abschließt (▸ Kap. 9).

Im *Fazit* (▸ Kap. 10) und *Ausblick* (▸ Kap. 11) dieses Buches werden zum einen die zuvor benannten, drei leitenden Hypothesen mit Blick auf die Extremistinnen als Ergebnis der Diskussion der *Betätigungsfelder weiblicher Extremistinnen* überprüft. Dabei werden zentrale Erkenntnisse zu den Motivlagen und Zielsetzungen der Extremistinnen der untersuchten Gruppen aufgeführt. Zum anderen wird mit Blick auf mögliche Entwicklungen im Feld weiblicher Radikalisierung ein Ausblick formuliert, der gesellschaftliche Voraussetzungen und Maßnahmen thematisiert, die für die Präventionsarbeit mit Extremistinnen unabdingbar sind.

2 Extremistinnen im Spiegel der Zeit – Historische Beispiele, aktuelle Entwicklungen

Entgegen der landläufigen Annahme, Frauen wären im Extremismus unterrepräsentiert, nahmen sie bereits seit Beginn des 20. Jahrhunderts weltweit zu 60 Prozent in bewaffneten Rebellengruppen eine Funktion wahr, u. a. als Aktivistin, Lehrerin, Rekruteurin, Kämpferin und (Selbstmord-)Attentäterin. Die folgenden Beispiele illustrieren die Präsens und Aktivität von Frauen in unterschiedlich ausgerichteten, extremistischen Bewegungen aus der Vergangenheit bis zur Gegenwart.

Der in den USA ansässige, rassistisch orientierte *Ku Klux Klan* (KKK) wurde im Jahr 1865 von amerikanischen Südstaatlern als Reaktion auf den Sieg der Nordstaaten und die Befreiung versklavter Afroamerikaner gegründet. Um ihre Ideologie der Überlegenheit der weißen ›Rasse‹ bzw. Völker zu verdeutlichen, ermorden und verfolgen die Knights (Ritter), wie die Mitglieder des KKK genannt werden, bspw. Afroamerikaner:innen und Jüd:innen, die sie wahlweise als unterlegen oder Feinde ihrer Lebensführung markieren. Ihre gewaltbereiten Zielsetzungen vertreten die nativistisch-rassistischen Anhänger des KKK auch innerhalb Europas. Zwei Kollegen der vom NSU ermordeten Polizistin Michèle Kiesewetter gehörten dem europäischen Ableger des KKK, der *European White Knights of the Ku Klux Klan* (EWK KKK) an. Dessen Begründer Thomas R. hatte Kontakt zu Uwe Mundlos vom NSU und war zugleich als V-Mann für den Verfassungsschutz unter dem Namen »Corelli« tätig.[17] In den Jahren 1921 bis 1931 erhielt das *Invisible Empire* (Unsichtbare Reich),[18] wie der KKK auch genannt wird, eine große Unterstützung von Frauen. Mehr als 500.000 weibliche Sympathisantinnen des KKK implementierten in den USA Lnych-Kampagnen gegen Afroamerikaner:innen. In den unterschiedlichen Sektionen der *Women of the Ku Klux Klan* (WKKK), die während der 1860er, 1920er und 1960er Jahre entstanden, betätigten sich die Klan-Frauen u. a. als Näherinnen der Uniformen der Gruppe, Unterstützerin von Klan-Festen oder als Lehrerinnen der Bibelstunden. Die Klan-Frauen sind zumeist Evangelikale, mit einem traditionellen Geschlechterverständnis, die ebenso wie die Männerorganisation, antikatholisch, antijüdisch und rassistisch ausgerichtet sind. Mittlerweile können sie sämtliche Positionen innerhalb dieser extremistischen Gruppe bekleiden, ordnen sich jedoch bewusst der Autorität des Mannes unter und lehnen Scheidungen ab.[19]

In den 1950er Jahren betätigten sich zahlreiche Frauen in der *Nationalen Befreiungsfront* (französisch: Front Libération Nationale, FLN), einer sogenannten Befreiungsbewegung mit dem Ziel der Loslösung Algeriens von der Kolonialmacht Frankreich. Ab ihrem Gründungszeitpunkt im Jahr 1954 bis zum Jahr der Unabhängigkeit Algeriens im Jahr 1962 orchestrierte die FLN zahlreiche Attentate, u. a. gegen französische Einrichtungen und Mandatsträger.[20] Zohra Drif wurde in diesem Zusammenhang Mitglied der Organisationseinheit der FLN in Algier und zündete eine Bombe, die zahlreiche Zivilist:innen das Leben kostete. Das französische Militär leitete im Jahr 1957 die »Schlacht von Algier« ein, um gegen die militärischen und administrativen Zellen der FLN in Algier gewaltsam vorzugehen. Im Zuge dessen wurde Drif gefasst und zu 20 Jahren Zwangsarbeit verurteilt, im Jahr 1962 jedoch begnadigt. Zahlreiche Menschenrechtsverletzungen, die im Zuge dieser Militäroperation von Frankreich gegenüber den Algerier:innen begangen wurden, führten zu einem Protest der Weltöffentlichkeit und beschleunigten dadurch den Prozess der Unabhängigkeit Algeriens.[21]

Seit dem Jahr 1964 beteiligten sich mehr als 40 Prozent Frauen an den Aktivitäten der linksgerichteten kolumbianischen Rebellengruppe *Fuerzas Armadas Revolucionarias de Colombia – Ejército del Pueblo* (abgekürzt: F.A.R.C. oder E.P.). Die Zielsetzungen der F.A.R.C. Guerilla zielten auf Gesellschaftsveränderung und Geschlechtergerechtigkeit ab. Besonders in den 1970er und 1980er Jahren schlossen sich Frauen der Rebellengruppe an, um bessere Lebensbedingungen zu erhalten, sich traditionellen Geschlechterrollen und physischer sowie psychischer Gewalt zu entziehen. Des Weiteren verfolgten viele von ihnen das Ziel, der Vertreibung kleinbäuerlicher Bevölkerungsteile ideologisch entgegenzuwirken. Die Position der Kämpferin und der Umgang mit der Waffe verlieh ihnen zugleich das Gefühl, von ihrer Umwelt sozial akzeptiert zu werden. In den rechtsgerichteten, paramilitärischen kolumbianischen Organisationen erlebten die weiblichen Mitglieder aufgrund der patriarchalen Militärstrukturen jedoch sexuelle Gewalt, mussten sich Zwangsabtreibungen unterziehen und gesundheitsschädigende Verhütungsmittel einnehmen.[22]

Insbesondere in den 1960er bis 1990er Jahren gab es zahlreiche Frauen, die für die linksgerichtete, irische paramilitärische Organisation *Provisional Irish Republican Army* (PIRA oder gälisch: Óglaigh na hÉireann) Anschläge verübten, die in Großbritannien als Terrororganisation eingestuft wurde. Ziel

2 Extremistinnen im Spiegel der Zeit   21

der PIRA war es, ein unabhängiges vereinigtes Irland zu schaffen und das britische Hoheitsgebiet Nordirland abzuschaffen. Zu diesem Zweck setzte die PIRA terroristische Attentate um, bspw. durch Bombenanschläge und Entführungen. Zusätzlich wurde die Strategie »Langer Krieg« in Nordirland eingeführt, die u. a. aus einem Zermürbungskrieg und Bombenkampagnen gegen britische Mandatsträger, Sicherheitsorgane und vielfach auch nordirische Protestant:innen bestand. Insgesamt wurden bis zum Jahr 2009 in etwa 1.800 Menschen von der PIRA getötet.[23] Die Frauen der PIRA beteiligten sich nicht nur logistisch und ideologisch in dieser extremistischen Gruppe, sondern bauten auch Sprengsätze, verübten Angriffe und entführten Personen. Gewalt wurde zum Alltagsgeschäft von Frauen wie den PIRA-Attentäterinnen Marian und Dolores Price, die im Jahr 1973 in London vier Autobomben zündeten, bei denen 180 Menschen verletzt wurden. Beide jungen Frauen erlangten in der Folge in den Kreisen der PIRA einen ›Star-Kult‹. Obwohl sie selbst gewaltbereit auftraten und Dritte durch ihre Attacken ums Leben kamen, sahen sich viele der weiblichen PIRA-Terroristinnen als Opfer ungerechter politischer Verhältnisse. Vor und nach ihren Taten und den damit verbundenen Haftstrafen führten viele der Extremistinnen weiterhin ein Hausfrauendasein, in dem sie sich hauptsächlich der Kindererziehung widmeten.[24] Diese Lebensführung verdeutlicht ihr eingeschränktes Schuldbewusstsein: Obwohl viele der PIRA-Anhängerinnen sich selbst nach einem ›normalen‹ Dasein in traditionellen Bahnen sehnten, scheuten sie nicht davor zurück, als Attentäterinnen gänzlich andere Rollen einzunehmen und kaltblütig für die Gruppenziele zu morden.

Neben Andreas Baader und Horst Mahler waren die Gründungsmitglieder der in den 1970er Jahren in Deutschland aktiven, linksextremistischen *Baader-Meinhof Gruppe* mit Ulrike Meinhof, Gudrun Ensslin, Irene Goergens, Ingrid Schubert, Brigitte Asdonk und Monika Berberich mehrheitlich weiblich. Das Ziel der ersten Generation der *Roten Armee Fraktion* (RAF), die von 1970 bis 1975 aktiv war, bestand nach der Befreiung Baaders aus dem Gefängnis, u. a. im »bewaffneten Kampf in Westeuropa« gegen Imperialismus und Kapitalismus.[25] Dafür versuchte die RAF in der Tradition lateinamerikanischer Guerillatruppen mit Waffengewalt und Sabotageakten, als Stadtguerilla eine Revolution zu begründen. Zu ihren Taten zählten u. a. Bombenanschläge auf das Hauptquartier der US-Armee in Frankfurt am Main sowie das Landeskriminalamt München und das Axel-Springer-Gebäude. Die weiblichen Terroristinnen der RAF der ersten Generation beteiligten sich an sämtlichen Straftatbeständen wie Entführungen, Raubüberfällen, Sprengstoffattentaten sowie an den militärischen Trainings bei der Fatah in Jordanien.[26] Sie galten als äußerst entschlossen und gewaltbereit.

Nachdem die geographisch getrennten Herrschaftsbezirke von Singhalesen und Tamilen auf Sri Lanka von der britischen Kolonialmacht zu einem Territorium zusammengelegt worden waren, begann der sri-lankische Bürgerkrieg im Jahr 1983 als Folge einer Auseinandersetzung beider Ethnien. Die *Liberation Tigers of Tamil Elam* (LTTE, »Befreiungstiger von Tamil Elam«) verfolgte dabei die Zielsetzung, die politische und gesellschaftliche Unterdrückung der tamilischen Minderheit, die sich aus der politischen Dominanz der singhalesischen Mehrheitsbevölkerung auf Sri Lanka ergab, zu durchbrechen. Dabei kämpfte die LTTE insbesondere für die Unabhängigkeit des Nordens und Ostens Sri Lankas, in dem hauptsächlich Tamil:innen leben. Zu diesem Zweck wurden im Namen der LTTE seit den 1980er Jahren bis zum Jahr 2009 mehr als 240 Selbstmordanschläge verübt. Insbesondere die Frauenbrigaden der LTTE wurden aufgrund ihrer Entschlossenheit und besonderen Gewalt gegenüber ihren Gegnern gefürchtet. Für die Frauen selbst stellte die Mitgliedschaft in dieser terroristischen Gruppe die Möglichkeit dar, sich von patriarchal geprägten Rollenvorstellungen zu befreien. Sie durften bei der LTTE z. B. der Arbeit nachgehen, die ihnen gefiel, Motorräder fahren, Waffen bauen und anziehen, was sie wollten. Darüber hinaus durften die Frauen sich am bewaffneten Kampf beteiligen. Stärker als diese Motivlagen war jedoch für sie der Wunsch, einen neuen (unabhängigen) Staat mitzugestalten, dessen Wertekanon auch die Gleichstellung von Frauen und Männern sowieso das Verbot für Vergewaltigungen beinhaltete. Das Ende dieser Geschlechtergerechtigkeit zeigte sich jedoch nach dem Ende der Militärzeit der LTTE-Kämpferinnen: im Gegensatz zu früheren männlichen Kämpfern, deren Geschlecht bei ihrer Reintegration in die sri-lankische Gesellschaft nicht infrage gestellt wurde, wurden die weiblichen Kämpferinnen nach ihrer Militärzeit zu Bürgerinnen »zweiter Klasse«. Es erwartete sie genau die männliche Unterdrückung, der sie durch ihre Partizipation in der LTTE zu entgehen versucht hatten. Dies lag daran, dass die sri-lankische Gesellschaft keine emanzipierten Frauen akzeptierte, sondern die Kämpferinnen – auch aufgrund ihrer äußerlichen Narben, die sie im Zuge ihrer Kampfteilnahme davongetragen hatten – stigmatisierte. Die früheren Kämpferinnen sollten sich mit einer untergeordneten gesellschaftlichen Rolle zufrieden geben, weswegen viele von ihnen nach dem Ende ihrer Militärzeit von ihrer Zyanid-Kapsel Gebrauch machten, um dieser Situation zu entfliehen.[27]

Die rechtsextremistische Szene in Deutschland hat seit den 2010er Jahren einen starken Zulauf erfahren. Die sogenannte »Neue Rechte«, die sich vom

2 Extremistinnen im Spiegel der Zeit

Nationalsozialismus der »Alten Rechten« distanziert und neue Strategien, Kommunikationstechniken und Betätigungsfelder im Kontext politischer Sozialisation auslotet, verzeichnet zunehmende Mitgliederzahlen. Dies gilt besonders für jugendnahe Gruppen wie die Identitäre Bewegung (IB), Junge Alternative (JA), Lukreta und *Ein Prozent*, in denen sich junge Frauen multimedial für rechtsgerichtete Ideen engagieren. Als Online-Aktivistinnen verpacken sie ihre rechtsgerichteten Botschaften *Social Media*-affin über eigene Kanäle, die zum Teil von sehr vielen Menschen abonniert werden. Darüber hinaus mobilisieren sie andere auch zu Demonstrationen gegen den sogenannten »Genderwahn«, wie bspw. in ihrer Funktion als »Lebensschützerinnen« beim »Marsch für das Leben« oder der »Demo für alle«, bei denen auch christliche Fundamentalistinnen zugegen sind.[28] Ziel der neurechten Frauen ist es u. a. eine »Überfremdung« des eigenen Landes durch *Remigration* zu erreichen. Diese zielt auf eine Ausweisung oder Abschiebung sämtlicher Menschen mit Migrationshintergrund und nicht-weißer Hautfarbe in ihre oder die Herkunftsländer ihrer Vorfahren ab.[29] Die Inhalte der Kindererziehung dieser Protagonistinnen sind zum Teil anschlussfähig an die Blut-und-Boden-Ideologie der Nationalsozialisten. Frauen nehmen in diesem Milieu eine aktive und aktivistische Rolle ein, indem sie andere rekrutieren, für Themen und Demonstrationen instrumentalisieren und mobilisieren.

Seit der Gründung des *Islamischen Staates* (IS) im Jahr 2014 verfolgte diese terroristische sunnitische Organisation u. a. das Ziel, ein Kalifat in den Gebieten Syrien, Irak, Jordanien, Palästina, Israel und dem Libanon zu begründen, in dem die islamische Rechtsprechung (Scharia) gelten sollte. Gegnerische Gruppen innerhalb des Islam, Kurd:innen und religiöse Minderheiten wurden verfolgt, versklavt und getötet. Neben den Gebietskämpfen in den zuvor erwähnten Regionen wurden auch Terroranschläge in Europa im verübt. Obwohl die global agierende Terror-Organisation IS auf einer paternalistischen Weltsicht und strengen Bekleidungs- und Verhaltensregeln fußt und diese Ideologie auch noch nach der physischen Zerstörung des IS-Kalifats verfolgt, betätigten sich viele Frauen darin als Logistikerinnen, Rekruteurinnen, Ehefrauen von Kämpfern, Mütter angehender Jihadisten und stellenweise auch als Attentäterin wie im ▶ Kap. 4.1 detaillierter geschildert wird.[30]

Zusammenfassend lässt sich sagen, dass der Blick auf die Motivlagen, Werdegänge und Beteiligungen von *Extremistinnen im Spiegel der Zeit* zeigt, dass sich sämtliche der zuvor abgebildeten Extremistinnen unabhängig von ihrer Ideologie und trotz ihrer aktiven Mittäterinnenschaft als ein Opfer ihrer Umgebung betrachteten, obwohl sie durch ihre Handlungen den Tod (ziviler) Opfer billigend in Kauf nahmen. Alle Frauen beklagten, dass sie nicht ihre bevorzugte Lebensweise leben könnten oder politisch, religiös oder gesellschaftlich unterdrückt werden. Dies seien die Gründe dafür, dass sie sich zur Wehr setzen *müssten*. Jede von ihnen gab an, dass das persönlich erfahrende Unrecht ihre Gewaltbereitschaft gegenüber denen, die sie hierfür verantwortlich machten, legitimierte.

Darüber hinaus konnte dieser kurze Ausschnitt historischer und aktueller extremistischer Bewegungen verdeutlichen, dass es einen Zusammenhang zwischen der gesellschaftlichen Konstruktion von Geschlechterrollen und Extremismus gibt: Etliche Frauen aus den hier betrachteten Gruppen betätigten sich extremistisch, um ein besseres Leben führen und traditionellen Rollenmustern entgehen zu können. Nur einige wenige Frauen verbanden hingegen den Reiz des Verbotenen mit ihrem Engagement in einer extremistischen Gruppe. Diesen Frauen ging es darum, ihre individuelle Abenteuerlust zu stillen, ein Motiv, von dem sie annahmen, dass dieses im Rahmen einer radikalen Gruppe am wahrscheinlichsten zu realisieren sei.

3 Relevanz und Aktualität von Geschlecht für den Extremismusdiskurs[31]

Die Bedeutung des Begriffs Gender (Geschlecht) für die Diskussion über Extremismus und Extremistinnen ist deshalb so bedeutsam, weil bestimmte soziale Geschlechtervorstellungen bewusst oder unterbewusst dazu beitragen können, dass Frauen sich auf eine bestimmte Art und Weise in einer Gesellschaft betätigen. Diese Vorprägung durch die Familie, Gesellschaft, Politik- oder Religionszugehörigkeit beeinflusst ihre Berufswahl ebenso wie ihre Selbstwahrnehmung als Frau und die Wahl ihrer Partner:innen.

Wie wäre es jedoch, wenn die vorgefertigten Schablonen dessen, was als ›weiblich‹ oder ›männlich‹ erachtet bzw. gesellschaftlich in Bezug auf andere Menschen »gelesen« wird, nicht existierten, sondern alle Menschen so sein könnten, wie sie es selbst für richtig hielten? Würde die Freiheit, das eigene Leben so zu führen, wie man es selbst möchte, tatsächlich im Sinne der extremistischen Weltsicht den ›Untergang der zivilisierten Welt‹ zur Folge haben? Oder würde die Welt sich einfach unbekümmert weiterdrehen, weil die Frage des Labbelings (oder der Markierung) von Geschlechtern, deren Verhaltensweisen und damit korrespondierender gesellschaftlicher Normen keine Relevanz für das Entstehen und Vergehen von Leben hat?

Im Folgenden werden die Ursprünge gesellschaftlicher Konstruktionen von Geschlechterkategorien erörtert, um ein Verständnis für die Grundlagen der Diskussion und Instrumentalisierung des Begriffs Gender durch verschiedene Gruppen besser nachvollziehen zu können.

3.1 Was bedeutet Gender?

Um zu verstehen, was der Begriff Gender bedeutet, sollte man sich zunächst diejenigen ansehen, die ein Interesse daran haben, das Geschlecht zu kategorisieren. Diese Bestandsaufnahme führt häufig zu dem Ergebnis, dass in der Regel nicht die Individuen selbst das Geschlecht normieren, sondern dieser Vorgang von größeren Kollektiven, bspw. Religionsgemeinschaften, der Politik oder der Gesellschaft, übernommen wird. Akteur:innen einzelner Interessensgruppen wollen die Deutungshoheit über den Begriff erlangen, z. B. aufgrund des Wunsches, die eigene Vormachtstellung oder Machtausübung gegenüber anderen aufrecht zu erhalten, der eigenen Unsicherheit oder in Unkenntnis der Sache, Ablehnung von Lebensweisen, die man selbst für sich nicht wünscht oder die einem fremd erscheinen oder aufgrund der Orientierung an der eigenen Peergroup. Infolgedessen neigen viele Menschen dazu, etwas, das sie nicht kennen oder nicht verstehen, zunächst zu verurteilen oder im Sinne des im Ruhrgebiet gängigen Bonmots etwas, das nicht passt, passend ›zu machen‹. Dass diese (binäre) ›Gleichmacherei‹ im schlimmsten Fall zu Identitätsstörungen und damit zu einer lebenslangen Qual der Betroffenen führen kann, die, wie im Fall von als Hermaphroditen (doppelgeschlechtlich Geborenen), bei denen nach ihrer Geburt willkürlich ein Geschlecht als alleiniges (*juristisches* Geschlecht) ausgewählt wurde, die Ursache für ihr Leid jahrelang nicht in Erfahrung bringen können, scheint die Gegner:innen der Gendervielfalt nicht zu tangieren. Dieser Ausgangspunkt führt zum nächsten Schritt auf dem Weg zur gesellschaftlichen Konstruktion von Geschlecht.

Das biologische Geschlecht (Sex)

Das *biologische* Geschlecht bezieht sich auf sicht- und messbare Faktoren, bspw. Chromosomen sowie äußere und innere Geschlechtsorgane, die als weiblich und männlich gelten. Zudem gibt es auch Menschen, deren biologisches Geschlecht mehrdeutig ist. Sie werden als "inter*", intersexuell, oder intergeschlechtlich bezeichnet. Deren äußere Geschlechtsorgane wurden in der Vergangenheit häufig durch operative Eingriffe binären Geschlechtervorstellungen angeglichen, indem für sie von anderen Menschen, z. B. Hebammen oder Ärzten entschieden wurde, ob sie ihr Leben als Mann oder als Frau führen sollten. Hieraus resultierten die zuvor erwähnten Identitätsprobleme der Betroffenen, die zumeist in einem späteren Entwicklungsstadium ihres Lebens zutage traten. Das *biologistische* Geschlecht ist in diesem Zusammenhang der Versuch extremistischer Gruppen, das biologische Geschlecht nur binär angelegt betrachtet wissen zu wollen.

Das soziale Geschlecht

Das sogenannte *soziale* Geschlecht ist ein gesellschaftliches Konstrukt, in dessen Konzeption bspw. religiös geformte Moral- und Sexualvorstellungen einer Gesellschaft einfließen. Daher kann es unterschiedliche soziale Geschlechtskonzeptionen im Laufe der Zeit oder in anderen Kulturen geben. Viele westlich geprägte Staaten orientieren sich zur Bestimmung des Geschlechts ihrer Bürger:innen an deren *biologischem* Geschlecht, das heißt, an den biologischen Merkmalen, bspw. den Geschlechtsorganen, Chromosomen und Hormonen eines Menschen, mit denen dieser geboren wird. Das *soziale* Geschlecht in westlichen Gesellschaften wird oft als binär (weiblich/männlich) festgelegt und basiert demnach auf der Anerkennung (althergebrachter) Vorstellungen der sozialen Umwelt, von der es bestimmt und zugewiesen wird – aber nicht unveränderlich ist.[32]

Eine Einschränkung menschlicher Geschlechterpositionen und -identitäten auf zwei normierte Kategorien entspricht jedoch in vielen Gesellschaften nicht der ›Norm‹. Die Akzeptanz non-binärer Systeme der Mehrgeschlechtlichkeit können mit Blick auf indigene Hawaiianer:innen, die »Kanaka Maoli« festgestellt werden. Hier gibt es das sogenannte ›dritte Geschlecht‹, das als »Māhū« (»die in der Mitte [Stehenden]«) bezeichnet und gesellschaftlich akzeptiert wird. Ihnen werden besondere spirituelle Fähigkeiten und soziale Rollen zugeschrieben.[33] Auch in Indien gibt es das dritte Geschlecht der *hijras*, das tief in der hinduistischen Religion verwurzelt ist. Sie werden zwar zu Hochzeiten eingeladen, da sie als Glücksbringer:innen gelten, jedoch ansonsten gesellschaftlich ausgegrenzt und müssen sich aufgrund von mangelnden Arbeits- und Wohnmöglichkeiten häufig in Parkanlagen als Sexarbeiter:innen verdingen, wo sie auch schlafen müssen.[34]

Unterschiedliche Geschlechterkategorien

Unterschiedliche Geschlechterkategorien führen zu Geschlechterpluralität auf unterschiedlichen Ebenen.[35] So existieren bspw. die folgenden Geschlechterkategorien:

- Das *Chromosomale Geschlecht*, das durch Geschlechtschromosomen bestimmt wird, z. B. XX, XY oder XXY.
- Das *Gonadale Geschlecht*, das durch Keimdrüsen wie Eierstöcke oder Hoden definiert wird.

- Das *Genitale Geschlecht*, das durch primäre Genitalien wie den Penis oder die Vulva geprägt wird.
- Das *Juristische Geschlecht* wird nach der Geburt durch die Geburtshelfer:innen zugewiesen und als staatlich ›anerkanntes‹ Geschlecht betrachtet.

Obgleich Gender etymologisch vom Wort *gislathi* abstammt, »das in dieselbe Richtung schlägt« und so viel wie »nach jemandem geraten« oder »von ihm abstammen« bedeutet,[36] wird das *Identitätsgeschlecht* durch das eigene Selbstverständnis von Geschlecht sowie der eigenen Geschlechtspolitik mitbestimmt.

Das Selbstverständnis von Geschlecht

Das historisch gewachsene Geschlecht orientierte sich an patriarchalen Rollenmustern, die häufig christlich fundiert sind. Männlichkeit wurde hier mit den folgenden Attributen verbunden: körperlicher Kraft, Durchsetzungsfähigkeit, Kompetenz, Unabhängigkeit, Aktivität, Sachlichkeit, Dominanz; Weiblichkeit hingegen mit Emotionalität, Unterordnung, Abhängigkeit, Kommunikativität, Passivität, Ängstlichkeit.[37] Obwohl dieses Rollenverständnis durch die rechtliche Egalität von Männern und Frauen und die essentielle Geschlechtergerechtigkeit mittlerweile gesellschaftlich anerkannt ist, teilen viele Menschen auch in der Postmoderne noch immer diese geschlechterbezogenen Stereotype.[II] Dies passiert oft aus dem Wunsch heraus, sich persönlich orientieren zu können. Zudem wird dieses Geschlechterverständnis als Garant einer gesellschaftlichen Ordnung betrachtet. Diese Reproduktion von vorgegebenen Eigenschaften, Tätigkeiten und Verhaltensweisen prägt folglich noch immer das Verhalten, die Identität, Selbst- und Fremdwahrnehmung von Frauen und Männern. Fraglich ist hingegen, in welchem Ausmaß die Menschen diesen Eingriff in ihre Privatsphäre zulassen. Spezifische Rollen- und Verhaltenserwartungen nicht zu erfüllen, können einerseits Druck von der jeweiligen Peergroup zur Folge haben – im schlimmsten Fall deren Ächtung und Ausschluss von der Gruppe. Andererseits bedeutet das unreflektierte Befolgen vorgegebener Geschlechterrollen und ihrer Attribute die Akzeptanz einer (wahlweise) natürlichen oder gottgewollten Ungleichheit von Männern und Frauen oder die Limitierung auf

---

II Als *stereotyp* werden klischeehafte (Fehl-)Einschätzungen bezeichnet.

ein Geschlecht, während eigene Perspektiven und Bedürfnisse ausgeblendet werden sollen.

Die deutsche Schauspielerin Marlene Dietrich war es leid, dass ihre langen Beine in der Öffentlichkeit Aufsehen erregten und Menschen diese bei jeder Gelegenheit vermessen wollten. Kurzerhand trug sie weite Hosen, obwohl dieses Kleidungsstück bis dahin nur den Männern vorbehalten war. Sie prägte damit einen Trend, dem seither viele Menschen folgen: die Marlenehose. Als der bekannte britische Fußballspieler David Beckham einen Männerdutt und Haarreifen für sein halblanges Haar verwendete, ging zunächst ein Aufschrei durch die Welt: Warum trägt ein Mann eine Frisur bzw. ein Accessoire, dass ›primär‹ einer Frau zugeschrieben und zugestanden wurde? Nach und nach etablierte sich jedoch diese Form der sogenannten ›Metrosexualität‹ und ist nun Teil gesellschaftlicher Normalität geworden. Diese beiden prominenten Beispiele verdeutlichen, dass die eigene soziale Identität nicht zwangsläufig den Wunschvorstellungen der Umgebung untergeordnet oder angepasst werden muss.

Das heutige Selbstverständnis von Geschlecht ist facettenreicher. Ebenso die damit zusammenhängenden Bezeichnungen. Männer und Frauen, bei denen das *biologische* und *soziale* Geschlecht aus diversen Gründen zusammenpassen, werden *cis* genannt. Der Begriff Cisnormativität kennzeichnet demnach eine gesellschaftliche Haltung, die sich z. B. bei der Geschlechtsbestimmung eines Kindes nach seiner Geburt zeigt, wenn anhand seiner Genitalien von Dritten dasjenige Geschlecht festlegt wird, in dem es fortan sein Leben führen soll. In manchen Fällen, in denen die Gonaden nicht eindeutig entwickelt oder beide Geschlechtsorgane entwickelt sind, führt diese Haltung oft zu operativer Anpassung an eines der biologisch-binär verstandenen Geschlechter.[38] Menschen, deren *biologisches* Geschlecht weiblich/männlich zugeordnet wurde, die sich jedoch einem anderen Geschlecht zugehörig fühlen, bezeichnen sich als *trans*. Menschen, die sich keinem oder beiden der *sozialen* Geschlechter zugehörig fühlen, bezeichnen sich entweder als *a-gender* oder *nicht-binär* (englisch: *nonbinary*), häufig mit der Abkürzung *Enby* (*nb, nbi*) verbunden.[39]

Im Ergebnis lässt sich also feststellen, dass das Geschlecht zwar gesellschaftlich, kulturell, politisch und religiös vorgeprägt ist, aber nicht vorherbestimmt wird. Geschlecht ist letztendlich das Resultat sozialer Interaktionen von Individuen und somit im Wandel der Zeit veränderbar. Diese Interaktionen sind Aushandlungsprozesse und werden analog wie digital in den Familien, mit unterschiedlichen Peergroups und vielen weiteren Personen im Rahmen gesellschaftlicher Institutionen geführt.

Begriffe aus der Geschlechterforschung

Gender:

- Der Begriff bezieht sich auf das *soziale* Geschlecht.
- Es ist ein gesellschaftliches Konstrukt, keine vorgegebene Konstante.
- Das weibliche und das männliche Geschlecht sind in diesem Zusammenhang die mehrheitlich gängigen (*binären*) Geschlechterformen.

Sex (englisch): Der Begriff bezieht sich auf das *biologische* Geschlecht und wird häufig zur Konstruktion des *sozialen* Geschlechts herangezogen.

Gendermainstreaming: Geschlechtergerechtigkeit gegenüber jeder Form von Geschlechteridentität.

Cisnormativität: Die gesellschaftliche Haltung hinsichtlich Geschlecht als vorgegebener Konstante einer gesellschaftlichen Normalität, die sich an Männern und Frauen orientiert, deren *biologisches* und *soziales* Geschlecht übereinstimmen (cis).

Trans-Gender: Menschen, die sich keinem der beiden *sozialen* Geschlechter (männlich oder weiblich) zugehörig fühlen.

Abb. 1: Genderbreadperson – Schaubild Geschlecht[40]

Die *Genderbreadperson* (früher: der Honigkuchenmann) verdeutlicht die unterschiedlichen Erwartungshaltungen einer Gesellschaft mit Blick auf das Thema Gender. Wie dieser Abbildung zu entnehmen ist, umfasst der Begriff Gender unterschiedliche Aspekte von Geschlecht. Zum einen wird darunter das Geschlecht verstanden, mit dem man sich individuell selbst verortet (»Identität«). Zum anderen ist Geschlecht »Ausdruck« sozialer Fremdzuschreibungen. Zusätzlich können die Anziehungskraft (»Attraktion«) eines Menschen sowie dessen biologische Geschlechtervorstellung (»Sex«) die Wahrnehmung des Geschlechts einer Person beeinflussen.

3.2 Die Rolle von Anti-Gender und antifeministischen Narrativen im Extremismus[41]

Die feindliche Einstellung zur Genderforschung sowie die Forderung nach Aberkennung geschlechtlicher Diversität spielt für extremistische Bewegungen unterschiedlicher ideologischer Ausrichtung eine entscheidende Rolle. Denn sie erreichen damit auch Gesellschaftsschichten, die in der Mitte der Gesellschaft verortet sind. Der Unmut vieler Menschen gegenüber Geschlechterdiskursen bietet eine Angriffsfläche für die Extremist:innen, an der sie ansetzen und kritische Stimmen oder Ablehnung des Begriffs Gender und damit einhergehender Diskussionen und Forderungen als »Gender-Wahn« rahmen (*framen*) können. Die weitere Manipulation der potentiellen neuen Mitglieder ihrer Bewegungen knüpft schrittweise an dieses Einfallstor »Anti-Gender« an und so entwickelt sich aus der *gemeinsamen* Ablehnung von Gender- und Feminismus-Formen schnell eine Aufforderung zur Agitation im folgenden Sinne: ›Wenn wir uns schon einig darüber sind, dass mittlerweile eine *Gender-Diktatur* in Deutschland vorherrscht, können wir auch zusammen dagegen vorgehen‹. Es folgt eine Verrohung und Entmenschlichung der Sprache gegenüber den potentiellen Gegner:innen im Gender- und feministischen Milieu: ›Die sollte man an die Wand stellen.‹ Von dort ist der Schritt zur Akzeptanz von Gewalttaten gegenüber denen, die die binäre Ordnung durch ihre Forderungen nach Anerkennung von (trans-)gender Strukturen, Sprache oder Forschung ›stören‹ oder infrage stellen, häufig nicht mehr weit. Und so erfolgt der Schulterschluss zwischen Extremist:innen und ›normalen‹ Bürger:innen schleichend, wahlweise unterstützt durch ein Stillschweigen oder eine tatsächliche Akzeptanz in Bezug auf eine zunehmend verrohte Sprache gegenüber denen, die den geschlechtlichen Status quo ›gefährden‹. Diese neuen Bündnisse derjenigen, die ein abfälliges Reden über ›die Genderverrückten‹ für akzeptabel halten, ebnen der aktiven Gewalt gegenüber anderen den Weg, die schlimmstenfalls als ›Selbstverteidigung‹ simplifiziert wird. Denn: ›Man muss doch auch noch mal etwas sagen dürfen.‹ Dass dieses ›etwas‹ von Hass erfüllt und mit konkreten Gefährdungen für Leib und Leben Dritter verbunden ist, wie Sprüche des AfD-Abgeordneten Alexander Gauland »Wir werden sie jagen«[III] verdeutlichen, wird in diesem Zusammenhang häufig ausgeblendet.[42]

Instrumentalisierung von Geschlecht[43]

Die Instrumentalisierung von Geschlecht erfolgt auf der Grundlage eines binären Verständnisses von Geschlecht, demnach es ausschließlich zwei Geschlechter gebe: das weibliche und das männliche Geschlecht. Die Zahl derjenigen, die sich in Opposition zur Diversität von Geschlecht bzw. darüber betriebenen Diskussion stellen, ist groß und es entstehen derzeit weitere Anti-Gender Gruppen. Insofern soll an dieser Stelle nur ein kurzer Überblick der größten Strömungen aufgeführt werden, die hinsichtlich der Instrumentalisierung von Geschlecht eine besondere Rolle einnehmen:[44]

1. *Christliche Fundamentalist:innen*, die Gendervielfalt als Frevel gegen Gottes Schöpfung und ›Plan‹ betrachten.
2. *Wissenschaftskritiker:innen*, die den Gender Studies ihre Wissenschaftlichkeit absprechen, weil diese fordern, die Kategorie Geschlecht als eine analytisch valide Klasse einzuführen.[45]
3. *Akteur:innen aus dem rechtsgerichteten Milieu*, die das Gender-Mainstreaming als »Volkstod« titulieren, da die Aufhebung der Geschlechteridentitäten der biologistisch-nationalistischen Idee der »Volksgemeinschaft« zuwiderläuft.[46]
4. *Antifeminist:innen und Maskulinisten*, die ihre Vormachtstellung von der Emanzipation und dem Feminismus bedroht sehen und deshalb neue Männlichkeitsbündnisse ins Leben rufen.

III Wörtlich sagte Gauland: »Da wir nun offensichtlich drittstärkste Partei sind, kann sich diese Bundesregierung (...) warm anziehen. Wir werden sie jagen, wir werden Frau Merkel oder wen auch immer jagen – und wir werden uns unser Land und unser Volk zurückholen.«

5. *Journalistische Gegner:innen*, die in sämtlichen ideologischen Spektren anzutreffen sind und in der gendergerechten Sprache eine ›Vergewaltigung der Sprache‹ sowie im Gender-Mainstreaming einen Versuch der gesellschaftlichen und politischen Umerziehung sehen.

Funktionalisierung von Geschlecht durch Extremistinnen[47]

Auch Frauen bedienen sich als Extremistinnen der Instrumentalisierung von Geschlecht und beteiligen sich an den sogenannten Anti-Gender-Kampagnen, der Abwertung geschlechtlicher Gleichberechtigung sowie individueller sexueller Selbstbestimmung, die als *Gender-Wahn* diffamiert wird.

Wahlweise bezeichnen sie ihr Engagement im Dienste links- oder rechtsextremistischer Gruppen als ‹Feminismus von links/rechts' bzw. im Fall radikal-islamischer Bewegungen als ‹Islamischen Feminismus'. Damit versuchen sie, einen fundamentalistisch geprägten Gegenentwurf zum *Feminismus* gesellschaftsfähig und vor allem konkurrenzfähig zu machen.

Die Rolle der Mutter wird von den Extremistinnen je nach Ideologie als ›Repräsentantin des Volkes, der Heimat oder der Religion‹ geformt. Damit wird die Mutter zur Projektionsfläche von Wünschen und fungiert als Heldin, Bewahrerin von Werten und Traditionen. Oder sie symbolisiert den Zusammenhalt der Familie, Gemeinschaft sowie den Garanten der kollektiven Ehre. Zugleich wird sie moralisch in die Pflicht für die gesamte extremistische Bezugsgruppe genommen.[48]

Die Mutterschaft selbst dient den Extremistinnen als Narrativ, um neue Generationen von Extremist:innen zu erschaffen. Sie wird als selbstlos und spartanisch (hart zu sich selbst und den Feinden, aber zärtlich zur eigenen Familie) charakterisiert, um ihrer Vorbildfunktion für andere Frauen derselben Gruppe gerecht zu werden. Wichtig ist in diesem Zusammenhang Laura Sjobergs Ausspruch:

»The manufacturing of women's political activism as part of their biological function as mothers tells the reader more about the story-teller (the one who manufactures the narrative about women's proscribed violence) and less about women's agency.«[49]

Ebenen der Frauenfeindlichkeit

Frauenfeindlichkeit muss nicht immer zwangsläufig in das Extremum, den *Femizid* münden, worunter die Tötung einer Frau aufgrund ihres Geschlechts bzw. spezifischer Vorstellungen hinsichtlich des Weiblichen verstanden wird. Diese Form von Frauenfeindlichkeit wird meistens von Männern verübt, die in einer engen Beziehung zum Opfer stehen. Häufiger zeigt sich Frauenfeindlichkeit jedoch auf anderen Ebenen, die von den Frauen selbst mitunter nicht als solche wahrgenommen wird. Diese Form der Frauenfeindlichkeit wird entweder subtil geäußert oder die Frauen haben sich an diese Art des Verhaltens im Laufe ihres Lebens bereits *gewöhnt*. Dies soll weder heißen, dass eine mangelnde Empathie mit Frauen oder eine ausbleibende Anerkennung für Arbeit, die von Frauen geleistet wird, als ein Verhalten von der Gesellschaft ›anerkannt‹ werden *sollte*, noch, dass dieses durch den *Gewöhnungseffekt* der Betroffenen an dieses frauenfeindliche Verhalten und die Ignoranz ihrer Umgebung gegenüber diesem Missstand für die Betroffenen zur unverrückbaren ›Normalität‹ werden sollte. Vielmehr ist dies eine Bestandsaufnahme hinsichtlich des Status quo, dass es auch in modernen demokratischen Gesellschaften, die sich selbst als fortschrittlich bezeichnen, noch immer eine – zum Teil systematische und strukturelle – Ungleichbehandlung von Männern und Frauen gibt. Ein Beispiel ist der *Gender Pay Gap*, der zeigt, dass Frauen mit gleicher Qualifikation in gleichen Positionen weniger verdienen als ihre männlichen Pendants. Diese Kluft wird vielfach stillschweigend geduldet, *obwohl* es so viele Frauen gibt, die darunter leiden.[50]

Begriffe aus dem Bereich der Frauenfeindlichkeit

Sexismus:

- Die Diskriminierung von Personen wegen ihres gelesenen Geschlechts und den damit verbundenen Rollen und gesellschaftlichen Hierarchien.
- Ist kulturell gewachsen und institutionell verankert.
- Dient der Konsolidierung stereotyper Geschlechtererwartungen und dem Erhalt patriarchaler Machtstrukturen.
- Benachteiligt Frauen und nicht-binäre Menschen
- Alle Geschlechter können davon betroffen sein.

3 Relevanz und Aktualität von Geschlecht für den Extremismusdiskurs

Misogynie:

- Die Feindseligkeit und Diskriminierung von Frauen sowie weiblich konnotierter Personen.
- Systematische Abwertung jeglicher Weiblichkeit
- Steht in Opposition zum Feminismus und der Frauenbewegung
- Ist Ausdruck des Machterhalts patriarchaler Strukturen
- Offene Feindseligkeit und Hass gegenüber Frauen wegen ihres Geschlechts, der in einem *Femizid* münden kann. Der Begriff *Feminizid* beschreibt hingegen die Position, die staatliche Repräsentant:innen und Institutionen einnehmen, um diese Tötungen von Frauen zu verhindern.

Antifeminismus:

- Dies ist die organisierte, politische Strategie gegen Feminismus, Emanzipationsbewegungen, Vertreter:innen der LGBTQIA+ Bewegung sowie die Frauen- und Geschlechterforschung.
- Die Akteur:innen können aus allen gesellschaftlichen, religiösen, politischen und wissenschaftlichen Milieus stammen.
- Instrumentalisiert zeitgenössische Diskussionen zu Geschlecht und Sexualität, um Geschlechtergerechtigkeit, Feminismus, geschlechtliche Vielfalt und sexuelle Selbstbestimmung und individuelle Diversität zu unterbinden.
- Ist ein zentrales Element des Rechtsextremismus, das auch in der Mitte der Gesellschaft akzeptiert wird.
- Über den Antifeminismus werden überparteiliche Bündnisse eingegangen, weswegen er eine Scharnierfunktion besitzt.
- Im Gegensatz zum Rassismus und Antisemitismus ist die menschenfeindliche Absicht des Antifeminismus nur wenigen bekannt.

Reaktionen: Schwindender oder befürchteter Machtverlust löst bei bestimmten Gruppen schnell Ängste, Gewaltphantasien und Hass aus. Im Internet werden Inhalte zum Antifeminismus, Sexismus und dem gekränkten männlichen Ego in stärkerem Ausmaß geteilt als es im Alltag(-sgespräch) der Fall ist. Dort finden sich viele Sympathisanten mit ähnlichen Erfahrungen und negativen Emotionen gegenüber Frauen. Dabei fungieren die personalisierten Social Media-Algorithmen wie Durchlauferhitzer: So werden Vegetarier:innen schnell vegane Inhalte gezeigt, während Antifeminist:innen immer aggressivere Inhalte angezeigt bekommen, die den »Normalisierugsprozess«, i. S. e. Verrohung, gegenüber Andersdenkenden beschleunigen. Antifeministische und misogyne Foren wirken dabei wie sogenannte ›Echo Chambers‹, indem ihre Mitglieder diskriminierende Aussagen oder geteilte Inhalte anderer Mitglieder nicht hinterfragen, sondern dieselbe Meinung vertreten. Dadurch wirken diese Foren (›Chatrooms‹) wie Meinungsverstärker. In der jüngsten Vergangenheit führte dies dazu, dass sich vulnerable Personen in frauenverachtenden Chatrooms immer stärker radikalisierten, weil sie in ihren Gewaltphantasien gegenüber dem weiblichen oder als ›weiblich‹ gelesenen Geschlecht online bestärkt wurden. Zum Teil setzten sie, ermutigt durch diesen Zuspruch der extremistischen Onlinegemeinschaft, ihre Phantasien in die Tat um.

Das folgende Schaubild zeigt, von wie vielen unterschiedlichen Formen von Frauenfeindlichkeit Frauen betroffen sein können, die nicht zwangsläufig nur von Extremist:innen ausgeübt werden. Sie ist nach der Gefährdungslage für die betroffenen Frauen und der Schwere des damit zusammenhängenden Tatbestands aufgebaut, die aufsteigend zunimmt:

Von der Basiszeile (das Fundament der Pyramide) ausgehend beschreibt sie die zunehmende Radikalität im Nexus von Frauenfeindlichkeit bis hin zur Misogynie. Frauenfeindlichkeit beginnt hier mit der Nicht-Identifikation und fehlenden Empathie gegenüber Frauen sowie der Nicht-Unterstützung von Frauen, die von vielen Menschen in der Gesellschaft praktiziert wird (Stufe eins). Auf der zweiten Stufe der Pyramide steht die strukturelle, wirtschaftliche oder rechtliche Ausgrenzung und Diskriminierung von Frauen, der eine geringe Anerkennung der Leistung von Frauen (Care-Arbeit, Gender Paygap, etc.) auf der dritten Stufe folgt. Die vierte Stufe ist die Nicht-Berücksichtigung und Missachtung von Frauen, an die sich die fünfte Stufe: die Verantwortungsumkehr gegenüber Frauen (Victim Blaming, Selbstbeschuldigung, Sündenbock-Phänomen) anschließt. Hier werden Frauen nicht als Opfer frauenfeindlicher Ereignisse oder Taten gesehen, sondern werden stattdessen bezichtigt, *selbst schuld* an diesen zu sein, bspw. aufgrund ihres *eigenen* Verhaltens oder Auftretens. Auf diese perfide Täter-Opfer-Umkehr folgt die sechste Stufe: die Verächtlichmachung von Frauen (Sexismus). Die siebte Stufe, der Anti-Feminismus, ist nur einen Schritt von der Verachtung und Selbstverachtung von Frauen (Stufe acht) entfernt. Stufe neun beinhaltet die Entmenschlichung bzw. Objektifizierung von Frauen (inkl. wirklichkeitsfremder Überidealisierung von Identitätsaspekten, bspw. Körperideale, Mutterideale, Verhaltensideale). In der zehnten Stufe findet die sexualisierte Gewalt gegenüber Frauen statt, die in der elften Stufe bis zur Gewalt an

3 Relevanz und Aktualität von Geschlecht für den Extremismusdiskurs

Frauen gesteigert wird. Die Spitze der Pyramide, der Femizid, also der Mord an einer Frau aufgrund ihres Geschlechts, stellt hier die höchste Eskalationsstufe (Stufe 12) dar.

Die stufenweise Eskalation der Gewalt(-bereitschaft) derjenigen, die sich im Feld der Misogynie bewegen, enthält unterschiedliche Etappen (non-)verbaler, psychischer und physischer Gewalt sowie die Diskriminierung von Frauen aufgrund ihres Geschlechts. Viele davon sind bereits in der gesellschaftlichen Sozialisation von Frauen und ihrer Rolle in der Gesellschaft angelegt. Diese Wahrnehmung von Weiblichkeit bzw. hinsichtlich des weiblichen Geschlechts führt dazu, dass Frauenfeindlichkeit in unterschiedlichem Ausmaß Teil vieler Gesellschaften und damit zur vermeintlichen ›Norm‹ geworden ist. Auf Basis dieser ›Normalität‹, die die unterschiedlichen frauenfeindlichen Mechanismen und Erlebnisse, die Alltag vieler Mädchen und Frauen (geworden) sind, ergibt sich eine Rekrutierungsmöglichkeit für extremistische Gruppen. Sie instrumentalisieren die Themen Geschlecht, Weiblichkeit, Frauenfeindlichkeit und Misogynie, die gegenwärtig einen hohen Zuspruch in der Mitte der Gesellschaft erfahren, für ihre gruppenbezogenen Zielsetzungen.

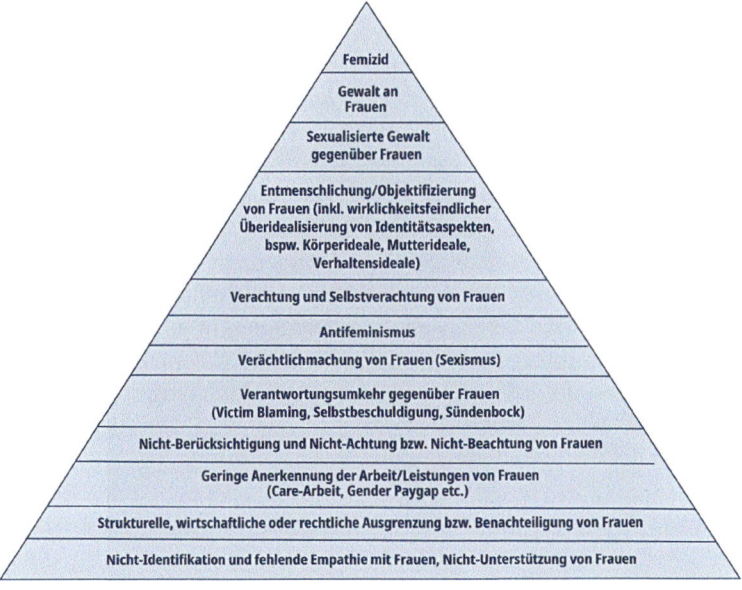

Abb. 2: Misogynie-Pyramide[51]

Die Übergänge zwischen einem sogenannten ›Alltagssexismus‹, der den Frauen gegenüber in der Freizeit oder am Arbeitsplatz sowie in Beziehungen begegnen kann, und einer systematischen Verächtlichmachung von Frauen als Ziele gewaltbereiter Männer oder Bewegungen, sind zum Teil fließend. Oftmals sind es, wie im Fall der *Incel* Bewegung (englisch: Involuntary Celibates, »unfreiwillig zölibatär Lebenden«) Männer, die sich von Frauen nicht beachtet oder zurückgewiesen fühlen. Sie sehen sich – von anderen Männern in einer ähnlichen Lage – online ermutigt, sich an den entsprechenden Frauen für diese Behandlung zu ›rächen‹. Die Tatsache, dass die für ihre eigene Situation verantwortlich gemachten Frauen, die Täter oft nicht einmal kennen, weil sie sich nie persönlich vorgestellt haben, sondern die Frauen nur aus sicherer Entfernung begehren, ändert wenig an der imaginierten Kränkung der Incels. Sie fühlen sich in ihrem männlichen Ego gekränkt und diese Kränkung ›muss‹ ihrer Ansicht nach Konsequenzen für die ›Täterinnen‹ nach sich ziehen, die in der Realität die eigentlichen Opfer des aggressiven und übergriffigen Verhaltens der Incels sind.[52]

Viele der hier aufgeführten Aspekte von Frauenfeindlichkeit sind in den extremistischen Bewegungen anzutreffen, die in den ▸ Kap. 4–8 thematisiert werden. Darunter die Entmenschlichung und Objektifizierung von Frauen sowie unterschiedliche Gewaltformen gegenüber Frauen. Paradoxerweise beteiligen sich auch die Extremistinnen an dieser Frauenfeindlichkeit, obwohl sie selbst häufig Opfer von Frauenfeindlichkeit und Gewalt in ihrer Kindheit und Jugend wurden. Für sie bedeutet es, sich hiervon zu distanzieren und zu emanzipieren, indem sie andere (Frauen) unterdrücken oder ihnen nicht zur Seite stehen, wenn ihnen Gewalt angetan wird. Zudem können auch die Extremistinnen selbst in ihren militanten Peergroups nicht dem Kreislauf der Gewalt und Unterdrückung entfliehen. Trotz nach außen signalisierter Stärke, die häufig gerade deshalb besonders ausgeprägt bei ihnen vorkommt, weil sie sich selbst innerlich schwach fühlen oder in einer (Co-)Abhängigkeit mit anderen befinden, leben viele Extremistinnen in einer Umgebung, in der sie selbst nur untergeordnete Rollen bekleiden (können). Dies zeigt sich bspw. daran, dass die weiblichen Gruppenmitglieder häufig den männlichen Gruppenmitgliedern körperlich unterlegen oder von dem Zusammenhalt und Schutz der Gruppe abhängig sind.

Geschlechtsspezifisch gegen Frauen gerichtete Straftaten

Nicht nur gegen trans-gender Personen, sondern auch gegen Frauen richten sich zahlreiche Straftaten, die in der Gesamtheit zunehmen. Die Amadeu Antonio Stiftung stellt für das Jahr 2023 insgesamt 5.315 Taten fest, die explizit gegen Frauen gerichtet und deren Ursachen auch in der Ablehnung oder dem Hass gegenüber dem weiblichen Geschlecht des Opfers begründet waren (▸ Abb. 3). Weitere Gründe für diese strafbaren Handlungen gegen Frauen können Vorurteile gegenüber dem weiblichen Geschlecht sowie die Ablehnung der Gleichberechtigung der Geschlechter gemäß Art. 3 Abs. 2 GG sein.[53]

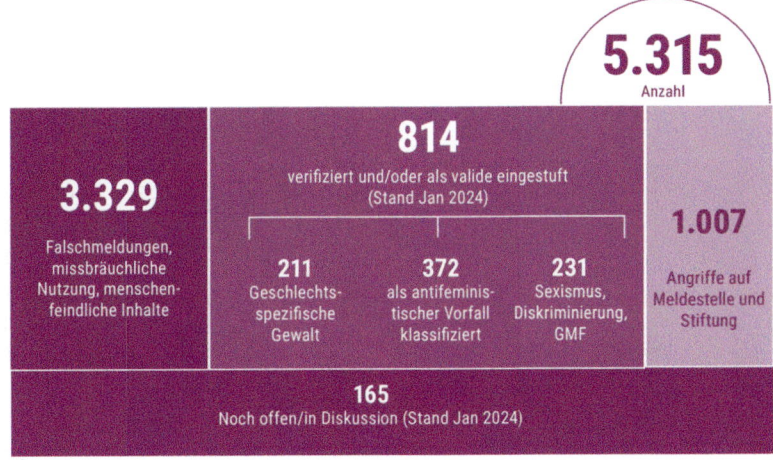

Abb. 3: Statistik der gegen Frauen gerichteten Taten im Jahr 2023[54]

Obwohl die genaue Kategorisierung von Straftaten, die aufgrund des Geschlechts gegenüber Frauen verübt werden, mitunter nicht direkt ersichtlich ist, empfiehlt es sich jedoch, explizit darauf zu achten. Dazu sollten diese Taten zukünftig gesondert in Kriminalstatistiken aufgeführt werden, um sie als explizit gegen Frauen gerichtete Taten sichtbar zu machen. Ein eigener Straftatbestand zum Thema sollte ebenfalls geschaffen werden. Zum einen, um Frauen, die Opfer dieser Gewalt gegen ihr Geschlecht werden, die Möglichkeit zu geben, diese Taten gezielt zur Anzeige zu bringen; zum anderen, um diese deutlich von anderen Straftatbeständen abzugrenzen. Frauen, die bisher aufgrund ihres Geschlechts gezielt angegriffen werden, erfahren selten die Sensibilität und das Verständnis für diese Form von Gewalt, die angemessen wäre, um sie in Sicherheit zu bringen und vor Folgetaten der Aggressoren zu schützen. Die juristische Anerkennung dieses Straftatbestands wäre eine wichtige Maßnahme eines demokratischen Rechtsstaates zum Schutz der Frauen.

II Betätigungsfelder weiblicher Extremistinnen

In diesem Abschnitt werden nun fünf unterschiedliche Phänomenbereiche extremistischer Bewegungen dargestellt, in denen sich Frauen betätigen. Dabei liegt ein besonderes Augenmerk auf der imaginierten sowie der tatsächlichen Rolle der Frauen in diesen Gruppen, die sich zum Teil erheblich von der öffentlichen Wahrnehmung dieser Akteurinnen unterscheidet. Fraglich ist auch, ob und inwieweit die in diesem Kapitel diskutierten gesellschaftlichen Gendervorstellungen, familiäre Sozialisation und (religiöse) Vorprägung die weibliche Vulnerabilität für Radikalisierung beeinflusst hat.

4 Radikal-islamische Bewegungen

Im Folgenden wird die Rolle von Frauen in ausgewählten radikal-islamischen Bewegungen dargestellt, die u. a. das Ziel verfolgen, eine auf fundamentalistischen Werten basierende, islamische Gesellschaft aufzubauen, die antidemokratisch und antipluralistisch ausgerichtet ist. Ihre Vertreterinnen eint ein dualistisches Weltbild aus zwei einander entgegengesetzten Sphären: Die eigene und einzig richtige Lebensweise steht allen anderen falschen gegenüber. Damit lehnen sie eine liberale Islaminterpretation ab und befürworten ein patriarchales Geschlechterverständnis, das sie religiös zu legitimieren versuchen.

Schätzungsweise 10 Prozent der radikal-islamischen Gruppenmitglieder sind weiblich – Tendenz steigend. Denn insbesondere seit der Entstehung des Islamischen Staates (IS), dessen Anhängerinnen und Motivlagen skizziert werden, engagieren sich Frauen zunehmend in diesem extremistischen Umfeld. Tschetschenische Kämpferinnen und weibliche Mitglieder der Millî Görüş Bewegung sind ebenfalls ein wichtiger Bestandteil der Szene weiblicher ›Islamistinnen‹, deren Inhalte und Zielsetzungen in diesem Unterkapitel abgebildet werden.

> **Gemeinsame Parameter radikal-islamischer Bewegungen**
>
> **Al-walā' wa-l-barā':**
> - Loyalität zu und Lossagung von Allahs Ge- und Verboten.
> - In der jihadistischen Interpretation wird dieses Konzept zu »Hassen und Lieben für Allah«.
>
> **Ǧāhilīya (Dschahiliya):**
> - Epoche oder Zeit des ›Unglaubens‹; zumeist wird damit die vor-islamische Zeit beschrieben.

- In der salafistischen Tradition wird darunter (auch) ein Wesenszustand, der Abfall (Shirk) der Muslim:innen vom Glauben und damit vom ›rechten‹ Weg, verstanden – insbesondere in einer Zeit, in der der Islam bereits verbreitet worden ist.
- Radikal-islamische Gruppen und Ideologen setzen sämtliche Staatsformen, deren Wirken nicht an der Scharia (islamisches Recht[-ssystem]) orientiert ist, mit der Dschahiliya gleich. Für sie sind demnach demokratische Gesellschaftsmodelle ebenso in dieser Epoche zu verorten wie diktatorische.

Formen des Jihad:

a) Der *große* Jihad: Die eigene innere Anstrengung auf dem Weg Gottes ein/e bessere/r Muslim:in zu werden, z. B. durch gute Taten, Gebete und dergleichen mehr.

b) Der *mittlere* Jihad: Er wird als *Jihad des Intellekts* definiert, weil durch ihn religiöses Wissen an (Nicht-)Muslim:innen vermittelt werden soll.

c) Der *kleine* Jihad: Der kriegerische Jihad umfasst die Verteidigung des Glaubens und der universellen Gemeinschaft der islamischen Gläubigen (Ummah) unter bestimmten Voraussetzungen. Er wird im Sinne eines Verteidigungskriegs und nicht im Sinne eines Angriffskriegs verstanden.

Gleichberechtigung vs. Gleichwertigkeit:

- Gemäß dem Gleichberechtigungsgrundsatz von Artikel 3 (Absatz 1 und 2) des deutschen Grundgesetzes (GG) sind »alle Menschen vor dem Gesetz gleich: Männer und Frauen sind gleichberechtigt.«
- Während der deutsche Staat diese Gleichberechtigung in seiner Gesetzgebung verankert hat und sowohl auf ihre »tatsächliche Durchsetzung« als auch auf »die Beseitigung bestehender [geschlechterbezogener] Nachteile« (Art. 3 Abs. 2 GG) hinwirkt, betrachten radikal-islamische Gruppen und Akteur:innen Frauen und Männer als ›gleichwertig‹, jedoch nicht als ›gleichberechtigt‹.
- Dies bedeutet, dass es in der extremistischen Weltsicht radikal-islamischer Personen eine Geschlechterhierarchie gibt, in der die Frauen aufgrund eines biologischen Geschlechterbildes den Männern im juristischen, ökonomischen, religiösen, politischen und gesellschaftlichen Sinne als untergeordnet, z. T. als ›unterlegen‹ verstanden werden. Diese Sichtweise wird als ›gottgewollt‹ dargestellt und darf folglich nicht von den Gläubigen hinterfragt werden.

4.1 IS-Anhängerinnen – Von Perlen, Schäferinnen und Kämpferinnen

Die Terrororganisation *Islamischer Staat* (IS) wurde im Jahr 2014 durch den selbsternannten Kalifen *Abu Bakr al-Baghdadi* begründet. Sie verfolgte unter anderem den Aufbau eines sunnitisch geprägten Kalifats im globalen Stil und den Kampf gegen Andersgläubige. Im Zuge seiner Entstehung schlossen sich viele Frauen aus der ganzen Welt dem IS an, um eine neue religiöse Heimat im ›Kalifat‹ zu finden. Zahlreiche Europäerinnen wählten diesen Weg aus Liebe zu einem Kämpfer, Abenteuerlust, persönlicher Perspektivlosigkeit in ihren Heimatländern oder aufgrund des Wunsches, selbst den Islam mit der Waffe zu verteidigen und die Gebietsexpansion des IS aktiv zu unterstützen.

Die Frauenrollen waren primär in der Funktion der Mutter, Ehefrau und Lehrerin zu verorten. Die perfekte IS-Anhängerin sollte geduldig, sittsam, gläubig, willig und unterwürfig sein. Eine perfekte Perle, die sich vor der Welt mit Hilfe ihrer radikal-islamischen Bezugsgruppe wie eine Muschel vor der Öffentlichkeit verborgen hält und nur für ihren Ehemann öffnet. Für den IS-Kalifat-Staat war es wichtig, die Geburtenraten hoch zu halten, um so eine ideologische Expansion über nachfolgende Generationen zu gewährleisten. Die religiöse Erziehung von zukünftigen Kämpfern wurde den Frauen überlassen, die im Zuhause als Schäferinnen die Verantwortung trugen, während die Männer als Schäfer die Jungen im Kampf trainierten und über die Familie wachen sollten. Das IS-Magazin *Dabiq* fasste die weiblichen Aufgaben wie folgt zusammen: »As for you, O mother of the lion cubs [...] is the teacher of generations and the producer of men [...] nurturing mother [...] in need of a lot of patience.«[55] Dieses Neo-Patriarchat steht im bewussten Gegensatz zur modernen Beziehung von Männern und Frauen und basiert auf dem Wunsch der Stabilität und vorgegebenen ›Ordnung‹, die den Frauen in früheren Partnerschaften fehlte.[56]

Die sekundären Rollen, die Frauen bekleiden konnten, waren zum einen die der Polizistin bei der Sittenpolizei *Hisba*, deren berühmtestes Beispiel die *Al Khanssa*-Brigade darstellte. Zum anderen gab es die weibliche Kampfbeteiligung, die jedoch eher als Ausnahme betrachtet wurde, und z. B. zur Sicherung des Fortbestands des IS erlaubt war. Prominente westliche IS-Kämpferinnen waren u. a. die *Britin* Sally Jones alias *Umm Hussain al-Britani* oder die Schottin Aqsa Mahmood alias *Birds of Prey*.

Als *Umm Basir Al-Muhajirah* wurde die bereits zuvor erwähnte Französin Hayat Boumeddiene beim IS bekannt, die als Mitverantwortliche für die Terroranschläge von Paris im Jahr 2015 galt. Als Tochter algerischer Einwanderer wuchs sie in einem Vorort von Paris auf. Ihre Mutter starb früh und der Vater war abwesend. Ihre Geschwister und sie selbst wurden streckenweise von der Jugendfürsorge betreut.

Boumeddiene begann sich einer radikal-islamischen Sichtweise zuzuwenden und lernte in diesem Kontext ihren späteren Ehemann Amedy Coulibaly kennen, den sie im Jahr 2009 islamisch heiratete. Beide pflegten Freundschaften mit anderen französischen Jihadisten wie Saïd und Chérif Kouachi und deren Ehefrauen und begannen, gemeinsam für einen Kampfeinsatz zu trainieren. Ihre religiöse Sympathie galt der Terrororganisation IS. Zusammen vollzogen beide im Jahr 2014 die Wallfahrt (*Hajj*) nach Mekka.[57]

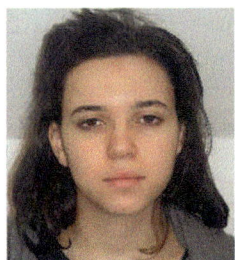

Abb. 4: Fahndungsfoto von Hayat Boumeddiene – Frankreich, ohne Schleier[58]

Boumeddiene appellierte in einem Interview mit dem IS-Magazin *Dabiq* an ihre Mitschwestern, sie sollten eine *passive* Rolle einnehmen und zugleich Schutz und Sicherheit ihrer Ehemänner, Brüder, Väter und Söhne sein, indem sie diesen mit Rat und Tat zur Seite stünden. Es ginge primär darum, dass die Frauen den Männern beim IS den Rücken stärkten und alles für sie leichter machten, während diese kämpften. In diesem Sinne sollten sie stark und tapfer sein und würden für ihre Haltung von Allah belohnt werden.[59]

Es wurde jedoch zugleich mit Blick auf das IS-Video »Blow Up France 2« des Jahres 2015 vermutet, dass Boumeddiene dort als Kämpferin zu sehen sei. In diesem Fall hätte sie entgegen ihres eigenen Interview-Appels eine *aktive* Rolle als Kämpferin eingenommen, die die französischen Angreifer um die Anschläge in Paris desselben Jahres lobte und andere zu neuen Attentaten in Frankreich ermutigte.[60]

4 Radikal-islamische Bewegungen

Abb. 5: Hayat Boumeddiene vermutlich im Video vorne rechts[61]

4.2 Tschetschenische Kämpferinnen – Sisters in Arms

Ziel der tschetschenischen Kämpferinnen ist die Unabhängigkeit ihres Heimatlandes *Nokhchi Mokhk* (Tschetschenien) von Russland. Bereits seit dem 18. Jahrhundert sind Versuche der Vereinnahmung nordkaukasischer Völker, zu denen auch die Tschetschen:innen gehören, durch das Zarenreich und später durch den russischen Staat erkennbar. In diesem Zusammenhang beklagen die Tschetschen:innen das imperialistische Auftreten der Russen, denen es um eine künstliche Konstruktion einer kollektiven russischen Identität ginge, während die tschetschenische Ethnie ihre eigene Identität gänzlich aufgeben solle.[62]

Infolge des Wunsches nach Unabhängigkeit kam es zu diversen Kämpfen zwischen Tschetschenen und Russen. Zu nennen sind hier der *Befreiungskampf* (1785–1791), in dessen Kontext der tschetschenische Scheich Mansur sufische Kampftruppen (*Muriden*) einsetzte und der *Kaukasische Krieg* (1818–1859), ein Partisanenkrieg, angeführt vom Muriden Schamil. Dieser rief ein *Imamat*[IV] in Tschetschenien aus. Nach seiner Verhaftung wurde das Land im Jahr 1861 an Russland angeschlossen.[63]

IV Ein muslimisch theokratischer Staat, der von einem Iman angeführt wird.

Der *erste tschetschenisch-russische Krieg* fand in den Jahren 1994 bis 1996 statt. Hierbei erlitten die Russen massive militärische Rückschläge und es kam zu einem wechselseitigen Vertragsverhältnis, das u. a. Reparationszahlungen Russlands an Tschetschenien vorsah. In der Folge kam es auch zu einem Erstarken wahabitischer[V] Kräfte in Tschetschenien. Nachdem die tschetschenische Staatsführung versuchte, kaukasische Nachbarschaftsländer in den Widerstand gegen Russland zu involvieren initiierte Wladimir Putin den *zweiten tschetschenisch-russischen Krieg* im Jahr 1999, der bis zum Jahr 2009 andauerte. Nach dem Ende dieses Krieges, der für Tschetschenien verheerende Folgen hatte, wurde letztlich der russlandfreundliche Ramsan Kadyrow als tschetschenischer Präsident eingesetzt.[64]

Die tschetschenischen Kämpfer:innen wiesen zu Beginn der 2000er Jahre ideologische Verbindungen zum *Kaukasus Emirat*, einer jihadistischen Gruppe mit Verbindungen zur Terrororganisation *Al Qaida* (AQ), auf. Seit der Entstehung des Islamischen Staates gab es zum Teil Schulterschlüsse zwischen den tschetschenischen Kämpfergruppen und dem IS. Einige Tschetschen:innen kämpften in Syrien auf der Seite des IS.[65]

Obwohl die Frauen gemäß des tschetschenischen Gewohnheitsrechts (arabisch: *Adat,* Gewohnheiten, Bräuche) einer strengen Geschlechterhierarchie Folge leisten müssen, demzufolge sie eine untergeordnete Rolle gegenüber den Männern einnehmen, wurden und werden einige von ihnen als Kämpferinnen angeworben. Dies hatte aus extremistischer Perspektive den ›Vorteil‹, dass die Frauen aufgrund ihres Geschlechts weniger häufig kontrolliert wurden als ihre männlichen Kollegen, während sie auf dem Weg zu den Anschlagszielen waren.

Die Rekrutierung von Frauen konzentriert sich auf diejenigen, die aufgrund einer persönlichen Misere verzweifelt und hoffnungslos sind. So werden bspw. viele Witwen oder Frauen, die infolge einer missglückten unehelichen Liebesbeziehung ihre Ehre wiederherzustellen versuchten, für Selbstmordanschläge angeworben. International wurden diese Frauen aufgrund ihrer Kleidung als *schwarze Witwen* bekannt.[66]

Die Frauen selbst geben unterschiedliche Motivlagen für ihre Teilnahme am sogenannten *Gasawat* (tschetschenischer Krieg gegen den russischen Be-

---

V   Der Wahhabismus ist eine islamtheologische Rechtsschule, die von Ibn Abd al-Wahhāb in Saudi-Arabien als ›Staatsreligion‹ eingeführt wurde und sich u. a. durch eine besonders strikte Religionsausübung und Verhaltensregeln für Frauen auszeichnet.

satzer) an, der an den Begriff *Ghazawat*, Streifzüge, an denen der islamische Prophet Muhammad teilgenommen hat, anknüpft. Zum einen sehen sie darin eine religiöse Pflicht zur Verteidigung ihrer Ethnie gegenüber bzw. Befreiung ihres Landes von den russischen Besatzern, der als *kollektives Erbe* verstanden wird und zu Ehrerwerb innerhalb der Gemeinschaft führt. Zum anderen sicherten die Frauen damit ihre Hinterbliebenen ab, da diese für jede Selbstmordattentäterin im Namen Tschetscheniens, deren Haus von den Russen in der Folge zerstört wurde, Reparationsleistungen für ein neues Haus erhielten.[67]

Umm Yasin, eine 26-jährige Tschetschenin, die von der Verfasserin dieses Buches im Zuge ihrer Rekrutierung deutscher Kämpferinnen für den jihadistischen ›Befreiungskampf‹ interviewt wurde, führt neben ihrem Glauben das Motiv der Schwesternschaft für ihre Kampfbeteiligung an: »Ich habe zusammen mit den Schwestern schon viele Frauen gefunden, die genauso dankbar sind wie ich, dass sie Allah auf diese Weise dienen können. Wir alle leben nur für Allah. Wir leben für ihn und wir sterben für ihn.«[68]

Es fällt auf, dass das Thema Gender und Extremismus die Tschetscheninnen in doppelter Weise betrifft: Zum einen aufgrund des strikten Gewohnheitsrechts der eigenen Ethnie, wodurch die Ehre der Familie eng an das Verhalten der Frau geknüpft ist. Zum anderen wird ihr Geschlecht für Anschläge missbraucht, in deren Zusammenhang sie ihr Leben für die Gemeinschaft opferten. Drittens rekrutierten sie selbst Frauen in ähnlich verzweifelter Lage, in der sie sich selbst in den engen Grenzen ihrer Peergroup befunden hatten, um neue Anhängerinnen für den tschetschenischen ›Freiheitskampf‹ zu gewinnen. Dieses Feld wurde sogar über die eigene Bezugsgruppe hinaus auf Frauen aus anderen Gruppen erweitert, hier allerdings über das Motiv der Gottesfürchtigkeit und den Wunsch, Ungerechtigkeit gegenüber unterdrückten islamischen Mitgeschwistern zu beenden.

4.3 Islamische Gemeinschaft Millî Görüş e. V. (IGMG) – Wächterinnen gottgewollter Ordnung

Die Islamische Gemeinschaft Millî Görüş e. V. wurde von Necmettin Erbakan mitbegründet, der in der Zeit von 1996 bis 1997 als türkischer Ministerpräsident fungierte. Die IGMG ist eine fundamentalistische Bewegung, die u. a. versucht, ihre rigiden Islamvorstellungen als Grundlage einer ›neuen‹

Staatsführung in der Türkei zu implementieren. Diese soll auf einer *Gerechten Ordnung* (*Adil Düzen*) und einer *Gerechten Wirtschaftsordnung* (*Adil Ekonomik Düzen*) fußen.

Aber nicht nur die laizistische Türkei, sondern auch europäische säkulare Gesellschaften sollen im Sinne der IGMG in Europa langfristig in islamische Staaten verwandelt werden. Dabei wird die Position vertreten, dass die Europäische Union (EU) und die Vereinigten Staaten von Amerika (USA) rassistische Imperialisten seien, obgleich die IGMG selbst keine religiöse oder politische Perspektive außer ihrer eigenen Ideologie duldet. Zum Teil werden ihr antisemitische Tendenzen zugeschrieben.

Die IGMG konzentriert sich außerhalb der Türkei stark auf türkischstämmige Diaspora-Gemeinden. Infolgedessen gibt es in Bezug auf die Gruppe Überschneidungen zu den *extremistischen Bewegungen mit Türkeibezug*, die im ▸ Kap. 8 diskutiert werden. Es bestehen politische und religiöse Schulterschlüsse zwischen der IGMG und der AKP (*Adalet ve Kalkınma Partisi*, Partei für Gerechtigkeit und Entwicklung) sowie der türkischen Religionsbehörde *Diyanet* (*Diyanet İşleri Başkanlığı*, Präsidium für Religionsangelegenheiten) und ihren Niederlassungen im Ausland DİTİB (*Diyanet İşleri Türk İslam Birliği*, Türkisch-Islamische Union der Anstalt für Religion). Problematisch ist auch die Nähe vereinzelter Jugendgruppen der IGMG zum radikalen türkischen Prediger Nurettin Yıldız, der u. a. die Kinderehe, Gewalt im Namen des Islam und Gewalt gegen Frauen unterstützt.[69]

In den 1990er Jahre erfolgte die Gründung der Frauen- (*Kadınlar Teşkilatı*) und Frauenjugendorganisation (*Kadınlar Gençlik Teşkilatı*) der IGMG. Das Frauenbild, das darin postuliert wurde, basiert auf einer Unterordnung der Frau unter den Mann, die Ausdruck einer ›gottgewollten Ordnung‹ sei. Frauen sollten sich bedecken, ein Kopftuch und einen langen Mantel zur Verhüllung des Körpers (*tesettür*) tragen und auf ihr Benehmen in der Öffentlichkeit achten. Zu den als weiblich gelesenen Tugenden gehören Keuschheit, Demut und Zurückhaltung, die mit historischen islamischen Frauenfiguren wie Fatima verknüpft werden. Die islamische Frühzeit wird von der IGMG idealisiert, weil hier noch die islamische Gesellschaftsordnung vorherrschte, die sie sich (zurück-)wünschen.

Diese Form der Tugendhaftigkeit und Verhaltenskontrolle besitzt jedoch keine Gültigkeit für die männlichen Mitglieder der IGMG. Es handelt sich deshalb um *doppelte Standards*, die die IGMG hinsichtlich der möglichen individuellen, gesellschaftlichen, sexuellen und beruflichen Selbstverwirklichung von Frauen und Männern als Prämissen vorgibt. Frauen, die sich nicht an diese Vorgaben halten, werden moralisch stigmatisiert, gesellschaftlich geächtet oder von der Gemeinschaft ausgeschlossen und dadurch sozial isoliert wie der Fall von Emel Zeynelabidin, einem ehemaligen Mitglied der IGMG, verdeutlicht. Nachdem diese sich gegen das Kopftuch, die Vorschriften und Glaubensauslegungen der IGMG gewandt hatte, wurde sie von sämtlichen Angehörigen dieser Gemeinschaft abgelehnt.[70]

Hatice Şahin prägte in ihrer Funktion als Vorsitzende der Frauenorganisation in der Zeit von 2012 bis 2017 das äußere und innere Bild, dass die IGMG mit Blick auf ihre weiblichen Mitglieder kultiviert wissen möchte. In dieser Zeit gab sie Interviews, in denen sie die zunehmende Muslimfeindlichkeit beklagte und die Politik dazu aufforderte, »Maßnahmen auf den Weg zu bringen, damit Muslime diskriminierungsfrei leben können«.[71] Obgleich diese Forderung selbstverständlich richtig ist, da in einer Demokratie Menschen unabhängig von ihrer religiösen Orientierung gleichberechtigt und diskriminierungsfrei leben können sollten, konterkariert der gleichzeitig von der IGMG betriebene Zwang gegenüber den weiblichen Mitgliedern, sich paternalistischen Idealvorstellungen zu beugen, ihr angeblich uneigennütziges Streben nach Egalität. In der Realität der IGMG wird dagegen das Verhalten der Frau in der Öffentlichkeit als das Aushängeschild der *gesamten* (religiösen) Gemeinschaft postuliert. Ein Ausscheren vom vorgezeichneten ›weiblichen‹ Verhalten der Frauen wird mit einem Ehrverlust der gesamten Gemeinschaft gleichgesetzt. Die Trennung der Geschlechter ist dabei ein wichtiger Aspekt, der ebenso wie die Verhüllung sexueller Reize von der IGMG in Form von religiösen Rechtsgutachten propagiert wird.[72] Frauen werden hierdurch unter Druck gesetzt, jederzeit perfekt und in Übereinstimmung mit den Wünschen der sozialen Bezugsgruppe zu agieren, während die männlichen Mitglieder derselben Gemeinschaft, sich ihren individuellen Interessen folgend benehmen und anziehen können, was sie möchten, ohne dafür Konsequenzen oder Vorwürfe erwarten zu müssen. Die Missachtung dieser biologistisch begründeten unterschiedlichen Rollenmodelle und Erwartungen hinsichtlich männlicher und weiblicher IGMG-Mitglieder wird als unvereinbar mit den islamischen Glaubensinhalten gesetzt, so dass die potentiell auf ›moralische‹ Abwege geratene Frau zudem auch von Gott selbst abgelehnt würde.[73] Hierdurch wird den Frauen suggeriert, dass sie im Grunde keinen Ausweg als die Subordination unter diese Vorgaben haben, weil niemand im Diesseits oder Jenseits sie im Falle einer ›Rebellion‹ unterstützen würde.

Das favorisierte Geschlechtermodell der IGMG basiert auf einer bewussten Ungleichheit von Mann und Frau, denn: »Der Islam vertritt nicht Gleichheit von, sondern Gerechtigkeit für Mann und Frau.«[74] Dieses Modell steht im direkten Widerspruch zum Gleichberechtigungsgrundsatz des Artikels 3 des deutschen Grundgesetzes (GG), demnach alle Menschen vor dem Gesetz gleich und Männer und Frau gleichberechtigt sind.

Die von Şahin und anderen Vertreter:innen der IGMG kultivierte ›Opferhaltung‹ als verfolgte Minderheit erscheint demnach wenig glaubwürdig. Offensichtlich geht es ihnen nicht um eine Gleichbehandlung *sämtlicher* Muslim:innen in Deutschland, sondern vielmehr um eine Sonderregelung für ihre *eigenen* rigiden Bekleidungs- und Moralvorstellungen, die eine Ungleichbehandlung der Frauen darstellt und von der Mehrheit der (deutschen) Muslim:innen abgelehnt wird.

4.4 Zusammenfassung

Die Extremistinnen, die sich in den Gruppen Millî Görüş, für die ›tschetschenische Sache‹ oder den IS engagierten, eint zum einen die Religionszugehörigkeit zum sunnitischen Islam, dessen Botschaften sie fundamentalistisch interpretieren. Zum anderen verbindet sie die Vorstellung, dass ihr Herrschaftsbezirk (die Türkei, Tschetschenien oder das IS-Kalifat) durch ihren Einsatz auf unterschiedlichen Ebenen von Zwängen und Hemmschuhen befreit würde und somit zur ›wahren‹ Größe aufsteigen könnte.

Weibliche Motivlagen, Rollen und Ziele

Die Rollen, die die Frauen der Millî Görüş und des Kampfes für ein ›unbesetztes‹ Tschetschenien einnehmen durften, variierten von politischen Aktivistinnen über logistische Unterstützerinnen bis hin zu Kämpferinnen für ihre Heimatländer und ›den‹ Islam. Dabei waren sie in kulturelle und ethnische Verbünde integriert, deren moralische Codices sie noch zusätzlich in ihrer freien Meinungsbildung und Lebensführung einschränkten.

Frauen beim IS fungierten als Mütter, Ehefrauen, Mitarbeiterinnen der weiblichen Polizeieinheiten (*Hisba*), Lehrerinnen und in seltenen Fällen als Kämpferinnen. Dies war immer dann möglich, wenn dem IS zu viele Gebietsverluste drohten, zu wenige Männer vor Ort oder diese kampfesunwillig waren. In diesen Situationen durften die Frauen selbst zur Waffe greifen, um sich selbst und ihre Kinder sowie das Kalifat des IS zu verteidigen. Damit zeigte sich der IS als *lernende terroristische Organisation*, die sich ihren Gegebenheiten anpasste, um trotz wandelnder Umstände erfolgreich zu sein.[75]

Die folgenden Motivlagen lassen sich für die IS-Extremistinnen exemplarisch zusammenfassen:

- Suche nach weiblicher Gemeinschaft (Schwesternschaft)
- Suche nach einem islamischen Idealzustand und sozialer Absicherung
- Individuelle Selbstverwirklichung
- Das Leid der *Ummah* (der idealisierten islamischen Weltgemeinschaft) zu beenden und diese zu unterstützen (Positive Empathie)
- Liebe
- Physische und psychische Abhängigkeit von einem Mann (Grooming)
- Abenteuerlust
- Gewaltphantasien (Negative Empathie).[76]

Die Zielsetzungen der weiblichen IS-Angehörigen bestanden auch darin, selbst in einer idealtypischen Welt leben und ihre Kinder darin aufziehen zu können. Zudem verband viele von ihnen das Bedürfnis, einer (imaginierten) Ungerechtigkeit gegenüber den unterdrückten muslimischen Opfern in der Region ein Ende zu bereiten. IS-Werbefilme hatten zuvor die scheinbare Unterdrückung von Muslim:innen propagiert, um damit insbesondere an die Emotionen der Frauen wie Empathie oder Hilfsbereitschaft zu appellieren. Frauen wurden als Ehefrauen für die Kämpfer und Mütter der neuen Generationen von Jihadisten zu Beginn des IS-Kalifats händeringend gesucht.[77]

Instrumentalisierung von Geschlecht in den ausgewählten Bewegungen

Sämtliche Frauen des radikal-islamischen Spektrums befinden sich in einer permanenten Doppelrolle: der der strenggläubigen Muslima und der Aktivistin für ihre jeweiligen Zielsetzungen, die sie religiös zu legitimieren versuchen. Die Einschränkungen, denen sie aufgrund fundamentalistischer Religionsausübung und damit korrespondierenden Verhaltens- und Bekleidungsvorschriften ausgesetzt sind, nutzen sie als *Erkennungsmerkmal* für ihre Mitschwestern. Darüber hinaus verwenden sie dieses Narrativ als Rekrutierungsmöglichkeit in Bezug auf andere junge Frauen und zugleich als Abgrenzungsmerkmal gegenüber der Außenwelt im Sinne eines Zusammengehörigkeitsgefühls: ›Wir werden aufgrund unseres Glaubens ausgegrenzt und müssen deshalb zusammenhalten.‹ Auf diese Weise *funktionalisieren die Extremistinnen selbst* ihr eigenes Geschlecht über ihr Aussehen und damit zusammenhängende innermuslimische und nicht-muslimische Chiffren.

Männliche Interesselagen

Auch wird das *weibliche Geschlecht von den Männern* der drei diskutierten radikal-islamischen Erscheinungsformen *instrumentalisiert*: sie werden als ›Perlen‹ und hilfsbedürftige Wesen bezeichnet, die unter ›dem Schutz‹ der Männer stünden. Tatsächlich müsste die Formulierung wahrheitsgemäß ›in der Hand‹ der Männer heißen, denn nach Eintritt in eine fundamentalistische islamische Gruppe müssen die Frauen sich diesen unterordnen und dürfen weder öffentlich ohne Einverständnis der Männer in Erscheinung treten noch für sich oder ihre Kinder Entscheidungen treffen. Auf diese Weise werden erwachsene Frauen zu unmündigen Kindern degradiert, die sämtlichen Vorgaben unreflektiert folgen.

Antimuslimischer Rassismus als Möglichkeit der Selbstinszenierung von Extremistinnen als Opfer ihrer Umgebung

Zudem nutzen radikal-islamische Extremistinnen die größere (berufliche) Sensibilität und verstärkten Maßnahmen zum Schutz vor antimuslimischem Rassismus in der deutschen Gesellschaft aus, um ihrer radikalen Glaubenspraxis ungestört nachgehen zu können. Diese Maßnahmen sollen Muslim:innen grundsätzlich vor Alltagsrassismus und beruflicher Diskriminierung schützen und es ihnen ermöglichen, ihren Glauben und damit zusammenhängende Ge- und Verbote unbehelligt zu praktizieren. Die Extremistinnen nehmen unter Bezug auf Regelungen zum Schutz vor antimuslimischem Rassismus nun jede Kritik an ihrer fundamentalistischen Religionsinterpretation und ihrem dualistischen Weltbild zum Anlass, um sich selbst als ›*Opfer*‹ *ihrer Umgebung zu inszenieren*. Das Phänomen der Islamfeindlichkeit, das es selbstverständlich zu verhindern gilt, bemüßigen sie immer dann, wenn sie nicht ihren Willen oder ihre Extra-Regelungen erhalten. Dabei stellen die Extremistinnen bspw. die Forderung auf, dem Staat Israel das Existenzrecht im Zuge von öffentlichen Demonstrationen aberkennen zu können. Für sie ist dies ›ihr gutes Recht‹ und Ausdruck der Meinungsfreiheit, die in einer Demokratie vorherrsche. Darauf hingewiesen, dass diese Äußerung Ausdruck eines antiisraelischen Antisemitismus sei, kontern sie damit, dass man diesen Vorwurf ihnen gegenüber nur erheben würde, weil man (wahlweise) antimuslimisch, rassistisch, Gegner:in des Islams oder verschleierter Musliminnen sei. In Deutschland gibt es zunehmend jugendnahe radikal-islamische Gruppen wie *Muslim Interaktiv* oder *Generation Islam*, die auf diese Weise argumentieren. Sie sind gut vernetzt und bedienen sich ihrer Social Media-Kenntnisse um neue Anhänger:innen zu gewinnen und zu mobilisieren.

4 Radikal-islamische Bewegungen

Ihre Argumentationsstrategie führt dazu, dass berechtigte Kritik an fundamentalistischen Positionen nicht mehr geäußert wird und Arbeitgeber – aus Angst vor dem Vorwurf, antimuslimisch oder rassistisch zu agieren – von ihren (oftmals) weiblichen Angestellten erpresst werden, ihnen keine Grenzen des Handelbaren oder Sagbaren aufzuerlegen, die für den Rest der Belegschaft verbindlich sind. Damit verletzen die entsprechenden Arbeitgeber zwar das allgemeine Gleichbehandlungsgesetz, das vorgibt, sämtliche Menschen (Angestellte) gleich zu behandeln, aber zumindest setzen sie sich nicht dem Verdacht des antimuslimischen Rassismus aus. Dieses Verhalten der radikal-islamischen Frauen hingegen ist zugleich ein Affront gegenüber den Muslim:innen, die tatsächlich Opfer antimuslimischen Rassismus werden, weil den tatsächlichen Opfern angesichts des selbstbezogenen Verhaltens der Extremistinnen nicht mehr unvoreingenommen gegenübergetreten wird, nachdem die (imaginierte) Opferrolle von den Extremistinnen für sich kultiviert wurde.

Stigmatisierung und Ausgrenzung nicht-fundamentalistischer Musliminnen durch Extremistinnen

Zudem grenzen radikal-islamische Frauen die Mehrheit der friedlichen Muslim:innen aus und diskriminieren diese, weil diese sich ihrer Meinung nach ›un-islamisch‹ verhält. Kritisiert wird von extremistischer Seite die mangelnde Strenge und Regelkonformität der nicht fundamentalistisch orientierten ›Schwestern‹ oder die Tatsache, dass diese den Koran nicht wortwörtlich auslegen und Freundschaften oder Partnerschaften außerhalb ihrer religiösen Bezugsgruppe eingegangen sind. Dieses Benehmen würde den Glauben (*Iman*) der Muslimas gefährden.

5 Rechtsextremistische Bewegungen

Im Folgenden wird die Rolle von Frauen in ausgewählten rechtsextremistischen Bewegungen veranschaulicht. Ihr Anteil in dieser Bewegung wird auf ca. 20 Prozent geschätzt. Sie verfolgen u. a. das Ziel, die bestehende deutsche Demokratie in ein autoritäres Wertesystem umzustrukturieren, das auf rechtsextremistischen Idealvorstellungen basiert. Ihre Vertreterinnen eint ein rassistisch-nativistisches Weltbild, die Ablehnung einer liberalen Weltordnung und geschlechtlicher Diversität. Sie befürworten ein traditionelles Rollenverständnis, da sie die Frau als Vertreterin des ›deutschen Volkes‹ und damit als kulturerhaltend betrachten. In dem Maße, in dem sich die Funktion der Frau verändert und von dieser vorgegebenen Rolle emanzipiert, gerät das Weltbild der Rechtsextremist:innen ins Wanken, wodurch ihre Gewaltbereitschaft steigt, um diese Ordnungsvorstellung wiederherzustellen.

Die Neue Rechte ebnet zu diesem Zweck seit den 2010er Jahren die Umstrukturierung der bestehenden Gesellschaft durch eine sprachliche Verrohung. Dazu werden ehemalige NS-Begriffe wie ›Altpartei‹ oder ›Kulturkreis‹ wieder gesellschaftsfähig gemacht, denn Sprache schafft Wirklichkeit. Mit der Implementierung dieser rassistisch motivierten Rhetorik und deren (unterbewusster) Akzeptanz durch die gesellschaftliche Mitte wird das Ziel verfolgt, über die Normalisierung von Rassismus im Alltag nach und nach auch die deutsche Politik gemäß der ideologischen Kriterien der Rechtsextremist:innen zu verändern.[78]

Konzepte rechtsextremistischer Bewegungen

Der große Austausch:

- Rechtsextremistische Erzählung, der zufolge die ›deutsche Bevölkerung‹ im Zuge eines ›Geheimplans‹ durch Muslim:innen ersetzt (ausgetauscht) werden soll.
- Die Strippenzieher dieses Plans werden u. a. im Bereich der ›jüdischen Weltliga‹ gesehen.

Gender-Wahn oder Gender-Ideologie:

- Die Diffamierung des Begriffs Gender durch (neu-)rechte Gruppen als eine wahnhafte Ideologie einer Minderheit, der (angenommenen) gesellschaftlichen Mehrheit ihre Vorstellungen von Geschlecht aufzudrängen.
- Damit wird ein Kultur-Marxismus verbunden, der nur eine gesellschaftliche Meinung zulässt.
- Gleichzeitig gestehen Vertretr:innen des Anti-Gender(ismus) anderen Menschen ebenfalls nur eine Meinung auf das Thema Geschlecht zu: ihr eigenes, binäres Verständnis dessen.

Remigration:

- Die erzwungene Ausweisung nicht-inländischer, nicht-weißer Bürger:innen in ihre Ursprungsländer.
- Diese Strategie wird von vielen rechtspopulistischen Parteien und rechtsextremistischen Gruppierungen in Deutschland und Europa propagiert.

Völkisch:

- Ein Begriff, der aus dem Nationalsozialismus stammt: das deutsche *Volk* ist hierbei definiert durch diejenigen, die ›deutsches Blut‹ (erbbiologische Blutsgemeinschaft) besitzen.
- Deutsche/r sind nach diesem ethnischen und rassistischen Verständnis nur Personen, die weiß und heterosexuell orientiert sind.
- Alle anderen Personen gehören ihrer Ansicht nach nicht zur deutschen Nation.
- Völkisches Denken steht im Widerspruch zu einem humanistischen Weltbild, das Bürger- und Menschenrechte für sämtliche Menschen vorsieht.

5.1 Junge Alternative (JA) der Partei Alternative für Deutschland (AfD)

Die Mitglieder der *Jungen Alternativen* (JA) repräsentieren die Jugendorganisation der rechtspopulistischen Partei *Alternative für Deutschland* (AfD). Die JA wurde seit dem Jahr 2023 vom Verfassungsschutz als gesichert rechtsextremistisch eingestuft, während dieselbe Einstufung der AfD durch den Verfassungsschutz erst im Jahr 2025 erfolgte. Die JA rekrutiert über die Hälfte ihrer neuen Mitglieder über Soziale Medien. Damit wird deutlich, welche Macht den Internetauftritten und Medienkampagnen dieser rechtsgerichteten Gruppe zukommt.[79]

Die JA konzentriert sich auf familienpolitische Themen und verknüpft diese mit Forderungen zur Unterstützung von Müttern und Kindern, das auf einem patriarchalen Geschlechterbild fußt, in dem jegliche Geschlechtervielfalt konsequent abgelehnt wird. Gendermainstreaming definiert sie als einen »sozialistische[n] Gleichheitswahn« mit dem Ziel der Auflösung biologisch ›belegter‹ Unterschiede. Kurzum, die Anti-Gender Polemik der AfD basiert auf der Annahme, dass eine *hidden agenda* (versteckte Strategie) weniger Gruppen im Sinne sozialistischer Länder umgesetzt werden soll, in der die Mehrheit der ›Normalen‹ nach den Vorstellungen der Minderheit der ›A-Normalen‹ leben müssten.[80] Ihre Argumentationsstruktur basiert demnach auf einem biologistischen Weltbild und einer systematischen Abwertung von Menschen mit anderen Geschlechter- oder Lebensvorstellungen.

Frauen wie Marie-Thérèse Kaiser vertreten diese ideologischen Konzepte der Neuen Rechten. Sie selbst wurde bereits als das »bürgerliche Gesicht der Anti-Merkel-Demos« in Hamburg bezeichnet, weil sie rechtspopulistische Zielsetzungen durch ihr Auftreten ›gesellschaftsfähig‹ mache. Kaiser ist sowohl in der JA als auch in der rechtsgerichteten Initiative *EinProzent* aktiv. Seit dem Jahr 2017 ist sie AfD-Parteimitglied und unterstützt diese u. a. im Social Media-Bereich. Ihr Parteiprofil besitzt fast 14.000 Follower:innen. Im Jahr 2023 wurde sie aufgrund einer pauschalen Darstellung von Afghanen als Gruppenvergewaltiger wegen Volksverhetzung verurteilt.[81]

Mit Hilfe aktivistischer Kampagnen wie »Qualität ohne Quote« fordern sie und andere weibliche JA-Mitglieder die Abschaffung von Quoten- und Paritätsgesetzen, denen das Ziel der beruflichen und sozialen Gleichstellung von Frauen zugrunde liegt. Kaiser und ihre Mitstreiterinnen hingegen bezeichnen die Gleichstellungs- und Antidiskriminierungspolitik für Frauen als deren »Bevormundung«.[82] Damit wiederholen sie maskulinistische Forderungen, nach denen eine Frauen aufgrund ihres Geschlechts und nicht aufgrund ihres beruflichen Knowhows den Männern bei gleicher (oder ›sogar‹ besserer Qualifikation der Männer) im Bewerbungsprozess auf eine Stelle vorgezogen würden. Kaiser ist auch mit dem ehemaligen *Institut für Staatspolitik* des extremen Rechtsakteurs Götz Kubitschek und Lukreta eng vernetzt.

Zusammen mit anderen jungen Frauen posiert Kaiser als Aushängeschild der neurechten Szene, die der Fotograf Vadim Derksen unter dem Titel »Germanyspride« veröffentlicht. Das folgende Bild zeigt die rechtsgerichteten jungen Frauen Kaiser, Kahn-Hohloch und Boßdorf in Schnellroda (Sachsen-Anhalt), wo auch das Institut für Staatspolitik des *Antaios Verlagsinhabers* Kubitschek beheimatet ist.[83]

Abb. 6:   Drei AfD-Frauen in Schnellroda[84]

Anna Hertha Leisten ist Vorsitzende der JA in Brandenburg und des JA Bundesvorstands. Sie betreibt politischen Aktivismus via Instagram und ist beim *Filmkunstkollektiv Dresden* bei Aufmärschen »gegen illegale Migrantengewalt« [#aktivismus #jugend #widerstand] engagiert. Zudem war sie Teilnehmerin des Extrem-Hindernislaufs »Trainingslager Ostfront 2025«, bei dem rechtsgerichtete Akteur:innen ihre Fitness unter Beweis stellten. Parallelen zur NS-basierten Ideologie, demnach ein gesunder Geist in einem gesunden Körper wohne, sowie zu einer deutschen Kriegsfront während des Zweiten Weltkriegs sind in diesem Zusammenhang augenfällig.[85]

Nicht zuletzt pflegt sie Kontakte zu den rechtsextremen Magazinen *Compact* und *Heimatkurier* und war Teilnehmerin der »Remigrationsdemo« in Wien im Juli 2023.

Kaisers und Leistens' Vernetzung mit rechtsgerichteten Kooperationspartner:innen aus Medien, Kunst und aktivistischen Kampagnen im In- und Ausland verdeutlicht die Transnationalität der Neuen Rechten.[86]

Die eigene Migrationserzählung als verbindendes Momentum

Die Heterogenität rechtsgerichteter Frauen zeigt sich auch an der Gruppe der Frauen, die selbst einen Einwanderungshintergrund aufweisen. Sie dienen bspw. der AfD dazu, in der Öffentlichkeit darauf verweisen zu können, dass sie nicht rechtsradikal sein könnten, da ansonsten niemals Menschen mit einem nicht-deutschen Hintergrund Mitglieder oder gar Repräsentant:innen ihrer Partei sein könnten. Die Tatsache, dass Menschen unabhängig von ihrer Herkunft rechtsgerichtete Ideen teilen, zeigt sich jedoch sehr deutlich an gegenwärtigen Umfragen, die z. T. belegen, dass insbesondere Menschen mit einem Migrationshintergrund die AfD gewählt haben, weil sie u. a. befürchten, dass bei einem Zuzug anderer Menschen mit Migrationshintergrund ihre Sozialleistungen gekürzt würden. Zudem gibt es in dieser Gruppe auch einige Menschen, die einen politischen Autoritarismus befürworten, der von der AfD angekündigt wird: Durchgreifen mit ›starker Hand‹.

Die in São Paolo geborene und aufgewachsene Gabrielle Mailbeck ist ein solches Beispiel. Sie spielt mit ihrer nicht-deutschen Herkunft, so z. B. in ihrem Tik-Tok Posting vom Mai 2023: »Was macht eigentlich eine Ausländerin bei der AfD?« Hierdurch generiert sie für die rechtspopulistische AfD ein neues Rekrutierungsfeld. Mailbeck war schwäbische AfD-Bezirksrätin im Jahr 2023 und portraitiert sich selbst in der Öffentlichkeit gerne als Ehefrau und Mutter, aber »vor allem [als] eine Patriotin, eine Macherin und eine Kämpferin.« An ihrer Sozialisation in Brasilien beklagt sie, dass sie dort das »Vaterland« Deutschland vermisst habe, das sie »vor 13 Jahren kennengelernt hat«. Doch wieder nach Deutschland zurückgekehrt sei sie »gezwungen« worden, sich impfen zu lassen und wurde »ausgegrenzt«, »weil sie eine ganz normale rechte Meinung« habe. Impfgegnerschaft und der Versuch der Normalisierung rechtsgerichteter Meinungen gehen hier Hand in Hand.[87]

Björn Höcke, einen Vertreter der radikalen Rechten, verehrt Mailbeck sehr und ließ sich sogar mit ihm zusammen fotografieren (siehe ▸ Abb. 7) und postete das folgende Statement zu dem gemeinsamem Foto: »Ein Mann von Höckes Kaliber, der derart große Bürgernähe und Bodenständigkeit verkörpert, stellt zweifellos ein außergewöhnliches Geschenk für Deutschland dar.«[88]

Abb. 7: Gabrielle Mailbeck und Björn Höcke[89]

5.2 Fraueninitiative Lukreta – Feminismus von rechts

Lukreta ist eine völkisch-rassistisch orientierte Frauengruppe der Neuen Rechten, die seit dem Jahr 2019 besteht. Sie gilt als Nachfolgeorganisation der *120db*-Kampagne, einer rechtsgerichteten Initiative zur ›Sichtbarmachung‹ sexualisierter Gewalt von Muslimen bzw. Migranten. 120 Dezibel (db) ist die Lautstärke eines Taschenalarms, den die rechtsgerichteten Teilnehmerinnen als symbolisches Warnsignal bei sich tragen. Er ist für sie zugleich ein Zeichen zivilen Widerstands gegen die von ihnen konstatierten Gewalttaten.[90] Nachdem diese Gruppe in den Augen rechter Männer zu erfolgreich wurde, wurde sie eingestellt.[91] Auch dies ist ein Ausdruck der Vorstellung, welche Art Geschlechtergerechtigkeit der rechtsextremistischen Szene vorschwebt.

Ihre Vertreterinnen entstammen der AfD bzw. der Identitären Bewegung (IB) und fokussieren sich auf die Ethnisierung sexueller Gewalt, familienpolitische Themen, patriarchale Geschlechtermodelle und Anti-Gender sowie antifeministische Positionen. Kooperationen bestehen mit rechtspopulistischen Magazinen wie *Krautzone*.[92]

Insbesondere der Islam wird als uniforme Bewegung abgebildet und zum Feindbild stilisiert. Muslime seien homophob und sexfixiert, was eine Gefahr für den ›deutschen Mann‹ darstelle, der durch die Genderpolitik ›entmännlicht‹ worden sei. Hierdurch würde eine Islamisierung des Abendlandes über höhere Geburtenraten der Muslim:innen erfolgen. Diese ›Gefahr‹ würde jedoch von den Vertreter:innen des Gendermainstreaming geflissentlich ignoriert.[93] Die folgende Abbildung (8) soll die Kampfbereitschaft der Frauengruppe Lukreta gegen diese ›Bedrohungen‹ Deutschlands zum Ausdruck bringen. Nicht ohne Grund fand die Demonstration gegen die ›Islamisierung‹ vor dem Kölner Dom statt. Die Aktivistinnen von Lukreta versuchten damit einen Zusammenhang zu den Ausschreitungen der Kölner Silvesternacht des Jahres 2015 abzubilden, bei denen es u. a. zu (sexuellen) Übergriffen durch Migranten auf Frauen kam. Eine entsprechende Vernetzung des Instagram-Kanals von Lukreta zum Kanal »Köln Silvester« gibt es.

Die Abbildung visualisiert drei Positionen Lukretas: erstens die ›Verteidigung‹ cisnormativer Weiblichkeit, zweitens die Opposition gegen radikal-islamische Rekrutierung, die jedoch in der Auslegung Lukretas einem Generalverdacht gegenüber sämtlichen Muslim:innen nahekommt, und drittens die Ablehnung von geschlechtlicher Diversität.

Auf dem linken Bild stehen drei Frauen, die ihre Arme verschränken und entschlossenen Blickes in die Kamera schauen. Die Frauen rechts und links im Bild tragen roten Lippenstift und zwei von dreien rote Pullover, die an die revolutionäre Kleidung linksextremistischer (Guerilla-)Frauen erinnern. Die Frau in der Bildmitte hat ihre Nasen- und Mundpartie verdeckt. Alle Frauen haben eine weiße Hautfarbe und aschblondes, glattes Haar. Die vordere und rechts im Bild stehende Frau tragen ihr Haar offen, die Frau links im Bild trägt ihr Haar zu einem Pferdeschwanz gebunden. Die weiße Hautfarbe der abgebildeten Frauen könnte ein Hinweis auf die Adressierung der ›weißen Rasse‹ sein, für dessen Erhalt sie in Deutschland eintreten.

Im mittleren Bild sind vier Frauen zu sehen, die vor dem Kölner Dom stehen. Sie halten zusammen ein weißes Banner mit schwarzer Schrift hoch, auf dem das Folgende steht: »Deutschlands Zukunft? Islamisierung stoppen. #nohijabday.« Die Wörter Zukunft und Islamisierung sind in weißer Schrift abgedruckt, die schwarz umrahmt ist, während die anderen Begriffe in normaler schwarzer Schrift aufgeführt werden. Die Flagge des IS war ebenfalls schwarz und die Schrift darauf weiß. Die drei Frauen, die in der Bildmitte und rechts außen stehen, tragen einen schwarzen Tschador, der ihre Körper und Gesichter verhüllt. Die links stehende Frau trägt ein weißes Oberteil, einen weißen kurzen Rock und Strickmantel. Sie ist nicht verschleiert und hat Doc Martens an. Auf dem Bild beugt sie sich vom Banner nach vorne und schaut zu der Frau rechts im Bild. Weiß könnte demnach sowohl die imaginierte Reinheit als auch die ›weiße Rasse‹ symbolisieren, während die schwarze Farbe nicht-weiße Personen und den IS sowie Länder symbolisieren könnte, in denen Frauen sich mit dem Tschador verhüllen müssen.

Im rechten Bild ist eine Frau zu sehen, die ein körperbetontes, lilafarbenes T-Shirt trägt, das ihren tiefen Ausschnitt betont. Lila steht normalerweise für die Farbe der Frauenbewegung. Sie trägt ihre Haare offen, lächelt in die Kamera und trägt eine Brille. Dabei hält sie ein Schild hoch, auf dem in türkiser Farbe steht: »Geschlecht ist kein Konstrukt.«

Lukreta nutzt dieser Farbsymbolik folgend also sowohl die Farben linksgerichteter Gruppen als auch deren Aktionsformen, um rechtspopulistische Forderungen hinsichtlich Migranten, sexueller Gewalt und gegen Gendermainstreaming zu postulieren. Durch die Aneignung der Farbgebung und Protestformen politischer ›Gegner:innen‹, die bislang positiv in der Gesellschaft konnotiert werden, versucht die rechtsgerichtete Gruppe neue Mitglieder zu gewinnen. Die jungen Frauen, die in diesem Posting zu sehen sind, stellen für Mädchen und junge Frauen, die sexuelle Diversität, kulturelle und religiöse Vielfalt und feministische Selbstbestimmung ablehnen, eine Peergroup dar, in der sie eine ideologische Anschlussfähigkeit vorfinden.

Abb. 8:   Lukreta gegen Muslime und Gendermainstreaming[94]

Auf ihrem Instagram-Kanal vertritt die Gruppe Lukreta antifeministische und Anti-Gender Positionen wie der nachfolgenden Abbildung (9) zu entnehmen ist. Es sind drei quadratische Bilder zu sehen:

Links steht in schwarzer, fettgedruckter Schrift »Junge woke Frauen«, darunter in kleinerer weißer Schrift auf schwarzem Grund »sind unzufriedener und einsamer als Konservative«.

Im mittleren Bild sind zwei Frauen in einer Portraitaufnahme zu sehen. Die Frau links hat ihre blonden Haare in Regenbogenfarben gefärbt, trägt einen roten Lippenstift, einen schwarzen Lidstrich, zwei schwarze Striche auf der Wange sowie ein schwarzes Tanktop. Die Frau rechts im Bild hat ihr braunes Haar zu einem Knoten gebunden und ist in Nude-Tönen geschminkt. Sie trägt eine weiße Bluse und Hängeohrringe und hat im Gegensatz zur linken Frau ein Oberteil an, das ihren Busen betont. Beide sehen in die Kamera. In der Mitte des Bildes steht in fetter weißer Schrift: »Frau sein« und darunter in weißer Schrift auf schwarzem Grund: »ist kein Gefühl – es ist Biologie«. Die biologistische Argumentationsweise steht im Widerspruch zur erörterten Forschungsposition, die die Kategorie Gender als soziales Konstrukt und nicht als biologische Vorherbestimmung betrachtet. Damit wendet sich Lukreta mit Hilfe junger Models gezielt gegen die wissenschaftliche Wahrnehmung von Gender und setzt damit einen Gegenpol zur von vielen jungen Menschen weltweit zu ihrer Normalität gezählten Geschlechtervielfalt.

Das rechte Bild zeigt die Walt Disney Figur Schneewittchen links im Original als Comicfigur mit einem Vogel auf der rechten Hand und rechts in der Verfilmung mit einer realen Frau in der Hauptrolle, die einen roten Apfel in der Hand hält. Beide tragen ein Prinzessinnenkleid. Die Comicfigur singt, während die Frau nach oben hinten sieht. Der Text in der ersten Reihe ist in schwarzen Buchstaben gehalten. Er lautet: »Go Woke. Go Broke.« (übers. »Werde woke – geh pleite.«) Darunter steht in kleinerer schwarzer Schrift die Frage: »Ist das neue von Disney verfilmte und »woke« Schneewittchen ein Flop?« Der Umkehrschluss, dass Frauen im Sinne einer paternalistischen Logik auch finanziell von ihrem Partner oder Ehemann unterstützt würden, wenn sie sich seinem sexistischen Rollenmodell unterwerfen würden, korrespondiert mit Kate Manne's Beobachtungen im republikanischen Milieu der USA.[95]

Ob die Farben: weiße Schrift auf schwarzem Untergrund vor dem Hintergrund politischer Zielsetzungen gewählt wurde, ist hier, ebenso wie im weiteren Verlauf dieser Untersuchung mit Blick auf rechtsgerichtete Gruppen, eine Frage, die zu untersuchen interessant sein könnte.

5 Rechtsextremistische Bewegungen 65

Abb. 9: Anti-Wokeness Positionen von Lukreta[96]

Die IB-Aktivistin Reinhild Boßdorf, die auch bei Lukreta engagiert ist, ist die Tochter der AfD-Abgeordneten Irmhild Boßdorf. Augenfällig sind in diesem Zusammenhang zunächst die an die germanische Mythologie entlehnten Vornamen beider Frauen.

Boßdorf jun. vertritt auf ihrem Block »Rein Weiblich« das Postulat der Mutterrolle als Ideal jeder Frau und lehnt die Frauenquote als Konstrukt des Feminismus ab, z. B. im Posting »Selbstbestimmungsgesetz – Was bedeutet das?«. Darin vertritt sie die folgende These: »Das #Selbstbestimmungsgesetz ist ein Freifahrtschein für Perverse und mutm. Sexualstraftäter, da es jedem, fernab tatsächlicher Trans- und Intergeschlechtlichkeit, ermöglicht, ohne nähere Nachweise oder Prüfungen in einstige weibliche Schutzräume einzudringen. #FrauenSagenNein«.[97]

In ihrem Beitrag für das rechtsgerichtete *Krautzone*-Magazin vertrat sie im Jahr 2020 die These, dass emanzipierte Frauen in einem ›imaginierten‹ Geschlechterkampf gegen Vertreter des »weißen Patriarchats« »ihre Weiblichkeit« verlören. Die Existenz dieses Patriarchats stellt für sie offenkundig eine Illusion dar. Sie selbst vertrete nach eigenen Aussagen einen *Feminismus von rechts*, der die Rückkehr zu einem völkisch-nationalistischen Ideal bewirbt.[98]

Im Sommer des Jahres 2022 war Boßdorf maßgeblich an der Organisation des »Frauenkongresses« von Lukreta beteiligt. Hier sprach auch Nina Charlotte Corday (Hörig) über die (unterstellte) Einflussnahme der »LGBTQIA+-Lobby« in Bezug auf die kindliche Früherziehung mit dem Ziel der Ausbildung einer transsexuellen Identität bei Mädchen und jungen Frauen.[99]

Hörigs Video »Toxische Weiblichkeit vs. Heilende Weiblichkeit« ist ein Gegenentwurf zur toxischen Männlichkeit. Sie vertritt darin die Position, dass keineswegs misogyne oder sexistische Strukturen patriarchaler Gesellschaften Frauen unterdrückten, sondern sich diese Frauen vielmehr selbst schadeten, indem sie ihre Machtposition und Einflussnahme als Mutter nicht wahrnehmen würden. Hierdurch würden sie ihre Söhne – die zukünftigen Tonangeber innerhalb der Gesellschaft – nicht angemessen erziehen. Die Schuld an dieser Situation gibt sie den Feministinnen. Das Argument Hörigs ist nahezu identisch mit dem Argument radikal-islamischer Frauen, die dieselbe Machtposition und (›vorherbestimmte‹) Rolle der Frau in der Gesellschaft postulieren und in Opposition zu Feministinnen gehen, die ihnen diese Funktion der Mutter streitig machen wollten.[100]

Wie Kaiser und Boßdorf nahm auch Hörig an den Weiterbildungen des o.g. *Instituts für Staatspolitik* des rechtsnationalen Kubitschek teil.

5.3 Tradwives – Weiblichkeit als Vehikel für Weltflucht

Die Bewegung der *Tradwives* ist eine auf transfeindlichen Ideen basierende und an traditionellen Geschlechtermodellen orientierte Frauenbewegung, deren Vertreterinnen dem christlich-fundamentalistischen und völkischen Milieu zuzuordnen sind. Die Selbstbezeichnung *Tradwife* ist zusammengesetzt aus den Worten *Tradition* und *Wife* (englisch: Ehefrau). Die Anhängerinnen verbinden damit ein Frauenbild, in dem sich die Frauen den Wünschen und Zielsetzungen der Männer freiwillig unterordnen, um sich den als weiblich gelesenen Rollen der Ehefrau, Hausfrau und Mutter zu widmen. Die Tradwives orientieren sich optisch und inhaltlich am Frauenbild der 50er Jahre. Dabei wird mit dem Sexappeal der Pin-Up-Girls gespielt und ein Szenario der ›heilen Welt‹ inszeniert, wenn die Frau ihre (vermeintlich) wahre Bestimmung lebe: in Familie mit Kinder im Hausfrauendasein.

Die folgende Darstellung (▸ Abb. 10) eines Tradwifes ist insofern interessant, da ihr Make-Up sehr viel intensiver ist als die Nude-Töne der Dame, die in der ▸ Abb. 9, nicht jedoch in der ▸ Abb. 8, der Lukreta-Anhängerinnen, als ›klassisch und elegant‹ für vermeintlich ›wahre Frauen‹ empfohlen werden. Es ist demnach zu konstatieren, dass die Schönheitsideale der rechtsgerichteten Bewegungen hinsichtlich der traditionellen Frau durchaus variieren können. Im Schulterschluss mit den paternalistischen Forderungen anderer extremistischer Gruppierungen, bspw. im radikal-islamischen Milieu, kann dahinter die Prämisse vermutet werden, dass die Frau zwar für den Mann im eigenen Zuhause möglichst aufreizend gekleidet, sexuell jederzeit verfügbar und stark geschminkt sein dürfe, er ihr dieses Aussehen jedoch außerhalb dieser Sphäre verbieten möchte. Diese Parallele ist von männlichem Sexismus geprägt, der bspw. auch im Roman *Soumission* (Unterwerfung) von Michel Houellebecq thematisiert wird. Houellebecq lässt darin seinen Protagonisten zwar in vielen Passagen anti-islamisch zu Wort kommen, jedoch empfindet er die oben geschilderte Rolle für Frauen als angenehm – insbesondere vor dem Hintergrund, dass der Mann – in seiner Darstellung des Islam – die Möglichkeit habe, zwischen verschiedenen Ehefrauen auswählen zu können: jüngere Frauen für sexuelle Dienste, erfahrenere für kulinarische Genüsse.

Bemerkenswert ist in diesem Kontext, dass eigentlich gegnerische extremistische Gruppen durch ihre sexistischen Moral und Partnerschaftsvorstellungen geeint werden.

Abb. 10: Tradwives. Bildnachweis: © 2018 Volodymyr TVERDOKHLIB/Shutterstock

Die Schattenseiten dieser Rolle in der damaligen Zeit wird in diesem Narrativ der Tradwives nicht erwähnt: Die juristische, soziale und finanzielle Abhängigkeit von den Männern, die den Frauen ihre Erlaubnis geben mussten, damit diese einem Beruf außerhalb des Zuhauses nachgehen durften. Auch findet hier der ständige (optische) Perfektionsdruck, der auf den Frauen lastet, keine Erwähnung. Sie werden stattdessen immer jung, begehrenswert und glücklich abgebildet. Schattenseiten scheint es in der Welt der Tradwives nicht zu geben. Damit schaffen sie ganz bewusst einen Sehnsuchtsort für viele Frauen, die sich dem beruflichen und sozialen Druck des 21. Jahrhunderts und der Doppelbelastung der Mutterrolle und Berufstätigkeit nicht gewachsen fühlen. Aufgrund dieser Verletzlichkeit sind diese Frauen leicht zu rekrutieren.[101]

Feindbild Emanzipation

Frauen, die keine Kinder wünschen, beruflich und persönlich emanzipiert auftreten oder Personen, die Transgender sind, werden von ihnen als potentielle Gegnerinnen der »natürlichen Vorstellung von Geschlecht und [...] Weiblichkeit« betrachtet.[102] Die folgende Abbildung (11) basiert auf der patriarchalen Haltung, dass Frauen, die berufstätig sind, dort jederzeit ersetzbar seien, während sie in ihrem eigenen Zuhause und bei der Kindererziehung dagegen unersetzlich seien.

Die sechsteilige Abbildung zeigt je unterschiedliche Frau. In der oberen Hälfte sind drei Businessfrauen zu sehen, die alle mittelblondes bis hellbraunes Haar haben. Der Hintergrund in der oberen Bildhälfte der drei Bildausschnitte ist neutral bis verschwommen. Die Dame links denkt nach und stützt ihren Kopf auf ihre linke Hand, während sie eine Tasse in der rechten hält. Die Dame in der Mitte schaut gelangweilt auf ihren Laptop, während die Dame rechts einen Stift in der rechten Hand hält und ihre Gedanken in die Ferne schweifen. Ihre linke Hand stützt dabei den Kopf. Sie sieht sehr angestrengt aus, als ob sie über etwas grübeln würde. In der unteren Bildhälfte werden ebenfalls drei Frauen angezeigt. Alle sind Mütter, die mit ihren Kindern spielen, glücklich und gelöst wirken. Alle haben hellblonde Haare, sind gut frisiert und gestylt. Während im oberen Bild dunklere Kleidungsfarben dominieren, tragen die Frauen im unteren Bild Pastelltöne. Links im Bild ist eine Dame mit einem Baby zu sehen, dass sie zu sich gewandt hält. Mutter und Säugling schauen sich an und lächeln, im Hintergrund ist eine erhabene Tannenlandschaft zu sehen. In der Bildmitte trägt eine Frau ein pinkes Kleid und liegt auf einer Decke, umgeben von Pflanzen, es könnte ihr Garten sein, denn vorne im Bild werden Zitrusfrüchte in einem Korb angedeutet. Sie hebt ein Kleinkind in die Höhe und beide scheinen dabei zu lachen. Rechts im

5 Rechtsextremistische Bewegungen   69

Bild trägt eine Mutter ihre in etwa achtjährige Tochter auf dem Rücken. Beide tragen hauptsächlich strahlend weiße Kleidung und haben hellblondes, halblanges Haar, das sie offen tragen. Sie lachen und die Stimmung ist gelöst. Sie stehen in einem Weizenfeld.

Abb. 11:   Frauenbestimmung Familie vs. berufliche Ersetzbarkeit[103]

Sowohl die Haarfarbe, die Pastelltöne der Abgebildeten als auch die Anleihen beim ›deutschen Wald‹ und in der Natur stehen im Einklang mit der rechtsgerichteten Blut-und-Boden-Mentalität der rechtspopulistischen und rechtsextremistischen Gruppen. In der Bildmitte steht dem folgend: »Replaceable on the job« (Ersetzbar im Beruf) am unteren Rand der oberen Bildtrilogie, während als Überschrift zur unteren Bildtrilogie hin »Irreplaceable at home« (Unersetzbar zu Hause/im zu Hause) steht.

Die Frauen sollen hierin ihre wahre Bestimmung erkennen: Diese liegt in der Kindererziehung und in der Rolle der Mutter. Sie liegt nicht im Beruf und im Wettstreit mit den Männern, da dieser ihnen – gemäß der Bilder – offensichtlich schwerfalle und Kopfzerbrechen bereite. Im Gegensatz dazu befänden sie sich im Zustand der Glückseligkeit und ihre Kinder wären zufrieden, wenn sie gemäß ihrer biologistisch gelesenen, *natürlichen* bzw. ›vorherbestimmten‹ Rolle als Mutter agierten. Die Bildbotschaft ist überdeutlich: Während Frauen, die es den Männern ›gleichzutun‹ versuchten, im Beruf immer ersetzbar seien, da sie gemäß der biologistischen Lesart den Männern sowieso kognitiv unterlegen seien, würden sie in ihrer Position als Mutter aufblühen. Hier würden sie gebraucht!

Frauen, die aufgrund der Doppelbelastung von Kindererziehung und Berufstätigkeit das Gefühl haben, sowohl zu wenig Zeit mit den eigenen Kindern verbringen und diese nicht aufwachsen sehen zu können als auch gestresst zu sein, wird durch diese Gegenüberstellung vor Augen geführt: ›Ihr seid selbst der Grund Eures Unglücks.‹ Wendeten sie sich gegen die moderne Frauenrolle und kehrten zur traditionellen Rolle als Hausfrau zurück, würde ihr Leben und das der Kinder – so das Narrativ der Tradwives – schlagartig in jeder Hinsicht besser. (Berufstätige) Frauen werden hierdurch unter Druck gesetzt, indem ihnen vorgespielt wird, dass sie entweder drittklassig und gestresst als Berufstätige oder fröhlich und unersetzlich als Mütter und Hausfrauen sein könnten.

Damit soll den Frauen, die beide Rollen ausüben oder ›lediglich‹ einer Berufstätigkeit nachkommen, ein schlechtes Gewissen gemacht werden, dass sie ihrer *eigentlichen* Bestimmung als Frau fernblieben. Zudem wird der Qualifikation und Wichtigkeit der beruflichen Tätigkeit von Frauen – im Gegensatz zu der der Männer – eine geringere Bedeutung attestiert. Die maskulinistische Wahrnehmung, dass Frauen weniger klug und beruflich weniger erfolgreich seien als Männer, wird also von den Tradwives zur Konstituierung ihrer eigenen Rollenbilder übernommen.

Strategische Beeinflussung – Vanilla Girls vs. Girl Bosses

Um die Trendwende vom *Girl-Boss-Trend* der Karrierefrauen zum *Vanilla-Girl-Trend* der Tradwives zu begründen, starten die Tradwives entsprechende Social Media-Kampagnen auf ihren Kanälen. Hashtags wie #FemininityNotFeminism, #homemaker, #stayathomemom, #housewife, #propatriarchy, #traditionalmomlife #HousewifeAndHomemaker oder #traditionalgenderroles werden als Gegenbewegung zum Feminismus ins Leben gerufen. Insbesondere die jüngeren Generationen werden hierbei gezielt angesprochen und für die traditionellen Wertvorstellungen hinsichtlich der Ehe, Weiblichkeit, Rollen von Mann und Frau umworben.[104] Die Tradwives, die man in den Postings sieht, sind zumeist zwischen 20 und 30 Jahre alt. Dies wirft die Frage auf, ob Frauen jenseits der 30 keinen Zugang zur Tradwife-Community haben oder sie ›lediglich‹ für die Werbezwecke dieser Bewegung nicht attraktiv genug erscheinen. Ist demnach der Sexappeal der Fünzigerjahre, den die Tradwives verkörpern (ähnlich wie bei bestimmten Rollen, die für Frauen innerhalb der Pornoindustrie vorgesehen sind), nur für eine bestimmte Altersklassen vorgesehen bzw. auf diese begrenzt? Fraglich ist auch, was passiert, wenn das Image der Tradwives nur für jüngere Frauen Gültigkeit haben sollte, welche Rolle gemäß dieser sexistischen Lesart von Frauen folglich für ältere Interessentinnen vorgesehen ist.

Rechtsextremistische Weiblichkeitskonstruktionen

Transgeschlechtlichkeit und Gendermainstreaming werden als »Gender-Ideologie« diffamiert und als Konkurrenz zur *Cisgeschlechtlichkeit* von Frauen angesehen, die der »LGBTQIA+-Agenda« ausgeliefert seien.[105] Die subjektive Vorstellung von Weiblichkeit der Tradwives basiert auf einer *Heteronormativität*, das heißt, sie werten alles als ›a-normal‹ ab, das sich außerhalb der eigenen, völkisch motivierten Charakterisierung bewegt. Die biologistische Weiblichkeitsvorstellung der Tradwives ist an die Verteidigung des völkischen Weiblichkeitskonstrukts gebunden und wirkt somit identitätsstiftend. Das erklärt die extreme Abneigung und Gegnerschaft gegenüber allem, was diese Identität bzw. die eigene ›Existenz‹ gefährden könnte. Infolgedessen verkörpern sämtliche nicht-weiße Frauen, Frauen mit Behinderung, Feministinnen, queere Frauen und Jüdinnen für sie eine ›Anti-Weiblichkeit‹, der sie sich vehement entgegenstellen. Die antisemitische Vorstellungen dieser Frauengruppe resultieren aus der NS-Vorstellung, dass jüdische Soldaten aufgrund ihrer ›Verweiblichung‹ dazu beigetragen hätten, dass der Krieg verloren gegangen sei.[106]

Die Menschenfeindlichkeit der Tradwives kommt zwar im pastellfarbenen Kleid daher, lässt jedoch ihre radikalen Inhalte und negativen Absichten gegenüber anderen Personen nicht weniger drastisch erscheinen. Annie Hunecke ist ein selbsterklärtes Tradwife und zugleich Mitglied der JA und Identitären Bewegung (IB). Sie versteht sich selbst als traditionelle cis-Frau, die Mutterschaft als eine zentrale Aufgabe und die Familie als zentralen Wirkungsrahmen einer Frau betrachtet. Hunecke zufolge könne nur eine cis-

Frau als Frau akzeptiert werden, da sie ansonsten keinerlei Funktion für den ›Volkskörper‹ bekleide. Die Zeugung (weißer) Kinder ist für sie ein Akt des Widerstandes im Sinne der Bewahrung der ›weißen Rasse‹. Ihr Anti-Feminismus und die gleichzeitige Befürwortung des Patriarchats bilden eine Klammer um die Anti-Gender-Ideologie, die sie vertritt, weil das Gendermainstreaming ihrer Ansicht nach »eine natürliche Vorstellung von Geschlecht [zerstört] und uns unsere Weiblichkeit [nimmt]«.

Die folgende Abbildung portraitiert eine Weiblichkeitsvorstellung neurechter Bewegungen. Nicht ohne Grund trägt die junge Frau geflochtene, blonde Zöpfe und ein gebundenes Tuch sowie eine Bluse, die an die Optik der NS-Mädchengruppe *Bund deutscher Mädchen* (BdM) erinnern soll. Um diesen Effekt zu verstärken, ist das Bild in sepia gehalten, wodurch der Eindruck erweckt werden könnte, dass es sich dabei um die Fotokopie eines Mädchenabbildes aus den 1940er Jahren handelt.

Abb. 12:   Rechte Weiblichkeitsvorstellungen[107]

Rechtsgerichtete Hashtags wie #BlueEyedBabyChallenge, #WhiteCulture, #ItsOktoberWhite verbinden völkische Idealvorstellungen wie Überlegenheitsansprüche der ›weißen Rasse‹ mit Tradwife-Ansprüchen an eine traditionelle Familie. Im Feld der Tradwives gibt es Aktivist:innen, die die Vereinnahmung durch rechtsextremistische Inhalte ablehnen, jedoch auch einige Frauen, die das Ziel des Erhalts einer ›weißen Nation‹ teilen. Diese Frauen politisieren das (Um-)Feld der Familie, indem sie anderen Frauen suggerieren, sie müssten sich als Mutter für den Erhalt der ›eigenen‹ Rasse einsetzen, indem sie sich gegen jede Form von Vielfalt und Gechlechtergerechtigkeit engagierten. Eine Fall-zu-Fall-Betrachtung der jeweiligen Motivlagen der Akteur:innen der Tradwives ist deshalb äußerst wichtig.[108]

Das Dasein als Tradwife stellt für einige Frauen eine Alternative zu den gegenwärtigen Problemlagen dar: geringe Kita-Plätze, ansteigender Druck, die perfekte Partnerschaft, Ernährung, Figur und Beziehung mit dem perfekten Job unter einen Hut zu bringen. Um diesem Druck zu entgehen, vollziehen diese Frauen eine Art von Weltflucht: Den Rückzug in eine perfekte Illusion von Weiblichkeit, die ihnen Frieden und Glück beschert – unter gewissen Voraussetzungen. Die Unterordnung unter patriarchale Vorstellungen ist nur eine davon. Die Möglichkeit der Vereinnahmung von Frauen durch antifeministische Bewegungen, die sie juristisch entrechten und gesellschaftlich auf eine einzige Rolle reduzieren möchten ist dabei ebenso präsent wie die Gefahr, dass Frauen, die ein traditionelles Familienbild favorisieren, von rechtsgerichteten Bewegungen vereinnahmt werden.[109]

5.4 Zusammenfassung

Die rechtsextremistische weibliche Szene ist sehr vielschichtig aufgestellt, um unterschiedliche individuelle und kollektive Interessen ihrer Anhängerinnen zu bedienen. Diese Vielschichtigkeit der weiblichen Mitglieder ermöglicht es ihnen, rechtsradikale Inhalte an unterschiedliche Zielgruppen zu vermitteln, die bislang grundsätzlich nicht zu ihrer Klientel gehörten. Darin liegt eine der besonderen Gefahren dieser extremistischen Bewegung.

Weibliche Motivlagen, Rollen und Ziele

Die rechtsextremistischen Frauen bieten Identifikationspunkte für Frauen, die nach Orientierung suchen. Ihre vermeintliche Entschlossenheit, für eine traditionelle Familie und die eigene weibliche Rolle in der deutschen Gesellschaft einzutreten, lässt sie zu einem Vorbild für andere Frauen werden. Sie repräsentieren zugleich die entschärfte Version rechtsgerichteter Männer und tragen durch ihr vermeintlich ›unschuldiges‹ Auftreten zu einer besseren Außenwirkung rechter Parteien bei. Die rechtspopulistischen Frauen der hier thematisierten Beispielgruppen sind nicht direkt erkennbar rechtsradikal, sondern erscheinen vielmehr weiblich und sanft. Mit ihrer Hilfe wird eine Normalisierung von ›rechts‹ in der Öffentlichkeit erreicht, denn erst auf den zweiten Blick werden ihre rassistischen Zielsetzungen und die Abwertung anderer Gruppen deutlich.

Die Selbstvermarktung über die ›Nische‹ Rechtsextremismus als Mutter, Kämpferin, Frau ist ein weiteres Bindeglied, was die vorgestellten Akteurinnen verbindet. Jede der Gruppen bespielt eine andere Facette der rechten Szene. Zusammen steigern die rechtsgerichteten Frauen dadurch das Attraktivitätspotential dieser Szene erheblich für neue Mitglieder aus unterschiedlichen (Bildungs-)Schichten.

Alle Gruppen verbindet zudem das Motiv des Sexismus und der sexualisierten Gewalt in Bezug auf das rassifizierte Andere. Ein weiterer Mosaikstein des rechten Weltbilds ist ihre Orientierung an völkischen Erziehungsidealen: Ihre Nachkommen werden von Beginn an im Bewusstsein traditioneller Wertvorstellungen und Geschlechterbilder erzogen, die an den ›deutschen Volkskörper‹ angelehnt sind. Hierdurch werden Kinder in dieser Bewegung von frühester Kindheit an doppelte Standards gewöhnt, die zwischen ›echten‹ (weißen), cisnormativen Deutschen und Nicht-Deutschen unterscheiden. Was als »nicht-deutsch« zu gelten habe, wird dem völkisch-traditionellen Weltbild entlehnt.

Instrumentalisierung von Geschlecht in den ausgewählten Bewegungen

Das Thema Geschlecht nimmt in (neu-)rechten Kreisen einen großen Stellenwert ein, da manche Menschen aufgrund pluraler Geschlechtermodelle ein (imaginiertes) Bedrohungsgefühl ihrer bisherigen Ordnung verbinden. Diese Unsicherheit wird von den rechtsgerichteten Bewegungen instrumentalisiert und zur tatsächlichen Bedrohung des bisher gekannten Lebens der Menschen übersteigert. Diese biologistische Haltung spiegelt sich in der folgenden Abbildung in Form eines Wahlplakats der AfD-Politikerin Dr. Christina Baum deutlich wieder:

5 Rechtsextremistische Bewegungen

Abb. 13: AfD-Kandidatin Baum gegen Homosexualität und sexuelle Früherziehung[110]

Zwei Drittel des Bildhintergrundes sind im Blauton der Partei Alternative für Deutschland (AfD) gehalten. In weißer Fettschrift steht dort: »Ich lehne jede Form von Homo-Propaganda und Frühsexualisierung ab. Wäre Homosexualität normal, wäre die Menschheit schon längst ausgestorben.« Die darunter aufgeführte Widmung »Eure Dr. Christina Baum« soll einen persönlichen Bezug zum Wähler:innenkreis herstellen. Auch die marineblaue Kleidung und die weiße Bluse sowie die Hand auf der Hüfte könnten Entschlossenheit und zugleich Zuverlässigkeit vermitteln wollen.

Unter diesem biologistischen Statement der AfD-Politikerin, dass die Themen Sexualität, Cisnormativität und Geschlecht mit der Kindererziehung und dem Fortbestand der ›deutschen Rasse‹ in biologistisch-völkischer Manier miteinander verknüpft, sind Angaben zur Partei und der Bundestagsabgeordneten auf weißem Hintergrund zu sehen. Links steht: »unser Deutschland. Aber normal«. Über dem Wort Deutschland ist ein Schmetterling in den Farben der Nationalflagge Deutschlands zu sehen. In der unteren Bildmitte steht in schwarzer Schrift auf weißem Untergrund: »Mutig. Patriotisch. Freiheitlich!« Darunter: »Dr. Christina Baum. AfD-Bundestagskandidatin«.

Während der NS-Zeit wurde die schwarze Schrift auf weißem Grund bei Werbemitteln für die Parteipropaganda der Rechtsextremisten verwendet.

Gleichwertigkeit vs. Gleichberechtigung

Obwohl sich sämtliche der in diesem Unterkapitel diskutierten weiblichen rechtsgerichteten Gruppen gegen die Ungleichbehandlung der Frauen in radikal-islamischen Gruppen wendeten, basiert ihre eigene Ablehnung des Feminismus und der Gendergerechtigkeit auf genau demselben Prinzip: Die Gleichberechtigung zwischen Frauen und Männern wird durch das Prinzip der Gleichheit ersetzt. Damit wird eine biologistisch konstruierte Ungleichheit von Mann und Frau – Transgender wird hierbei als Geschlechterkategorie komplett ausgelassen – als Begründung dafür herangezogen, dass Männer und Frauen nicht dieselben Rechte besitzen (können). Frauen werden dadurch quasi entrechtet und aufgrund ihrer unterstellten Unterlegenheit mit Blick auf ihre geistigen, emotionalen und intellektuellen Fähigkeiten den Rechten der Männer untergeordnet. Dass dabei auch bestimmte Pflichten, insbesondere in Bezug auf körperliche Arbeiten, nicht von den Frauen erfüllt werden müssten, da sie diese nicht ausführen könnten, soll in Bezug auf die Frauen zuvorkommend gemeint sein. Jedoch kann dieses Argument nicht darüber hinwegtäuschen, dass den Frauen, die in bestimmten ›Männerdomänen‹ beruflich tätig werden möchten, hierdurch keine Zugangsmöglichkeiten mehr offenstehen sollen. Die Freiheit zu denken, arbeiten, lieben und zu tun, was Frauen möchten, wird ihnen durch die Einführung des o.g. Gleichheitsprinzips verwehrt. Beiden Geschlechtern wird eine Absolutheit und Einförmigkeit (Homogenität) unterstellt und den Menschen hierdurch ihre eigene Individualität schlichtweg nicht mehr zugestanden. Vor dem Hintergrund des deutschen grundgesetzlich verbrieften Rechtes auf Gleichberechtigung sämtlicher Geschlechter ist das Postulat der ›Gleichheit‹ von Männern und Frauen im Gegensatz zu Gleichberechtigung derer ein (verschleierter) Versuch, die Position der Frauen gesetzlich zu verschlechtern und diese in die Abhängigkeit von Männern zu stellen.

Abwertung von Feministinnen

Auffällig sind die abwertenden Darstellungen weiblicher Feministinnen durch die weiblichen Mitglieder der Neuen Rechten, die sie von männlichen Rechtspopulisten übernommen haben. Das folgende Instagram-Meme (▸ Abb. 14) des Vorsitzenden des Zwickauer AfD-Kreisverbandes Jonas Duenzel zielt bewusst auf die Aufwertung der ›traditionellen‹ Frau aufgrund ihres moralisch einwandfreien Lebenswandels und in seinen Augen gepflegten Erscheinungsbildes ab. Es unterstellt zugleich die Einheit von Selbstwertgefühl und Familienbewusstsein, da die Familie der eigentliche Bestimmungsort der Frau sei. Die Feministin hingegen zeichnet sich in dieser Darstellung

5 Rechtsextremistische Bewegungen 77

durch eine äußere und moralische Gegensätzlichkeit aus, die gemäß der sexistischen Darstellung Duenzels zu ihrer Unattraktivität und ihrem persönlichen und beruflichen Missstand beitrage.

Vor einem blauen Hintergrund sind links und rechts im Bild zwei gezeichnete Frauen zu sehen. Über der linken Frau steht die Überschrift: »Moderne »befreite« Feministinnen«, über der Frau rechts im Bild: »Die traditionelle Frau«. Beide Überschriften sind in weißer Fettschrift auf blauem Untergrund abgebildet und heben sich dadurch vom blauen Gesamthintergrund des Bildes ab. Erneut wird hier mit den Farben blau und weiß, die sowohl für ›Vertrauen‹, ›Verlässlichkeit‹ als auch für die blaue Farbe der Partei AfD sowie für die Überlegenheit der ›weißen Rasse‹ stehen könnten.

Die Frau links im Bild wurde mit starkem Augen-Make-Up, einem dunklen Haaransatz, darunter blondierten Strähnen und türkisfarbenen Haarspitzen gezeichnet. Sie hat die Arme verschränkt und trägt ein schwarzes, busenbetontes bauchfreies Top und eine Tätowierung am rechten Oberarm. Der Bauch dieser Frau ist ein wenig ausladender gezeichnet. Dazu trägt sie eine hellblaue Jeans-Hotpants und schwarze Sportschuhe. Ihre Fußspitzen zeigen zueinander. Links von ihrem Gesicht steht in größerer weißer Schrift: »Tonnen von Make-Up wegen ihres geringen Selbstbewusstseins«, rechts davon: »Häufig wechselnde Beziehungen«. Auf der Höhe ihres Oberarm-Tattoos steht in kleinerer weißer Schrift: »arbeitet »Mindestlohn« – weil niemand ihren Gender Abschluss braucht«. Auf ihrer Bauch- bzw. Hüfthöhe steht in kleinerer weißer Schrift: »Schlechter Lebenswandel, ungepflegt.« Auf der Höhe des rechten Oberschenkels dieser Frau steht in größerer weißer Schrift: »Kaputte Haare von zu viel Färbung«. Auf der Höhe des linken Oberschenkels steht in größerer weißer Schrift: »Schon ihre dritte Abtreibung mit 22 und stolz darauf.«

Auf der rechten Bildseite wird eine schlanke Frau gezeigt, die blonde Haare, halblang und offen hat. Sie ist ungeschminkt und mit einem hellblauen, knielangen Kleid, einer schwarzen Leggins und beigefarbenen Ankleboots gekleidet. Vor dem Oberkörper trägt sie in ein mauvefarbenes Wickeltuch an sich gedrückt, das die Form eines Säuglings hat. Rechts neben ihrem Gesicht steht in größerer weißer Schrift: »Gesundes Ego durch natürliche Haut und Haare.« Links daneben steht in kleinerer weißer Schrift: »Liebt ihre Familie und ihre Heimat.« Rechts auf Schulter- und Oberkörperhöhe der Frau steht: »Hält Erziehung und Bildung der Kinder für ihre erste Pflicht.« Auf der linken Seite derselben Position steht: »Schlanke Figur durch Sport und gesunde Ernährung.« Auf der rechten Hüfthöhe steht: »Lebt Familie, ist Stolz für ihre Kinder zu leben, unterstützt ihren Mann in Liebe.«

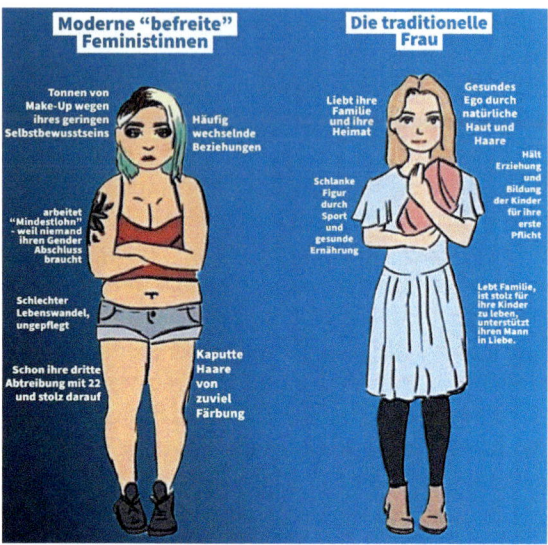

Abb. 14: AfD-Posting »Traditionelle vs. emanzipierte Frau«[111]

Online-Rekrutierung als Vehikel rechtsgerichteter Influencerinnen

Die rechtsradikalen Frauen mobilisieren mit großem Erfolg neue Anhängerinnen online. Dabei wenden sich *Neonazi-Influencerinnen* primär an Gleichgesinnte, indem sie ihre rechtsgerichtete Ideologie direkt und durch explizite Tätowierungen mit NS-Symbolik zur Schau stellen und sich wahlweise gewaltbereit oder als an Gewaltphantasien rechtsextremistischer Männer interessierte Gespielinnen inszenieren.

Neurechte Influencerinnen möchten hingegen neue Followerinnen gewinnen. Sie betonen dies durch eine Fokussierung auf völkische Aspekte, z. B. die germanische Heilkunde und Motive des deutschen Waldes als Ort der Heimatverbundenheit in Anlehnung an NS-Heimatschutzbünde. Optisch treten sie sanft auf und favorisieren patriarchale Rollenmuster wie die der behütenden Mutter (»Insta-Moms«) für sich selbst. Ihre Accounts sind in hellen Farben gehalten, wodurch ein Kontrast zu den schwarzgehaltenen Accounts der Neonazi-Frauen erkennbar wird.[112]

Beide Gruppen weiblicher Rechtsextremistinnen lehnen gleichgeschlechtliche und Trans-Beziehungen ab. Dasselbe gilt für Partnerschaften zwischen weißen und nicht-weißen Personen, da diese das ›deutsche Blut‹ verunreinigten und im Sinne der Nationalsozialisten eine »Rassenschande« darstellten.[113]

Verunsicherung und Doppelbelastungen von Frauen als Einfallstor rechtsextremer Narrative

Bewegungen wie die Junge Alternative, Lukreta und Tradwives sind auch deshalb so erfolgreich, weil sie es schaffen Positionen, die im Zuge von Emanzipation und beruflicher Selbstverwirklichung aus unterschiedlichen Gründen von Frauen nicht angestrebt oder erreicht werden können, als unattraktiv zu markieren. Hierdurch fühlen sich viele Frauen, die sich durch die Doppelbelastung als Mutter und Karrierefrau überfordert fühlen, darin bestätigt, dass diese Überforderungsempfindung ›normal‹ und ihr Rückzug ins Zuhause und an die Seite eines starken Versorgers vollkommen in Ordnung sei. Dass diese individuelle Entscheidung selbstverständlich auch ohne rechtsradikale Gesinnung möglich ist, sollte mit Blick auf die politische Landschaft zu denken geben: offensichtlich fühlen sich viele Frauen dermaßen unter Druck gesetzt und wenig unterstützt, dass sie sich tatsächlich von extremen Randparteien und deren Gefolgsleuten in ihrer Hilflosigkeit stärker wahr- und ernstgenommen fühlen als dies mit Blick auf etablierte Parteien der Mitte der Fall ist. Dadurch wird diese Form der Vulnerabilität von Frauen zum idealen Angriffspunkt für die geschlechterbezogene Rekrutierung der Anti-Gender-Vertreterinnen der (Neuen) Rechten. Eine umfassende Unterstützung berufstätiger Frauen und Mütter könnte demnach einen sinnvollen präventiven Ansatz mit Blick auf dieses Rekrutierungsmoment darstellen.

6 Verschwörungstheoretische Bewegungen

Im Folgenden wird die Rolle von Frauen in ausgewählten verschwörungstheoretischen Bewegungen illustriert. Diese Bewegungen weisen vielschichtige, zum Teil widersprüchliche Zielsetzungen auf, deren Bandbreite hier nur auszugsweise portraitiert werden kann. Unter anderem lehnen Vertreter:innen dieser Bewegungen demokratische Strukturen und Institutionen sowie die Impfpflicht ab. Zudem basieren ihre Narrative und Ängste auf antisemitischen Weltverschwörungserzählungen sowie einer rechtsextremistischen Blut-und-Boden-Ideologie.

Verschwörungstheoretische Bewegungen setzen sich aus verschiedenen Interesselagen und Ursprüngen zusammen, die inhaltliche Schnittmengen aufweisen können, aber nicht müssen. Es handelt sich dabei um Mitglieder aus dem Milieu der Esoterik, des Aberglaubens und Verschwörungsglaubens.[114]

Der Begriff *Esoterik* umfasst Personen und Gruppen, die davon ausgehen, durch bestimmte Lehren und Praktiken Zugang zu einem höheren Wissen erlangen zu können, dass den meisten Menschen verborgen bleibt. Sie sprechen dabei Personen an, die aufgrund eigener Erfahrungen oder einem Interesse an einer gewissen Form von Spiritualität mit Geistern und übernatürlichen Kräften in Kontakt treten möchten, um in ein Geheimwissen eingeweiht zu werden. Einige versprechen sich davon Klarheit für ihr eigenes Leben, andere möchten ›Komplotte‹ aufdecken und wiederum andere versuchen, hierdurch selbst in eine der Masse übergeordnete religiöse, gesellschaftliche oder politische Position zu gelangen.[115]

Es gibt keine allgemein anerkannte Definition der Esoterik, da das Feld derjenigen, die – von außen betrachtet – unter dem Dach der Esoterik zusammengefasst werden könnten, sehr umfangreich und vielschichtig ist. Es umfasst z. B. sogenannte neuheidnische (neo-pagane) Gruppen wie weise Frauen, die sich mitunter selbst als ›Hexen‹ bezeichnen und sich für ganzheitliche Heilkunst interessieren; dazu können auch Reiki-Meister:innen gezählt werden. Zudem finden sich hier auch Menschen, die an Feen, Spiritismus oder an theosophische Ideen der Lehrbegründerin Jelena Petrovna Blavatskaya – auch bekannt unter ihrem Namen Madame Blavatsky. Madame Blavatskys Theosophie gilt als der Ursprung moderner Esoterik. Ihr mehrbändiges Werk »Geheimlehre« enthält eine Rassenlehre, der zufolge nordeuropäische, weiße Menschen die höchste Entwicklungsstufe der Wurzelrassen darstellen, während People of Colour auf der untersten Stufe und Jüd:innen ein »abnormes und unnatürliches Bindeglied« zwischen zwei Wurzelrassen abbildeten. Diese Ausgangslage bietet rechtsextremistischen Esoteriker:innen einen Anknüpfungspunkt: Sie betrachten infolgedessen die industrielle Ermordung von Jüd:innen während des Zweiten Weltkriegs (*Shoah*) als ein karmisches Ereignis. An die Wurzelrassentheorien schließt auch Rudolf Steiners Anthroposophie an. Steiner gilt als der Begründer der Anthroposophie, an dessen Lehren sich bspw. die *Waldorf-Schulen* orientieren.

Viele Esoteriker:innen eint der Wunsch, im Einklang mit der Natur zu leben und alternative Ernährungs- und Gesundheitswege für sich zu finden und zu nutzen. Diese individuellen Überzeugungen und Wünsche sind per se nicht als extremistisch oder gar staatsfeindlich zu bewerten. Problematisch und gefährlich werden sie erst dann, wenn die jeweiligen Initiator:innen menschenverachtende Ideen und rassistische Zielsetzungen mit mystischen Erzählungen oder alternativen Heilungsmethoden kombinieren. Das dualistische Weltbild der Esoteriker:innen, das auf einer Einteilung der Welt in gute Kräfte des Lichts und böse Kräfte der Finsternis beruht, wirkt identitätsstiftend. Mögliche Aspekte, die diesem Dualismus widersprechen, werden ausgeblendet oder passend zum Weltbild angeglichen. Rechtsextremistisch orientierte Esoteriker:innen bespielen in diesem Zusammenhang viele verschiedene Felder. Man findet sie z. B. in der rechtsgerichteten Tiefenökologiebewegung, wo sie die NS-Vorstellung der Blut-und-Boden-Ideologie vertreten. Zunächst als ›ganz normale‹, besorgte Bürger:innen in Bauernprotesten oder Nachbarschaftsgruppen agierend, offenbaren sie nach und nach ihre rassistischen und antisemitischen Motivlagen.[116]

Menschen, die einen *Aberglauben* aufweisen, sind davon überzeugt, dass übernatürliche Mächte auf Individuen oder Taten einwirken. Der Mensch selbst ist nach dieser Vorstellung letztlich nur ein Spielball der von diesen Mächten vorgezeichneten Entwicklungen. Ein Gegenpol zu dieser Überzeugungshaltung wurde von Kant seit dem ausgehenden 18. Jahrhundert durch die Aufklärung zu setzen versucht.[117] Demnach ist jeder Mensch dazu in der Lage, eigene Entscheidungen zu fällen, die durch den eigenen Verstand begründet seien. Hierdurch würden sich Ereignisketten rational belegen lassen und nicht in der Hand unbestimmter Dritter liegen. Dies bedeutet, dass jeder

Mensch sein eigenes Leben bestimmt und dies nicht vom Schicksal vorgegeben werde.

Spiritualität (lateinisch: *spiritus*, Geist, Hauch) bezeichnet eine Geisteshaltung, Übersinnliches in allem zu sehen, was lebt, und nicht rationell erfassbar ist. Dabei unterscheidet sich die Spiritualität von der Religiosität durch nicht-religionsgebundene, ›statische‹ Inhalte oder Rituale und ist in ihrer Praxis vielmehr frei und variabel. Es existiert keine allgemeingültige Definition von Spiritualität, aber es lässt sich grundsätzlich sagen, dass deren Anhänger:innen empfänglich für übersinnliche Erklärungsansätze sind, wenn ihnen Dinge oder Ereignisse nicht logisch erklärbar *erscheinen*.

Hinter einem *Verschwörungsglauben* verbirgt sich die Überzeugung, dass die Ursachen sämtlicher Ereignisse nicht nur die offiziell verbrieften und bekannten Fakten sind, sondern es darüber hinausgehende ›Wahrheiten‹ bzw. andere Informationen gebe, die nicht allgemein bekannt sind. Dabei nehmen Vertreter:innen des ›Verschwörungsglaubens‹ an, dass sie von Dritten bewusst unterdrückt oder unwissend gehalten werden sollen. Verschwörungserzählungen basieren demnach auf konstruierten Feindbildern und greifen dabei ganz bewusst auf altbekannte Stereotype, z. B. in Bezug auf Jüd:innen, zurück.

Die folgende Graphik (▸ Abb. 15) illustriert die verschiedenen Lager, die sich unter dem Dach der verschwörungstheoretischen Bewegungen wiederfinden. Alle Personen, die sich diesen Bewegungen zugehörig fühlen, verbindet eine bestimmte Persönlichkeitsstruktur: Sie glauben an Verschwörungserzählungen und besitzen deshalb die sogenannte *conspiracy mentality* (Verschwörungsmentalität).[118] Der Begriff *Conspirituality* setzt sich zusammen aus den Wörtern Spiritualität (englisch: spirituality) und Verschwörung (englisch: conspiracy). Hierbei wird an Vorbestimmung (»Alles passiert aus einem bestimmten Grund«) und Einbettung bestimmter Ereignisse in ein ›größeres Ganzes‹ (»Alles ist miteinander verbunden.«) geglaubt. Sie vernetzen sich on- und offline und bedingen sich wechselseitig: Esoterische Inhalte können zu verschwörungstheoretischen Narrativen führen und Personen aus dem verschwörungstheoretischen Milieu ihren Lebensunterhalt durch esoterische Dienstleistungen verdienen.[119]

6 Verschwörungstheoretische Bewegungen 83

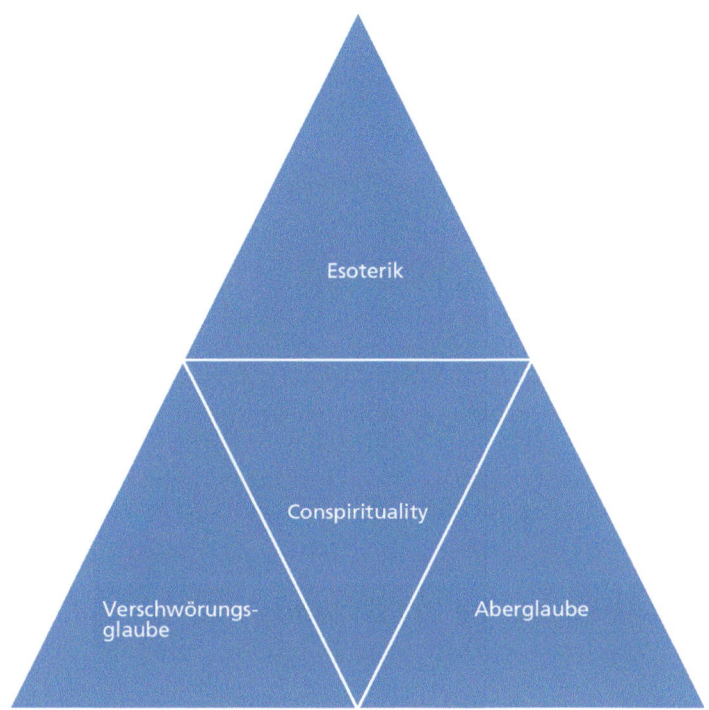

Abb. 15: »Conspirituality«-Pyramide[120]

Aspekte verschwörungstheoretischer Bewegungen

Aberglaube:

- Glaube an die Macht übernatürlicher Kräfte, die alles steuern.
- Nichts passiert zufällig.

Conspirituality:

- Verschwörungserzählungen mit Bezügen zur modernen New-Age-Spiritualität.
- Vertreter:innen dieser Erzählungen sind stark auf sich selbst fixiert.
- Gut-Böse-Dualismus: der Kampf für das Licht gegen die Dunkelheit.

Esoterik:

- Ist eine philosophische Strömung.

- Aktuell ist sie ein Mobilisierungsinstrument zur Aktivierung gegen staatliche Vorgaben, z. B. mit Blick auf die Anti-Covid-Maßnahmen der Bundesregierung.
- Daraus resultierte ein demokratiefeindliches Milieu.
- Einige esoterische Gruppen weisen Verbindungen zum rechtsextremistischen Milieu auf, das sie finanziell unterstützen.

Verschwörungstheorie:

- Die Überzeugung, dass es offizielle und inoffizielle Informationen und Hintergründe zu politischen und gesellschaftlichen Ereignissen gibt, die nur ›Eingeweihten‹ bekannt sind.
- Außenstehende sollen bewusst ›dumm‹ gehalten werden, um nicht gegen Entscheidungen rebellieren oder diese hinterfragen zu können.
- Verschwörungsnarrative basieren auf einfachen Feindbildern und antisemitischen Stereotypen.

6.1 Germanische Neue Medizin (GNM) – Rechtsgerichtete Heiler:innen

Der Begründer der Germanischen Neuen Medizin (GNM) ist der im Jahr 2017 verstorbene deutsche Arzt Ryke Geerd Hamer. Dieser verbreitete die These, seine Methode sei die größte medizinische Entdeckung in der Geschichte der Menschheit, obwohl diese weder auf wissenschaftlicher Empirie basierte noch nennenswerte Heilergebnisse vorzuweisen hatte. Durch seine Behandlungsmethoden kamen etliche Menschen zu Tode und Hamer wurde die Approbation entzogen.[121] Da er trotzdem weiterpraktizierte und Patient:innen behandelte, die in der Folge starben oder deren Gesundheitszustand sich infolgedessen verschlechterte, wurde Hamer in zahlreichen europäischen Ländern angeklagt und zum Teil zu Haftstrafen verurteilt.[122]

Die Verbreitung der GNM erfolgt verstärkt seit den 1980er Jahren.[123] Auch nach Hamers Tod werden die Ideologien der GNM in Deutschland, Indien, Österreich, der Schweiz und in den USA weiterverbreitet und erreichen auf Telegram bis zu 50.000 Menschen.[124]

Zielgruppe der GNM sind Schwerstkrankte, darunter viele Krebspatient:innen, die bisherige ›Therapien‹ erfolglos durchliefen. Das antisemitische Narrativ der GNM basiert auf der Behauptung, eine weltumspannende jüdische ›Weltliga‹ würde darauf abzielen, möglichst teure Medikamente ohne Nutzen an die Erkrankten zu verkaufen, um sich selbst zu bereichern und die eigene Machtposition zu wahren. So verhindere diese Gruppe, dass die wahre Heilkraft der GNM anderen Menschen zugutekäme.[125] Deshalb müsse evidenzbasierte Medizin abgelehnt und die GNM stattdessen angewendet werden. Um zu dieser Erkenntnis gelangen zu können, müssten die Betroffenen laut Hamer zunächst erkennen, dass eine Erkrankung immer Ausfluss eigener psychischer Konflikte infolge eines Schockerlebnisses sei. Hierunter fasst Hamer auch Krebserkrankungen, die »sinnvolle biologische Sonderprogramme (SBS)« seien. Um gesund zu werden, müssten *lediglich* diese seelischen Konflikte gelöst werden. Infolgedessen wenden Vertreter:innen der GNM die Schmerzförderung anstatt der Linderung an, da der Schmerz zur Heilung beitrage.[126] Hamers antisemitische Verschwörungsnarrative basierten auf den Aussagen des angeblichen Oberrabiners Esra Iwan Götz, der jedoch in Wahrheit ein Antisemit, Reichsbürger und Leugner der Shoah ist.[127] Er leugnete zudem die Existenz des AIDS-Virus und hielt die Impflicht im Zuge der Pandemie für eine Möglichkeit, den Patient:innen Mikrochips einzupflanzen, wodurch sie – gemäß dieses Verschwörungsnarrativ – jederzeit von Jüd:innen nach ›Belieben‹ über die darin enthaltene »Giftkammer« getötet werden könnten.[128]

In einem Schreiben an das Landgericht Hamburg aus dem Jahr 2013, vertritt Hamer Reichsbürger-Thesen, die er antisemitisch zu legitimieren versucht, indem er behauptete,

> »dass jedes Gericht in unserem Land eine Firma ist und einen privaten Firmenbetreiber hat, der [...] stets ein Logenmeister ist. Da aber nach der Logenverfassung der Logenmeister, der ja eben die Loge »besitzt«, stets der jüd. Glaubensgemeinschaft angehören muß (normalerweise ein Rabbi), so sind unsere Gerichte [...] das Gegenteil von unabhängigen Staats-Gerichten, mit unabhängigen vereidigten Richtern eines Rechtsstaats.«[129]

Hamer kommt in diesem Schreiben zu dem verschwörungstheoretischen Schluss, dass ein Gerichtsverfahren gegen ihn nicht legitim sei, da die Richter keine Richter eines Staates, sondern in anderer Zugehörigkeit zu verorten seien und die Bundesrepublik Deutschland zudem eine Firma sei.[130]

Obwohl die Heilchancen der GNM im Falle schwersterkrankter Krebspatient:innen bislang erfolglos verliefen und sich stattdessen der Zustand der Betroffenen verschlechterte oder diese starben, wendeten sich zahlreiche Eltern krebskranker Kinder an Hamer. Die Eltern stammten insbesondere aus der neu-religiösen Bewegung Fiat Lux sowie der rechtsorientierten Art-

Gemeinschaft (Germanische Glaubensgemeinschaft wesensgleicher Lebensgestaltung).[131] Weitere Rezipient:innen der GNM sind in der rechtsextremistischen und Reichsbürger:innen-Szene zu verorten.

Hamers Ideen werden auch von Hebammen und Heilpraktiker:innen rezipiert. Sie wenden seine *fünf biologischen Naturgesetze (5bn/5BN)* bzw. die *traditionelle germanische Heilkunde* an.[132] Die *fünf biologischen Naturgesetze* sind dabei wie folgt aufgebaut und sollen für Menschen, Tiere und Pflanzen gleichermaßen Gültigkeit erlangen:

»1. Die Eiserne Regel des Krebses,
2. Das Gesetz der Zweiphasigkeit aller Erkrankungen,
3. Das ontogenetische System der Tumoren,
4. Das ontogenetisch bedingte System der Mikroben,
5. Das Gesetz vom Verständnis einer jeden sogenannten Krankheit.«[133]

Die Frauen, die der Ideologie der GNM angehören, verorten sich im Bereich der Heilkunst und Spiritualität. Sie eint eine grundsätzliche Skepsis bzw. Ablehnung von Pflichtimpfungen für Kinder, da diese ihrer Ansicht nach das Immunsystem der Kinder negativ beeinflussen anstatt es unterstützen würden.[134] Zudem stehen sie in Opposition zum schnellen Internet(-ausbau), da laut ihrer Verschwörungserzählungen hierüber gefährliche Strahlungen auf die Menschen übertragen würden, die insbesondere schädlich für Schwangere seien.[135] Das folgende Online-Statement einer »Privathebamme« verdeutlicht diesen Glauben an Verschwörungsnarrative[136]:

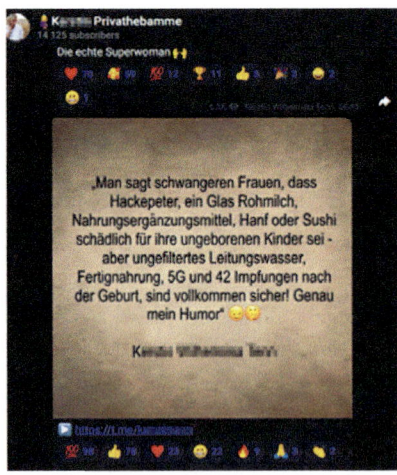

Abb. 16:   Posting einer »Privathebamme«[138]

Die Frauen, die der GNM folgen, besitzen ein antifeministisches Bild hinsichtlich des Aussehens und Verhaltens einer Mutter, insbesondere während der Schwangerschaft. Mütter repräsentieren ihrer Ansicht nach das *Urweibliche* und sollten sich komplett auf diese Rolle konzentrieren, Kleidung, Heilmittel und Nahrung für sich und die Familie möglichst selbst herstellen, damit ihre Kinder von schädlichen Belastungen befreit sind. Gemäß biologistischer Annahmen werden den Frauen im Sinne einer ideologisierten Weiblichkeit Gebärmutter-Reinigungsrituale empfohlen, während den Männern Geschäftsmodelle vorgestellt werden, die ihnen mit Hilfe eines ›ganzheitlichen Mindsets‹ schnellen Reichtum in Aussicht stellen.[137]

Die weiblichen Mitglieder dieser Gruppe folgen damit den völkischen und heteronormativen Vorgaben einer ›idealen (deutschen) Familie‹, die in der rechten Esoterik weit verbreitet sind, während die Männer das Bild des Versorgers erfüllen (müssen). Dieses Rollenmodell basiert auf einem Sexismus, bei dem beide Geschlechter vorgeschriebene Funktionen einnehmen – unabhängig davon, ob sie dazu physisch oder psychisch in der Lage sind. Fraglich ist, ob das die freie Meinungsentscheidung ist, von der in diesem Milieu häufig und gern gesprochen wird. Denn der Gradmesser der tatsächlichen Meinungsfreiheit in dieser Bewegung zeigt sich spätestens dann, wenn die eigenen Kinder von diesen Rollenmodellen Abstand nehmen würden.

Nicht vergessen werden sollte auch die Finanzkraft der Gruppe verschwörungstheoretisch ideologisierter Heiler:innen, Homöopath:innen und Hebammen, die zumeist privat zu bezahlende Dienstleistungen darstellen. Obwohl ihre Vertreter:innen sich stets auf die naturgegebenen Heilkräfte alter Weisheiten berufen und darauf abzielen, dass es ausreiche, ohne Zusatzstoffe im Einklang mit der Natur zu leben, sind ihre spezifischen Anwendungen und Hilfsmittel zumeist recht kostspielig. Damit erreichen sie insbesondere besserverdienende Anhänger:innen, die sich den Luxus der Rückkehr zur Natur (unter ihrer professionellen Anleitung) auch tatsächlich leisten können. Das bedeutet, der Markt rechter Esoteriker:innen ist ziemlich lukrativ.

6.2 Das Ludendorffer-Netzwerk – Die rechtsradikale Kulturrevolution

Das während des Nationalsozialismus für ihre Adaption heidnischer Spiritualität und völkische Ideen bekannt gewordene Ehepaar Erich (1865–1937) und Mathilde Ludendorff (1882–1966) bildet den Ausgangspunkt des *Luden-*

dorffer-Netzwerks. Erich Ludendorff war General im Ersten Weltkrieg, der von kommunistischen Ereignissen politisch desillusioniert war. Seine Frau Mathilde war Ärztin mit einem philosophischen Interesse an neu-religiösen Inhalten. Beide wandten sich völkischen Ideen zu, um ihre Ideologie zu verwirklichen.

Tannenbergbund, Dolchstoß-Legende und Freikorps-Verbände

Zunächst übernahmen sie dazu die Führung des sogenannten »Tannenbergbundes«, auch als »Arbeitsgemeinschaft völkischer Frontkrieger- und Jugendverbände« bekannt. Dieser im Jahr 1925 gegründete, völkische Verein speiste sich hauptsächlich aus Frontkämpfern, die im Ersten Weltkrieg gedient hatten. Der Name rekurriert auf die »Schlacht bei Tannenberg«, bei der in der Nähe von Allenstein (Ostpreußen) vom 26. bis 30. August 1914 ein Kampf zwischen der russischen und deutschen Armee stattgefunden hat. Trotz der Überzahl russischer Soldaten, gewannen die deutschen Truppen und drängten die russischen Kräfte aus Ostpreußen zurück.

Wichtig ist in diesem Zusammenhang die Tatsache, dass Paul von Hindenburg (1847–1934) diese Schlacht, die ursprünglich unter dem Namen »Schlacht bei Allenstein« bekannt geworden war, in »Schlacht bei Tannenberg« umbenennen ließ, obwohl Tannenberg außerhalb des eigentlichen Kampfgebietes lag. Dies tat der zweite Reichspräsident der Weimarer Republik von Hindenburg sehr bewusst: Er versuchte damit die Niederlage des Deutschen (Ritter-)Orden (lateinisch: Ordo Teutonico, OT), einer römisch-katholischen Ordensgemeinschaft, gegen die Polnisch-Litauische Union von 1410 bei Tannenberg zu überzeichnen, die den Niedergang des OTs und seines Staatswesens einleitete. Mit der zunehmenden Säkularisierung verlor dieser Orden an Bedeutung. Hindenburg verquickte jedoch geschickt die mit dem OT verbundene (deutsche) Sehnsucht nach Ritterlichkeit und christlicher Hospitalität mit seiner Erzählung dieser Schlacht des Ersten Weltkriegs. Damit wollte er u. a. den als ›Schmach‹ empfundenen Versailler Vertrag von 1919, in dem dem Deutschen Reich und seinen Verbündeten die alleinige Schuld am Kriegsausbruch zugeschrieben wurde und es in der Folge große Gebietsverluste erlitt, ausblenden. Der OT wurde während der NS-Zeit verboten, da dessen Mitglieder z. T. als Gegner der Nationalsozialisten betrachtet wurden und deren Einfluss unterminiert werden sollte.[139]

General Erich Ludendorff und andere Generäle verabschiedeten nach dem Ersten Weltkrieg eine Erklärung, in der den Repräsentanten der Republik vorgeworfen wurde, durch ihre Politik der militärischen Führung den »Dolchstoß in den Rücken« versetzt und die deutsche Niederlage verschuldet zu haben. Die unter dem Namen »Dolchstoßlegende« bekannte *Verschwörungserzählung* führte zum Schulterschluss radikaler rechter Gruppierungen und Freikorps-Verbände. Im Zuge des vereitelten »Kapp-Lüttwitz«-Putsches des Jahres 1920 versuchten diese radikalen Rechten die Alliiertenforderung der Entwaffnung und Auflösung der Freikorps-Verbände durchzusetzen und die Regierungsübernahme durch anti-republikanische Kräfte zu unterbinden.[140]

Es ist darüber hinaus sehr wichtig zu verstehen, dass der Tannenbergbund sich als Sammelbecken extrem-rechter und völkischer Gruppen sah. Er sollte einen Gegenpol zu den etablierten Militärvereinen, Offiziersgesellschaften und dem Stahlhelm (Bund der Frontsoldaten), einem Wehrverband im Ersten Weltkrieg, der von einem Reserveoffizier nach dem Ende des WK 1 gegründet wurde, bilden. Hier fanden sich radikale rechte Wehrverbände und völkische Gruppierungen wieder, die in Opposition zur Nationalsozialistischen Deutschen Arbeiter Partei (NSDAP) und der Sturmabteilung (SA) standen, da diese die Zerschlagung extrem rechtsgerichteter deutscher Verbände und Vereine vollzogen, um sich selbst als alleinige Machthaber auf dem politischen und militärischen Parkett zu etablieren. Ludendorff wurde im Tannenbergbund als General heroisiert, da dieser als Gegenspieler des deutschen Adels und Adolf Hitlers betrachtet wurde.[141] Er war ein entschiedener Gegner der Kirche und machte sich mit seinem antiklerikalen Gedankengut viele Feinde im Offiziersumfeld anderer rechter (Militär-)Gruppen seiner Zeit.[142]

Das Haus Ludendorff

Obgleich Ludendorff eine zentrale Rolle beim Hitlerputsch am 8./9. November 1923 einnahm, wurde er 1924 vom Münchner Volksgericht freigesprochen. Inwiefern dieser Freispruch im Zusammenhang mit seiner Rolle in der »Ordnungszelle Bayern« zu sehen ist, bleibt unklar. Diese Gruppe stellte einen Zusammenschluss antisemitischer, antiklerikaler, national-konservativer Personen und Gruppen dar, die das Ziel des nationalen Wiederaufbaus verfolgten: im Sinne einer postulierten Einheit von »Ordnung und Sicherheit«, die von Bayern ausgehend die Rekonvaleszenz des Deutschen Reichs erreichen sollte.[143]

Wie zuvor erwähnt, übernahmen Mathilde und Erich Ludendorff ab 1927 den Tannenbergbund. Unter dem Namen »Haus Ludendorff« agierend verpflichteten sie Mitglieder des TB dazu, den Lehren der »Deutschen Gotterkenntnis« zu folgen, deren ideologische Anführerin Mathilde war. In ihren Schriften, bspw. »Triumph des Unsterblichkeitswillens« (1922) und »Das Weib und seine Bestimmung« (1917), verquickte sie völkisch-rassistische mit feministisch-reformerischen Ansätzen, die ab dem Jahr 1930 in den neu gegründeten Verein »Deutschvolk« einflossen.[144] Das Haus Ludendorff hoffte darauf, dass über diesen Verein eine größere Rezeption seiner Ideologien erfolgte und seine Gemeinschaft zur staatlich anerkannten Religionsgemeinschaft würde. Dieser Wunsch wurde nach einer Aussprache zwischen Erich Ludendorff und Adolf Hitler im Jahr 1937 Wirklichkeit: Die »Deutsche Gotteserkenntnis« wurde als religiöses Bekenntnis offiziell staatlich anerkannt und der »Bund für Deutsche Gotteserkenntnis (Ludendorff) e. V.« ins Münchner Vereinsregister eingetragen.[145]

Der Einfluss Mathildes auf den Tannenbergbund zeigte sich auch daran, dass dieser fortan Frauen zuließ, die ›deutschen Blutes‹ waren.[146] Als Tochter eines Religions- und Hebräischlehrers studierte und promovierte sie im Fachgebiet Medizin. Ihre Ideologie war stark von sozialdarwinistischen Evolutionstheoremen geprägt. Als Mitglied des Deutschen Monistenverbundes besaß sie ein monistisches und pantheistisches Gottesbild. Monist:innen gehen davon aus, dass sich sämtliche Phänomene auf ein Grundprinzip zurückführen lassen. Mathilde Ludendorff behauptete, das religiöse Empfinden eines Volkes sei individuell, im Sinne seiner ›Rasse‹, angelegt. Damit verknüpfte sie die Fähigkeit zur individuellen bzw. kollektiven Gotteserkenntnis.[147] Mathilde unterschied zu diesem Zweck »Licht-« und »Schattenrassen«, wobei die Lichtrassen im ursprünglichen *Deutschen Gottesbund* von den ›rein-rassigen‹ Deutschen abgebildet wurden. Den Männern dieser Gruppe wurde Heldenmut und Märtyrerbewusstsein gegenüber den vermeintlichen ›Volksfeinden‹ attestiert, während die Frauen ›Volkspflichten‹ der Mutterschaft, damit verbundene Schwangerschaftsbeschwerden und Kindererziehungsverpflichtungen zugeschrieben wurden.[148] Ihre gemeinsamen Lehren, die unter dem Begriff *Haus Ludendorff* zusammengefasst werden, basierten auf der rassistischen Annahme, dass eine Vermischung der ›Rassen‹ zur »Entwurzelung der Völker« führen würde.

6 Verschwörungstheoretische Bewegungen

Abb. 17: Portait von Mathilde und Erich Ludendorff. Bildnachweis: © picture alliance/SZ Photo/Scherl

Die Ludendorffs versuchten, ihre Ideologie als einen Gegenentwurf zu anderen Religionen und spirituellen Bewegungen darzustellen, insbesondere zum Katholizismus,[149] der Gruppe der Jesuiten, zum Judentum und den Freimaurern. Letztere wurden als supranationale Mächte und in diesem Sinne als »Feinde der Völker« bezeichnet.[150] Ziel der Ludendorffs war es, eine eigene Weltanschauung zu entwickeln, die sich von den Ideen der NSDAP und Hitler abhob und die von ihnen selbst als Alternative und Konkurrenz auf dem Markt der völkischen Bewegungen propagiert wurden. Infolgedessen wurde Hitler unterstellt, er sei von der ›jüdischen Hochfinanz‹ mit Blick auf die Machtergreifung unterstützt worden. Das Christentum wurde dabei als Wegbereiterin der Herrschaft von Priestern und Jüd:innen betrachtet, letztere würden zugleich mit Hilfe des Kommunismus und Sozialismus die Weltherrschaft anstreben. Um diesen ›geheimen Mächten‹ entgegenzuwirken, sei ein »Kulturkampf« notwendig.

Tatsächlich waren die Inhalte der (ursprünglichen) Ludendorffer in Bezug auf ihre antisemitischen und rassistischen Ziele deckungsgleich mit denen anderer Nationalsozialisten, wie Alfred Rosenberg und Julius Streicher. Diese beiden unterstützten den Nationalsozialismus ideologisch und publizistisch (durch die Zeitschrift »Der Stürmer«) und waren zugleich die bedeutendsten Mitstreiter der Ludendorffer Bewegung. Es kann deshalb auch nicht erstaunen, dass gegenwärtige rechtsextremistische Wehrsportgruppen in Anlehnung an den *Tannenbergbund*, den Ludendorff zur Abgrenzung von Hitler und seiner Parteipolitik gründete, »großdeutsch-völkische Zielsetzungen« verfolgen und sich dabei auf Ludendorff berufen.

Bis heute betreiben Anhänger:innen unterschiedlicher völkisch-heidnischer Gruppen eine kultische Verehrung der Grabstätte (»Ahnenstätte«) der Ludendorffs (vgl. ▸ Abb. 18). Diese wurde zu einer Pilgerstätte stilisiert, an der kleine Feierlichkeiten zum Geburtstag der Namensgeber:innen der Gruppe zelebriert werden.[151] Das Gelände der Ahnenstätte wird von einem rot-braunen hölzernen Eingangstor mit niedrigem Gatter gesäumt, das von einem braunen Reetdach überdacht wird. Auf der Tür des Zauns und dem horizontalen Torbalken stehen in weißen Frakturschriften: »Ahnenstätte Hilligenloh [e. V.]«. Dahinter werden ein Park sowie ein Weg angedeutet, die mit Efeu bewachsen sind. Im Hintergrund befindet sich einen braunes Rechteck, das möglicherweise der Eingang zur Ahnenstätte ist.

Abb. 18: »Ahnenstätte« der Ludendorffs in Hilligenloh[152]

Ideologie und Einfluss des Ludendorffer-Netzwerks in der Gegenwart

Das gegenwärtige Ludendorffer-Netzwerk, deren bedeutendste Organisation der *Bund für Gotterkenntnis* (BfG) ist, versammelt unter seinem Dach verschiedene Vereine und Unternehmen sowie Immobilien. Mitglied des Bundesvorstandes der BfG ist Gudrun Klink, die zusammen mit ihrem Ehemann Hartmut, einem Augenarzt und Corona-Kritiker, an den Veranstaltungen des BfG teilnimmt. Dieser schrieb wiederholt gegen die Impflicht in der Zeitschrift *Mensch & Maß*, dem Magazin des *Verlags Hohe Warte GmbH* (VHW), einm Publikationsorgan des Ludendorffer-Netzwerks, und unterschrieb entsprechende ›Offene Briefe‹ der Bewegung Querdenker:innen gegen diese.[153] Beide nehmen an den Veranstaltungen in Hohenlohe regelmäßig statt.

Eine weibliche Vertreterin der jungen Ludendorffer Bewegung ist die Tochter von Gudrun und Hartmut Klink: Sonnhild Sawallisch. Sie ist seit dem Jahr 2015 im rechtsgerichteten völkischen *Anastasia*-Netzwerk aktiv. Die folgende Abbildung (19) zeigt die Anfang 20-jährige im Zuge einer Rede. Sie trägt einen dunkelblauen Anorak mit Kapuze, eine braungestreifte Wintermütze und einen blauen Rock mit mittelblau-weiß gemusterter Schürze.

Abb. 19: Sonnhild Sawallisch als Moderatorin von »Hohenlohe wacht auf« (2015). Bildnachweis: © Heilbronner Stimme

Die Anhänger:innen dieser Bewegung orientieren sich an den Romanen »Anastasia. Die klingenden Zedern Russlands« (2003–2011) des Autoren Wladimir Megre. In Anlehnung daran gründeten Anastasia-Anhänger:innen sogenannte »Familiensitze«: zivilsationsabgewandte Enklaven jenseits demokratischer Strukturen. Megre portraitiert darin eine Frau, die in Sibirien ein Leben im Einklang mit der Natur führt und ein traditionelles Frauenbild erfüllt. Die Romanreihe weist zahlreiche antisemitische sowie rassistische Narrative auf.[154] Überschneidungen zwischen den Ludendorffern und den Anastasia-Anhänger:innen zeigen sich bspw. an den gemeinsamen Festen und Tagungen, bei denen völkisches Gedankengut geteilt wurde.[155]

Sawallisch trat zudem durch rassistische Äußerungen, u. a. in der Zeitschrift *Mensch & Maß*, gegenüber Musliminnen und geflüchteten, muslimischen Migranten im Stil Lukretas hervor. Sie unterstellte diesen Menschen das Vorhaben, andere in Deutschland entweder zum Tragen der Burka zu zwingen oder diese zu vergewaltigen.[156] Sie hielt Vorträge bei Veranstaltungen anderer rechtsgerichteter Gruppen, bspw. »Hohenlohe wacht auf« oder der IB, in denen sie vor einem ›großen Bevölkerungsaustausch‹ warnte.[157] Zugleich unterstützt sie Bewegungen, die Beiträge der rechtsgerichteten *EinProzent* Gruppe multiplizierten.[158]

Im Jahr 2019 wurde Sawallisch zur Geschäftsführerin des *Lühe-Verlag GmbH* (LV) bestimmt. Dieser Verlag weist enge Verbindungen zum Ludendorffer-Netzwerk auf und vertreibt Bücher mit antisemitischen Inhalten.[159] Darüber hinaus werden im LV Werke von Mathilde Ludendorff vertrieben.[160] Im Jahr 2021 wurde das *Projekt Zeitzeugen* ins Leben gerufen, dass mit Blick auf nationalsozialistische Taten Geschichtsrevisionismus betreibt.[161]

Auch der *Arbeitskreis für Lebenskunde* (AfL) *e. V.*, in dem die *Lebenskunde*-Ideologie der Mathilde Ludendorff im Rahmen von Ferienlagern an Kinder und Jugendliche vermittelt wird, zählt zum Ludendorffer-Netzwerk. Die Lebenskunde nach Ludendorff basiert auf den folgenden fünf Aspekten, die den Kindern im völkischen Sinne im Einklang mit der Natur im Ferienlager vermittelt werden sollen:

»1.) Deutsches Charaktervorbild und Deutsche Charakterschwächen;
2.) Moral des Lebens;
3.) Volksgemeinschaft und Pflichtenkreis;
4.) Selbsterhaltung und Volkserhaltung;
5.) Weltall und Naturgesetze.«[162]

Dazu werden die Minderjährigen in sogenannte *Jagstlager* nach den Altersgruppen 11 bis 14 Jahre und 14 bis 17 Jahre eingeteilt, für die in *Mensch & Maß*

6 Verschwörungstheoretische Bewegungen

geworben wird. Die Inhalte des Ferienlagers sowie der Zeitschrift orientieren sich an der rassistischen Blut-und-Boden-Ideologie der Rechtsextremist:innen.[163] So werden im Magazin u. a. ausländerfeindliche und antisemitische Beiträge veröffentlicht, die bspw. den sogenannten ›Großen Austausch‹ thematisieren und die Ermordung von Jüd:innen während der NS-Zeit infrage stellen. Eine Geschlechtertrennung im Ferienlager des AfLs erfolgt nach Jungen und Mädchen, die im *Adlernest* (Dachgeschoss) sowie der *Bärenhöhle* (erste Etage) untergebracht werden.[164]

Die militante Rechte organisierte in der jüngsten Vergangenheit in den Räumlichkeiten des Ludendorffer-Netzwerkes, im *Jugendheim Hohenlohe*, etliche Treffen.[165] Neben den *Ludendorffer-Kulturtagungen* finden dort auch *Treffen für junge Familien* statt, in deren Zuge rassistische und geschichtsrevisionistische Inhalte vermittelt werden.[166] Die Identitäre Bewegung (IB) veranstaltete dort eine Tagung, die u. a. Inhalte für eine *Kulturrevolution von rechts* thematisierte.[167]

Die Schriften des Hauses Ludendorff stellen eine völkische Blaupause für neurechte Bewegungen wie die *Siedler*-Bewegung dar. Diese haben sich fernab jeglicher ›Kontrolle‹ und Beeinflussung größerer Zivilisationspunkte, wie Städte oder Gemeinden, auf dem Land in Form von eigenen Enklaven niedergelassen. Ziel der Siedler ist es, ihr rechtsgerichtetes Gedankengut im Zuge einer abgeschlossenen Gemeinschaft zu leben. Hierdurch können sie ungestört eigene gesellschaftliche, politische und moralische Vorstellungen praktizieren, die sich staatlicher Einflussnahme entziehen. Mit Blick auf die Themen Selbstbestimmung, Selbstverwaltung und Verschwörungsglaube überschneiden sich die Inhalte der Ludendorffer, Siedler sowie der Querdenker:innen und Reichsbürger:innen. Alle Gruppen formulieren den Wunsch, *souverän* von staatlichen Vorgaben agieren zu können und begründen diesen damit, dass die repräsentative Demokratie und ihre Institutionen ihnen die persönliche Freiheit nehmen möchte. Richtig ist jedoch, dass die verschwörungstheoretischen Gruppen vielmehr selbst antidemokratische Regeln leben und anderen Menschen aufzwingen möchten, ohne deren verbriefte Grundrechte zu achten. So fordern sie doppelte Standards für die eigene Peergroup, bspw. die Befreiung von Steuern, und beteiligen sich damit nicht an Abgaben für das Gemeinwohl, nehmen aber zugleich sämtliche staatliche Dienstleistungen des Wohlfahrtsstaates für sich selbst in Anspruch. Die Tatsache, dass diese Haltung absolut doppelmoralisch ist, wird ausgeblendet oder ignoriert.[168]

Gemäß der Reichsbürger:innen sei die Bundesrepublik Deutschland ein Unternehmen und besitze keine rechtsgültige Verfassung, die Deutschen seien in ›Wahrheit‹ Angestellte dieser Firma, keine Bürger dieses Landes. Ihrer Ansicht nach würde vielmehr das Deutsche Reich der Vorkriegszeit noch rechtsgültig existieren. Zudem würde Deutschland weiterhin von den Alliierten besetzt sein. Im Zuge der Pandemie radikalisierten sich weite Teile dieser Bewegung, die insbesondere gegenüber Repräsentant:innen des deutschen Staates ein großes Gewaltpotential aufweisen und häufig über Waffenarsenale verfügen. Neben ideologischen Anknüpfungspunkten verbindet ihre extreme Gewaltbereitschaft und die Affinität zu Waffen, die sie gegenüber Außenstehenden einzusetzen bereit sind, um ihre Zielsetzungen durchzusetzen, die Gruppe der Reichsbürger:innen mit rechtsextremistischen Gruppierungen. Im Jahr 2022 wurde im Zuge von Polizeirazzien der Versuch eines Staatsputsches durch eine Gruppe von Reichsbürger*innen bekannt, der seit dem Jahr 2021 geplant wurde. Diese verfolgten den Plan, die deutsche Regierung zu stürzen und durch eine Übergangsregierung unter Führung Heinrich XII. Prinz Reuß zu ersetzen. Zum Zweck des gewaltsamen Umsturzes hatten sich die Mitglieder dieser Gruppe bewaffnet und bereits ein Schattenkabinett gegründet, das u. a. aus der Richterin Birgit Malsack-Winkemann, einer ehemaligen AfD-Bundestagsabgeordneten, bestand. Über 20 Beteiligte dieses Komplotts wurden verhaftet und u. a. wegen Terrorismus- und Verschwörungsabsichten gegenüber dem deutschen Staat und seiner Repräsentant:innen angeklagt. Am 13. Mai 2025 wurde die größte Reichsbürger:innen-Gruppe, das »Königreich Deutschland«, durch Bundesinnenminister Dobrindt verboten.[169]

Die Kernpunkte der Ludendorffer Bewegung sind ein traditionelles Geschlechtermodell, in dem paternalistische Strukturen und Sexismus vorherrschen sowie ein antisemitisches Gedankengut, u. a. hinsichtlich der Entstehung von Krankheiten sowie Körper- und Geist-Vorstellungen in Anlehnung an die germanische Heilkunst. Die Pandemie wurde im Zuge dieses Weltbildes als ›natürliche Selektion‹ betrachtet, bei der nur die Starken überleben und die Schwachen sterben (sollten), weil dies die ›Natur‹ so vorgesehen habe. Infolgedessen kann diese Gruppe nahtlos in die der anderen Impfgegner:innen eingeordnet werden.

Gleichgeschlechtlichkeit sowie Migration werden im Zuge dieser Ideologie – ebenso wie in den zuvor dargestellten rechtsextremistischen Gruppen – von ihren Anhänger:innen abgelehnt, da sie »wider die Natur« seien und die »deutsche Rasse« unterminierten. Diese Haltung verdeutlicht die bereits diskutierte NS Blut-und-Boden-Ideologie, demnach das »deutsche Blut« verunreinigt würde, wenn weiße und nicht-weiße Personen Familien gründeten.[170]

Wichtig ist im Zusammenhang mit der Verehrung Ludendorffs als Held des Deutschen Reichs durch die Freikorps-Verbände auch die Revitalisierung seiner völkisch-rassistischen Ideologie durch gegenwärtige Wehrsportverbände und andere extrem rechte Militärgruppen.[171] Diese weisen z. T. Verbindungen zur Bundeswehr auf, wie man u. a. bei Teilen des Kommando Spezialkräfte (KSK)[172], bei der Gruppe Freital und mit Blick auf verschiedene Wehrsportgruppen feststellen musste.[173]

6.3 QAMoms – Die pastellfarbenen Rebellinnen

Bei der Gruppe QAMoms handelt es sich um Mütter, die der verschwörungstheoretischen Ideologie von QAnon angehören. Der Begriff QAnon setzt sich zusammen aus dem Wort »Q«, einer Person, die während der Pandemie in Onlinekreisen in Erscheinung trat, und und »Anon« für anonym. Sie behauptet von sich , sie habe die höchste US-amerikanische Sicherheitsfreigabe »Q«. Aus Unmut über die bewusste ›Verdummung‹ der Bevölkerung wolle diese Person anonym nun mit der Bevölkerung einige unter Verschluss gehaltene Sicherheitsinformationen zu bestimmten Themen teilen. Dazu gehörte vor allem die ›Wahrheit‹ über eine angeblich existierende, geheime Gruppe von Politiker:innen, Schauspieler:innen und Superreiche, die von der ›jüdischen Weltliga‹ angeführt würde. Um ewig jung und reich zu bleiben, würde diese Gruppe den Teufel anbeten und das Blut von Kindern trinken. Nur der – zu Beginn dieser Bewegung frühere und nun wiederum aktuelle – US-Präsident Donald Trump, könne diese ›Machenschaften‹ als Einziger aufhalten.[174] Damit wurde Trump in der Verschwörungserzählung von QAnon bewusst die Rolle des Retters zugeschrieben und eine Situation kreiert, in der es nur möglich war, eine Seite zu wählen: die der vermeintlichen Satanist:innen oder der ›aufrechten‹ Trumpist:innen, die sich gegen diese zu erheben gedachten.

Das FBI bezeichnet QAnon als inländische Terrororganisation und stuft sie als gewaltbereit ein. Ihre Anhänger:innen könnten dann zu Gewalt greifen, wenn sich ihr innerer Handlungszwang verstärke, um etwas verändern zu wollen, das ihrer Ansicht nach unabdingbar sei, bspw. die USA und deren Kinder vor imaginierten satanistischen Mächten zu beschützen.[175]

Das Verschwörungsnarrativ der Anhänger:innen von QAnon knüpft thematisch beim Film »Matrix« an: Darin erkennt der Hauptdarsteller Neo, dass er in Wirklichkeit nur in einer Illusion lebt. In der Realität hätten ›fremde Mächte‹ (im Film: Maschinen) bereits die Macht übernommen und die Menschheit versklavt. Diese ›Wahrheit‹ könne jedoch nur nach Einnahme einer Pille erfahren werden, die ihm die Augen hierfür öffne. Bei QAnon ist das korrespondierende Narrativ dazu der *Deep State*, eine Machtstruktur bestehend aus wenigen Eingeweihten, die staatliche Institutionen als ›Staat im Staate‹ kontrollierten. Um diese vermeintlich ›wahren Absichten‹ zu durchschauen, müssten die Menschen, die ein Interesse an der ›Wahrheit‹ hegten, die rote Pille nehmen (#taketheredpill) und den Kaninchenbau (#rabbithole) verlassen, um die Realität zu erkennen.[176] Der bewusst mit antisemitischen Stereotypen und Diskriminierungen, wie der angeblichen ›jüdischen Hochfinanz‹ oder rituell durch Jüd:innen betriebene Kindermorde agierende Verschwörungsmythos von QAnon wurde von den QAMoms adaptiert wie die folgende Abbildung zeigt:

Pastel Qs

Die QAMoms nennen sich selbst auch *Pastel Q*, in Anlehnung an ihre überwiegend in Pastelltönen gehaltenen Instagram-Profile. Sie sind Influencerinnen aus den Bereichen der Sport-, Make-Up- oder Lifestyle-Bewegung und schlossen sich im Zuge der Pandemie aus Sorge um das Wohl ihrer Kinder der rechtsgerichteten QAnon-Bewegung an. Hierdurch kommt es dazu, dass auf ihren Profilen neben alltäglichen Postings, bspw. zu Yoga, auch antisemitische und antidemokratische Verschwörungsnarrative zu lesen sind. Instagram-Stories über ihre Schwangerschaft werden mit Q-Hashtags wie #darktolight, #truthwins, #wwg1wga (»Where we go one, we go all«) oder #thegreatawakening versehen sind. Die QAMoms bezeichnen sich – in vermeintlich ›ironischer‹ Opposition zur LGBTQIA+-Bewegung – als *woke* (hier im Sinne von ›aufgewacht‹). Sie nutzen zudem Hashtags wie #savethechildren oder #saveourchildren, die ursprünglich vor dem internationalen Kinderhandel warnen sollten, jedoch von QAnon vereinnahmt wurden.[177]

Das folgende Posting (▸ Abb. 20) spielt mit einer Farbsymbolik: Vor einem weißem Hintergrund ist zu zwei Drittel von links bis weit über die Bildmitte hinaus eine weiße Frau mit weißblonder Kurzhaarfrisur zu sehen, die lacht und dabei ihre geraden, weißen Zähne zeigt. Die Farbe weiß soll dabei ihre Reinheit und Unschuld symbolisieren und – vor dem Hintergrund rechtspopulistischer Tendenzen dieser Gruppe – auch dieselben Attribute für die ›weiße Rasse‹ als zugehörig beschreiben.

6 Verschwörungstheoretische Bewegungen

Die Aufforderung, sich dem ›übergeordneten Plan‹ Trumps und QAnons anzuschließen, wird mit dessen Wahlkampf aus dem Jahr 2020 verwoben: »#wwg1wga #q #trump2020 #vertraudemplan #trusttheplan.«

Abb. 20: Social Media-Auftritt einer »Pastel QMom«[178]

Sie betrachten sich selbst als Held:innen und »Löwenmütter« (▸ Abb. 21), die für ihre Kinder und ein vermeintlich ›sichereres‹ gesellschaftliches System eintreten. Das Motiv ihres Aktivismus in einer verschwörungstheoretischen Bewegung basiert auf dem Wunsch, den Schutz der (eigenen) Kinder zu gewährleisten, der durch ›fremde Mächte‹ bedroht sei.

Die Mütter sind Anhänger:innen der bewusst von QAnon und anderen rechtsgerichteten Akteur:innen erdichteten verschwörungstheoretischen Inhalte, die mit emotional aufwühlenden Bildern vermengt und auf Social Media-Kanälen geteilt werden. Diese Posts sollen für Empörung in der Bevölkerung gegenüber bestimmten Gruppen oder Maßnahmen sorgen, bspw. in Bezug auf die als ›unnötig‹ diffamierten staatlichen Corona-Schutzmaßnahmen. Die Kinder der zumeist auf Instagram aktiven Mütter werden im Zuge einer »Jeanne-d'Arcisierung« zu Opfern staatlichen »Kindesmissbrauchs« stilisiert, in dessen Kontext die Kinder ihre Mimik hinter der Maske verbergen und somit zu Robotern gemacht würden.[179] Die Strategie der Emotionalisierung von Konflikten schafft eine Zugangsmöglichkeit zu vulnerablen Gruppen über die Gefühlsebene. Sie dient den verschwörungstheoretischen Akteur:innen dazu, ihre Weltbilder als *einzigen* ›Rettungsanker‹ im Meer der Unwahrheiten und Hilflosigkeit vor dem Unbekannten (Bösen) darzustellen.[180]

Abb. 21:   Social Media-Selbstinszenierung einer QMom als »Löwenmutter«[181]

Instrumentalisierung von Kindern

Da viele Menschen Eltern sind, eignet sich das Thema des Kinderschutzes bzw. des (unterstellten) Kindesmissbrauchs besonders gut für die Manipulation von rechts. So werden elterliche Urängste bei vulnerablen Gruppen geschürt, wie etwa der Verlust oder Missbrauch der eigenen oder fremder Kinder.[182] Diese Vorgehensweise wird auch von *Reichsbürger:innen* und *Querdenker:innen* verwendet, um ihre Anhänger:innen zu rekrutieren und an sich zu binden. So veröffentlichte das rechtsgerichtete *Compact*-Magazin eine Ausgabe (▸ Abb. 22), die bewusst diese staatlichen Schutzmaßnahmen in den Zusammenhang des Kindesmissbrauchs rückte, um Menschen aus der Mitte der Gesellschaft für rechtsgerichtete Inhalte zu rekrutieren. Sie korrespondiert mit den rechtsradikalen Narrativen des *Großen Austauschs*, der ebenfalls von rechtsgerichteten verschwörungstheoretischen Personen und Gruppen zur Rekrutierung verwendet wird.[183]

Abb. 22:   Instrumentalisierung von Kindern durch das *Compact*-Magazin[184]

Das rechtsgerichtete Magazin betont im Namenszusatz die eigene ›Souveränität‹, um den Leser:innen die persönliche ›Unfreiheit‹, in der sie innerhalb der Bundesrepublik Deutschland künstlich ›gehalten‹ würden, zu vergegenwärtigen. Damit greift Compact gezielt das Verschwörungsnarrativ der Reichsbürger:innen auf. Das Titelbild arbeitet mit einer Form psychologischer Kriegsführung zur Rekrutierung neuer Anhänger:innen: Gezeigt wird ein Kind mit übergroßen, blauen Augen, einer kleinen Nase und einem großen Mund. Große Augen wecken aus psychologischer Sicht betrachtet den Beschützerinstinkt und die Farbe blau schafft Vertrauen. Im vorliegenden Kontext liegt zudem die Vermutung nahe, dass das NS-Ideal blauer Augen als vorgegebenes Zeichen der Arier-Gruppenzugehörigkeit ebenfalls entscheidend für die Auswahl *dieser* Augenfarbe des Kindes war. Zudem wird bewusst das weibliche Geschlecht des Kindes zur Empörung der Massen verwendet, da angenommen wird, ein Mädchen verstärke den (natürlichen) Beschützerinstinkt der Leser:innen mehr als dies im Falle eines Jungen geschehen würde.

Der an das ›Kollektiv‹ der imaginierten ›Widerstandskämpfer:innen‹ gerichtete Umschlag-Appell »Kinder des Lockdowns – Wie sie leiden. Wie wir sie schützen« schafft Solidarität im Kampf gegen den ›übermächtig‹ erscheinenden ›Feind‹, der in staatlichen Institutionen und deren Repräsentant:innen verortet wird. Diese würden durch ihre Maßnahmen den Kindern das Recht auf eine unbeschwerte Kindheit nehmen. Die Tatsache, dass der Staat durch die Corona-Schutzmaßnahmen gerade seiner *Schutzfunktion* gegenüber sämtlichen Bürger:innen nachkam – was auch diejenigen Personen einschließt, die in Opposition zu ihm stehen – wurde dabei von den Verschwörungstheoretiker:innen ausgeblendet. Stattdessen wurde die vermeintliche ›Entmachtung‹ der Eltern und ihrer souveränen Entscheidungen durch den Staat angeprangert. Der deutsche Staat wird in diesem Szenario als Spielball gewisser Gruppen, bspw. der Pharmazie-Industrie, dargestellt. Eines der damit verbundenen Verschwörungsnarrative lautet wie folgt: Da die Pharma-Industrie primär daran interessiert sei, Geld zu verdienen, würde die Verbreitung von ›neuen‹ Krankheiten ihr dabei behilflich sein, neue Medikamente zu entwickeln und zu hohen Preisen an die Bevölkerung zu verkaufen. Somit würde das Leid der Betroffenen ausdrücklich und wissentlich vom Staat in Kauf genommen, um eine im Hintergrund agierende Gruppe mit eigenen finanziellen Interessen zu unterstützen und deren ›wahre‹ Interessen zu verschleiern.

Mütter und Eltern als Widerstandskämpfer:innen

Diesem Narrativ folgten die QAMoms in ihrer Empörungs-Logik: Gegenargumente, wie der Schutz des Lebens ihrer Kinder durch die Anti-Covid-Verordnungen des Staates, wurden nicht etwa einer objektiven Bewertung unterzogen und als etwas Gutes betrachtet, sondern stattdessen in ihr Gegenteil verkehrt. So wurde u. a. von den QAMoms behauptet, dass die staatlichen

Corona-Maßnahmen nicht nötig gewesen seien, da das Immunsystem der Kinder alleine stark genug gewesen wäre, um sich gegen Covid-19 zur Wehr zu setzen. Der Lockdown hingegen hätte dazu geführt, dass physisch gesunde Kinder psychisch *krank gemacht* worden wären. Es wird in diesem Zusammenhang auf die Spätfolgen der Isolation für Kinder und deren ›normale‹ Entwicklung sowie ihr vermeintliches Leid abgezielt – nicht etwa auf die allgegenwärtige Gefahr ihrer Erkrankung an Covid und damit einhergehender, möglicher gesundheitlicher Beeinträchtigung. Die Dualität aus (konstruiertem) Leid der schutzlosen Kinder und einem Empowerment der Eltern gegenüber dem Staat steht im Zentrum dieser Verschwörungserzählung. Alles, was nicht ideologisch passend ist, wird ausgeblendet oder soweit ›zurechtargumentiert‹, bis es sich in die eigene Erzählung einfügt.[185]

Das Narrativ des *Kindesmissbrauchs*, welcher angeblich aktuell stark angestiegen sei und von der Bundesregierung nicht angemessen juristisch geahndet werde, ist ein weiterer Aspekt der Ideologie der QAMoms. Als ›angemessene‹ juristische Strafe wird für diese Taten die *Todesstrafe* gefordert, die auch von rechtsextremistischen Akteur:innen und Gruppen für ›Kinderschänder‹ eingefordert wird.[186]

Die *sexuelle Früherziehung* mit dem Ziel der Manipulation der Kinder durch die ›Gender-Ideologie‹ mit LGBTQIA+-Inhalten ist ein weiteres Narrativ der Verschwörungstheoretiker:innen. Das Ziel soll angeblich mit Hilfe von Feminist:innen umgesetzt werden – einer weiteren Feindgruppe engagierter Mütter- und Elternverbände aus dem verschwörungstheoretischen Milieu. Es geht Hand in Hand mit den Narrativen zur Schürung von Panik im Sinne der Emotionalisierung vulnerabler Personengruppen, die rechtsextremistische Gruppen (vgl. ▸ Kap. 5) anwenden.

Pandemieleugnung, Kinderschutz- und Souveränitätsmaßnahmen für die eigene Bewegung sind drei Argumente, die sich sowohl bei den QAMoms als auch bei der Gruppe *Eltern stehen auf e.V* (ESA) finden. Diese Bewegung ist seit dem Jahr 2020 in Deutschland sowie Österreich aktiv und hat zigtausende Follower:innen in unterschiedlichen Online-Gruppen hinter sich versammelt.[187] Cristin Burg, eine Mitbegründerin von ESA definiert die Zielsetzungen ihrer Initiative *Lobby für Kinder* zwar als unpolitisch, führt jedoch zugleich aus: »In dem Moment, wo diese Menschen sich bereit erklären, für die Kinder auf die Straße zu gehen oder für Menschen auf die Straße zu gehen, [...] in dem Moment ist mir das egal, ob die irgend 'ne Gesinnung haben, solange sie die für sich behalten.«[188]

Die folgende Abbildung (▸ Abb. 23) zeigt einen aufgespannten und bemalten Regenschirm, der an einem sonnigen Tag von einer nicht zu sehenden Person getragen wird. Die Form- und Farbgebung des Protestlogos »Impfzwang? Nein, Danke« erinnert an die Anti-Atomkraftbewegung. Damit eignet sich eine verschwörungstheoretische Gruppe ebenso wie einige der zuvor thematisierten rechtsgerichteten Gruppen sowohl die Protestform (Demonstrationen) sowie die Wahl der Protestrhetorik und -symbolik von linksgerichteten Gruppen an, die sich ebenfalls als Freiheitsbewegungen verstehen.

Der Zahlenzusatz »88« hinter der Wortfolge »Elternstehenauf« ist zudem ein Hinweis für die Verquickung der Elterninitiative mit der rechtsradikalen Szene in diesem Fall. Dort steht die Zahl 8 als Platzhalter für den achten Buchstaben des Alphabets »H«, also »HH« in Anlehnung an den nationalsozialistischen Gruß »Heil« und dem Nachnamen des damaligen deutschen Diktators.

Abb. 23: Regenschirm als Protest-Banner auf einer Demonstration einer Elternbewegung. Bildnachweis: © picture alliance/dpa/SebastianGollnow

Allen Elterngruppen ist dabei gemein, dass sie sich selbst als Opfer eines übermächtigen Staates sehen. Um ihrer ›Entrechtung‹ als Bürger:innen bzw. Eltern zu entkommen, schließen sie sich zu themenübergreifenden Gruppen (zumeist online) zusammen. Die Elternorganisationen verbinden sich dabei zum Teil mit dem Querdenker-Milieu und es entstehen Verquickungen esoterischer und nationalistisch orientierter Inhalte und Zielsetzungen. In diesem Zusammenhang warb die Gruppe *Pädagogen für Aufklärung* z. B. gegen die Maskenpflicht und die Covid-Impfungen unter Verweis auf NS-Widerstandskämpfer:innen wie Sophie Scholl (▸ Abb. 24). Die Gleichsetzung staatlicher Impfvorschriften mit dem Totalitarismus des nationalsozialistischen Terror-Regimes entspricht sowohl einer Relativierung des Nationalsozialismus als auch einer bewussten Dramatisierung staatlicher Maßnahmen. Diese Fakten werden jedoch von den Anhänger:innen dieser Bewegung nicht als solche (an-)erkannt.

Abb. 24: Posting eines Social Media-Kanals von »Pädagogen für Aufklärung«[189]

Heiligt der Zweck also die Mittel? Fraglich ist, ob es im Interesse von ESA oder den QAMoms ist, zu überprüfen, ob es folgerichtig und ›souverän‹ sein kann, sich mit Personen und Gruppen zu solidarisieren, die menschenverachtende Ideologien verfolgen, sofern diese die eigenen Ziele unterstützen. Rassistische und menschenverachtende Inhalte von Unterstützer:innen unreflektiert zu ignorieren, ohne sich davon deutlich öffentlich zu distanzieren, um eine möglichst große Anzahl von gemeinsamen Mitstreiter:innen zu erhalten, erscheint nur unter funktionalistischen Gesichtspunkten nachvollziehbar. Das Ausblenden einer damit einhergehenden, (un-)bewussten Solidarisierung oder stillschweigenden ›Akzeptanz‹ extremistischer Gruppen und Akteur:innen mutet insbesondere mit Blick auf die Mütter, die sich für eine sicherere Umgebung ihrer Kinder einsetzen, geradezu paradox an. Unter erziehungswissenschaftlichen Gesichtspunkten sollte den Kindern zudem eine differenzierte Reflektion über Motivlagen verschiedener Personen und Gruppen vorgelebt werden, die auch die konsequente Ablehnung menschenverachtender Zielsetzungen einschließt.

6.4 Zusammenfassung

Die vorgestellten Gruppen aus dem Phänomenbereich der verschwörungstheoretischen Bewegungen eint die gemeinsame Überzeugung, dass es ›geheime‹ Ursachen für geschichtliche und gesellschaftliche Ereignisse gibt, die verschwiegen werden oder nur einer kleinen Gruppe Eingeweihter bekannt sind. Ihre Verschwörungserzählungen enthalten häufig Feindbilder und antisemitische Stereotype und weisen die folgenden Merkmale auf:

- Eine individuelle Veranlagung, sich Verschwörungsnarrative anzueignen und diese persönlich zu legitimieren. Diese wird als *conspiracy mentality* (Verschwörungsmentalität) bezeichnet.[190]
- Die Annahme, der ›Verfall‹ traditioneller Werte sei der Beginn eines gesellschaftlichen Untergangs.
- Verantwortlichkeiten für die ›erkrankte‹ Gesellschaft werden bei spezifischen Gruppen gesucht, z. B. bei transgender Personen und ihrem nicht-binären (Sexual-)Verhalten, Geschlechtergerechtigkeit, Feminismus und mächtigen ›Strippenzieher:innen‹ im Hintergrund (die ›jüdische Hochfinanz‹, Satanist:innen, etc.).
- Als Verstärker der Anfälligkeit (Vulnerabilität) für Verschwörungstheorien sind Emotionen wie der individuelle Kontrollverlust oder eine persönliche Hilflosigkeit, z. B. gegenüber unbekannten Gefahren wie der Corona-Pandemie, psychischen Erkrankungen und damit einhergehendem Medikamentenkonsum.[191]

Insbesondere im Zuge der Corona-Pandemie bildete sich aufgrund der als ungerechtfertigt wahrgenommenen Einschränkungen der persönlichen

Grundrechte durch den Staat ein tiefes Misstrauen gegenüber der repräsentativen Demokratie und ihren Repräsentant:innen. Diese Stimmung diente verschwörungstheoretischen Gruppen als Zugang zur ›Mitte der Gesellschaft‹. Mobilisiert wurde diese u. a. durch gemeinsame ›Protestaktionen‹ wie Spaziergänge zur Umgehung der Ausgangsbegrenzungen und die Gründung von Eltern- und Bürgerbewegungen – u. a. vorgeblich zum Schutz der Kinder-, Eltern- und Bürgerrechte. Insbesondere die ostdeutschen Anhänger:innen dieser Bewegungen, die das totalitäre System der ehemaligen DDR erdulden mussten, hatten große Sorge, wieder ihrer neugewonnenen Freiheiten beraubt zu werden. In der Folge schlossen sie sich verschwörungstheoretischen Gruppen an, die selbst jedoch starke autoritaristische Bestrebungen und rechtsextremistische Inhalte aufwiesen.[192]

Darüber hinaus fällt auf, dass die Inhalte Hamers und dessen Ablehnung der deutschen repräsentativen Demokratie sowie die damit korrespondierende Delegitimierung ihrer Repräsentant:innen bereits vor dem Erscheinen der Reichsbürger:innen dieselbe Ideologie aufweist. Hamer kann demnach als ein Vorreiter dieser Bewegung(en) bezeichnet werden.

Weibliche Motivlagen, Rollen und Ziele

Die exemplarisch ausgewählten Beispiele weiblicher Vertreterinnen aus verschwörungstheoretischen Bewegungen treten hauptsächlich in ihrer Rolle und Selbstwahrnehmung als Mutter auf, die in Sorge um ihre Kinder und Familie ist. Die verschwörungstheoretischen Frauen betrachten sich als Retter:innen des ›deutschen Volkes‹, indem sie als Über-Mütter, Heiler:innen oder aufgrund ihrer übersinnlichen Fähigkeiten den Fortbestand der ›deutschen Rasse‹ durch (Online-)Aktivismus, Mobilisierung Dritter oder die Kultivierung antidemokratischer Enklaven ›verteidigen‹. Insbesondere die nachhaltige Ernährung für ihre Familie sowie germanische Heilverfahren liegen den hier portraitierten Frauen besonders am Herzen.

Spiritualität, Souveränität und (Selbst-)Versorgung

Obwohl die meisten von ihnen aus dem Bereich der rechtsgerichteten Esoterik stammen, vertreten sie vielmehr die völkisch-nativistische als die gewaltbereit-militante Komponente des Rechtsextremismus. Dies liegt womöglich daran, dass diese Ausrichtung mehr mit ihrer Empfänglichkeit für Spiritualität, Aberglauben und Verschwörungserzählungen korrespondiert. Gleichzeitig verleitet sie ihre Ablehnung rechtsstaatlicher Gesetze und die

Befolgung staatlicher Maßnahmen dazu, demokratische Strukturen zu delegitimieren und damit die Demokratie selbst nicht nur zu unterminieren, sondern auf lange Sicht sogar alternative Herrschaftsformen wie Monarchien oder selbstregierte Enklaven mit eigener Währung und Identifikationssystematiken einzuführen.

Die Idee der größeren Souveränität, die den Frauen dieser Bewegung vorgespielt wird, endet jedoch – wie so häufig mit Blick auf alternative Herrschaftsformen – für die weiblichen Mitglieder in einer (bedingungslosen) Abhängigkeit von ›starken‹ Männern. Diese Vorstellung mag in den Anastasia-Büchern des Autoren Wladimir Megre, einer völkischen Erzählung, die die innere und äußere ›Reinheit‹ der Frau und Mutter in ländlicher Gemeinschaft zum Ausgangspunkt hat, für manche Sympathisant:innen dieser Sichtweise zunächst idyllisch anmuten. In der Realität bedeutet dies jedoch, dass die Frauen der Anastasia-Bewegung sich rigiden und sehr einseitigen Moral-, Sexual- und Rollenvorstellungen unterwerfen müssen. Darüber hinaus wird ihnen nicht das Recht auf eine selbstbestimmte Geburtskontrolle oder Schmerzmittel bei der Niederkunft zu erhalten zugestanden. Zudem werden sämtliche Menschen, die andere Einstellungen und Lebensweisen vertreten, hier kategorisch abgelehnt und zu Feindbildern degradiert.[193]

Die Zielsetzungen der Frauen, sich selbst in esoterisch-spiritueller Weise zu betätigen, muten zunächst weltfremd und naiv an. Es wirkt auf den ersten Blick so, als ob sie primär nach finanzieller und gesellschaftlicher Absicherung durch den sie monetär versorgenden Ehemann und die soziale Gemeinschaft streben. Durch die Adaption oder stillschweigende Akzeptanz rechtsgerichteter Botschaften und Inhalte beteiligen sich viele der weiblichen Mitglieder jedoch (un-)wissentlich selbst an der Ausgrenzung anderer Menschen, z. B. durch die Verbreitung extremistischer Erzählungen oder die Erziehung ihrer Kinder nach den Vorgaben dieser menschenverachtenden Ideologie.

Darüber hinaus finden sich einige wenige intellektuelle und berufstätige Frauen, die als Wegbereiterinnen der neurechten Esoterik-Szene fungierten und vereinzelt in den hier vorgestellten Bewegungen zu finden sind. Zu ihren ideologischen Wegbereiterinnen gehörten Mathilde Ludendorff und Madame Blavatsky, die die ariosophische Rassentheorie vertraten, auf der die völkische Rassenideologie der Verschwörungstheoretiker:innen basiert. Sie stellen im verschwörungstheoretischen Milieu jedoch eine Minderheit dar, weil die meisten Frauen eine weniger tragende Rolle innerhalb dieser Bewegungen anstreben.

Instrumentalisierung von Geschlecht in den ausgewählten Bewegungen

Ebenso wie in anderen extremistischen Bewegungen erfolgt auch in den verschwörungstheoretischen Bewegungen eine Essentialisierung von Weiblichkeit. Allerdings wird diese hier trotz der inhaltlichen Anknüpfungspunkte auf höhere Mächte und (wahlweise) deren Wirken, Erspüren oder Bekämpfen zurückgeführt.

Die Berührungspunkte von Verschwörungsglauben und esoterischer Weltdeutung führen mit Blick auf das weibliche Geschlecht dazu, dass die Frauen ihre individuellen Selbstbestimmungsrechte zugunsten einer spirituell geweissagten Zukunft oder von spezifischen (zumeist männlichen) Zeichendeutern aufgeben. Ihre Rolle ist klar an das eigene Zuhause und seelische, körperliche sowie moralische Wohl der Familie gebunden. Damit wird die Frau, wie auch in den beiden vorangegangenen extremistischen Bewegungen, zum Gradmesser von Moral und moralischer Delinquenz und die eigene sexuelle und berufliche Selbstbestimmung für weibliche Nachkommen auf einen sehr engen vorbestimmten Rahmen reduziert. Im vorliegenden Extremismusbereich wird diese eingeschränkte Handlungsfreiheit der Mädchen und Frauen mittels übersinnlicher, demnach nicht rational beleg- oder wiederlegbarer Ereignisse und Vorherbestimmungen legitimiert. *Ähnlich wie im Verständnis radikal-islamischer Bewegungen, bei denen das transzendente Göttliche (Allah) nicht greifbar und deshalb dessen Entscheidungen auch nicht hinterfragbar sind, können auch hier keine endgültigen Aussagen über Sinn und Unsinn, richtig oder falsch die entsprechenden, antifeministischen Positionen der Frauen betreffend geäußert werden. Diese Ausgangslage führt zwangsläufig zu einer Ungleichbehandlung der Geschlechter und eine automatische Entrechtung des weiblichen Geschlechts.*

Zukünftige Generationen von Mädchen in dieser Ungleichbehandlungs-Erwartung zu erziehen, bedeutet, ihnen die grundgesetzlich verbriefte Teilhabe an jeder Lebenssituation bereits im Vorfeld abzuerkennen. Frauen, die andere Frauen auf diese Weise degradieren und sich zugleich im Bewusstsein wähnen, durch ihren eigenen Verzicht zur geistigen Elite der ›Eingeweihten‹ zu zählen sowie mit den Wünschen der Natur im Einklang zu stehen, übertragen ihr biologisches Denken auf andere, ohne nach deren Wünschen oder Zielsetzungen zu fragen. Damit sind sie Opfer und Täterin zugleich.[194] Antidemokratische, antisemitische und rechtsextremistische Auffassungen sind auch dann strafbar und menschenverachtend, wenn sie im ökologisch abbaubaren Baumwollkleid oder von der sonnengebräunten Yoga-Mami vorgetragen werden.

Paradoxerweise wird in der Fokussierung auf das *Urweibliche* nicht etwa die machtvolle Rolle der Muttergottheiten hervorgehoben, die Ausdruck matriarchaler Gesellschaften waren. Vielmehr folgen die Frauen verschwörungstheoretischer Bewegungen mit rechtem Esoterik-Bezug der *patriarchalen Auslegung von Teilbereichen dieses Zeitalters großer Göttinnen hinsichtlich des Weiblichen:* Die der Rolle der Hausfrau, die dem Mann den Rücken im Zuhause stärkt, die Kinder versorgt und die männliche Vormachtstellung sichert. Zwangsläufig verbleibt die Frau in finanzieller und psychischer Abhängigkeit vom männlichen Versorger. Bedacht wird in den romantisierten Bildern, die in Bezug auf das traditionelle Rollenmodell gezeichnet werden, jedoch keineswegs, dass die Frau durch dieses Modell auch vom Gutdünken und Interesse des Ehemannes abhängig bleibt. In dem Augenblick, in dem dieses Interesse nachlässt und er sich anderen Gefährtinnen zuwendet, bedeutet dies für eine Frau, die nie selbst gearbeitet, keinen eigenen Beruf erlernt oder diesen jemals ausgeübt hat, einen *finanziellen Absturz*.

Dazu besteht auch die Gefahr einer *emotionalen Abhängigkeit* der Frau von einem Mann, der ihr sämtliche Entscheidungen und das damit verbundene Denken abgenommen hat. Im Falle des Verlustes dieser ›Stütze‹ besteht die Gefahr der absoluten Hilflosigkeit, in der sich diese Frauen aufgrund der ›freiwilligen‹ Aufgabe ihrer Selbstverantwortung wiederfinden werden. Fraglich ist, ob diese mögliche Zukunft für ihre Töchter tatsächlich im Sinne der traditionell orientierten Mütter ist, denn nicht jedes dieser traditionell orientierten Eheverhältnisse wird das ihr zugedachte Happy End aufweisen. Traditionelle Strukturen besitzen die Gefahr, Mädchen und Frauen psychisch zu manipulieren. Weibliche Nachkommen werden hier nicht darin bestärkt, alles zu werden, was sie möchten, sondern nur das zu perfektionieren, was die traditionelle Gesellschaft von ihnen erwartet: ein schönes Gesicht, eine perfekte Figur, die Rolle der treusorgenden Ehefrau und fürsorglichen Mutter. Alles, was die Frauen darüber hinaus anstreben oder was sie darüber hinaus interessiert, wird als *potentielle Gefahr männlicher Vorherrschaft* betrachtet und als ›schlecht‹ für Frauen und die Kinder dargestellt. *Damit fußen verschwörungstheoretische ebenso wie rechtsextremistische und radikal-islamische Geschlechtervorstellungen auf der Entrechtung von Frauen.*

Alternativwirklichkeiten, die auf einem übergeordneten ›großen Plan‹ (*New World Order*) basieren, der von geheimen Mächten im Verborgenen entworfen wurde, führen oft zur Ausgrenzung anderer, die diesen ›Plan‹ nicht erkennen oder eine gegenteilige Meinung dazu vertreten. Dabei ist es egal, ob die Frauen, die sich daran beteiligen, selbst im Einklang mit ihren Geistern oder der Natur leben und einen geringen ökologischen Fußabdruck vorweisen können, denn Extremismus und Menschenverachtung sollten niemals Bestandteil der eigenen Selbstverwirklichung sein und auf dem Weg dahin auch nicht in Bezug auf Dritte ›billigend‹ in Kauf genommen werden.

7 Linksextremistische Bewegungen

Der Begriff des Linksextremismus stellt einen Sammelbegriff für verschiedene Strömungen, z. B. *Autonome* und *Anarchist:innen*, dar. So vielschichtig wie dieser Phänomenbereich selbst ist, sind es auch die Zielsetzungen seiner unterschiedlichen Gruppen: Ihre Forderungen variieren von der Abschaffung der bestehenden Gesellschaftsordnung und Überwindung imperialistischer Strukturen, bspw. aktueller Wirtschaftssysteme, bis hin zur Etablierung des Kommunismus oder der Anarchie. Kennzeichnend für Linksextremist:innen sind ihre Verabsolutierung von Freiheit und sozialer Gleichheit. Die Gruppe der Autonomen verfolgt das Ziel der Schaffung von »Freiräumen« in bestehenden Gesellschaftsformen, während die Anarchist:innen hingegen herrschaftsfreie Strukturen favorisieren, die sie durch den Umsturz bestehender Systeme erreichen möchten. Anarchist:innen lehnen die Herrschaft von Menschen über Menschen ab und nehmen an, dass es nach der Überwindung nationalstaatlicher Dimensionen automatisch zur Etablierung von Freiheit und Gleichheit kommen werde. Dabei vernachlässigen sie die Möglichkeit, dass sich stattdessen Machtvakuen entwickeln oder sozialdarwinistische Strukturen etablieren könnten, welche zu größerer Unfreiheit und Ungleichheit führen würden.[195]

Im Folgenden wird die Rolle von Frauen in ausgewählten linksextremistischen Bewegungen dargestellt. Ihre Zielsetzungen fußen auf antikapitalistischen, antiimperialistischen, antirassistischen, antisexistischen und zumeist antisemitischen Idealvorstellungen. Um eine gesellschaftliche Veränderung der bestehenden demokratischen Staats- und Gesellschaftsordnung zu erreichen, wenden sie sowohl intellektuelle Strategien des zivilen Widerstands als auch der gewaltbereiten Militanz an. Wie zu Beginn dieses Unterkapitels erwähnt, stellt der politische Umsturz im Linksextremismus einen ideologischen Bestandteil auf dem Weg zur ›Befreiung‹ von antiimperialistischen Strukturen dar. Damit einher geht der Wunsch, sich von bisherigen Herrschaftsstrukturen zu befreien, worunter auch Formen geschlechterbezogener Herrschaft verstanden werden.

7 Linksextremistische Bewegungen

Wichtig ist in diesem Zusammenhang die Erkenntnis, dass Frauen im Linksextremismus seit jeher eine *sichtbare* Position bekleiden und diese Szene als geistige Wegbereiterinnen, Aktivistinnen und Kämpferinnen begleiten. Dadurch treten sie zunächst emanzipierter in Erscheinung als die weiblichen Mitglieder der bisher diskutierten extremistischen Bewegungen. Sie treten u. a. als radikale Tierschützerinnen auf und brechen in Versuchslabore ein, um Tiere zu befreien oder begehen Sachbeschädigung (z. B. Graffiti, Zerstörung von Fahrzeugen und Gebäuden). Die linksextremistische Szene weist infolgedessen auch den größten, nennenswerten Frauenanteil von 35 Prozent im Vergleich mit den anderen, hier diskutierten extremistischen Bewegungen auf.

Theorien linksextremistischer Rhetorik

Antiimperialismus:

- Eine Gegenposition zum Imperialismus kapitalismusorientierter Systeme (Staaten).
- Kriege im Namen imperialistischer Staaten werden als illegitim betrachtet, selbst, wenn sie gegen Unrechtsregime oder Terrorgruppen geführt werden.
- Dagegen gibt es Solidarisierungseffekte mit der Gewalt, die von linksterroristischen Bewegungen, z. B. der PKK, verübt wird. Diese sei aufgrund ihres antiimperialistischen Impetus (nach der Kriegsursachenanalyse gem. Lenin) erlaubt.
- Ausnahme: Linksextreme befürworten antiimperialistische Gewalt. *Antideutsche* (Autonome) lehnen diese Gewaltform jedoch ab, wenn sie sich z. B. in Form von antiisraelischen/-jüdischen Taten durch Palästinenser:innen äußert.[196]

Antikapitalismus:

- In diesem Zusammenhang verstanden als Gegenbewegung zum profitorientierten Wirtschaftssystem bestimmter Staaten, dem eine Ungleichbehandlung seiner Bürger:innen aufgrund von Einkommen, Status oder finanziellen Ressourcen unterstellt wird.
- Kapitalistisch orientierte Staaten wären verantwortlich für die Ausbeutung von Migrant:innen als unterbezahlte Lohnempfänger:innen.

Antirassismus:

- Gegenwehr und -strategien gegen die Diskriminierung von Menschen aufgrund rassistischer Ideologien mit Blick auf deren Herkunft, Erscheinungsbild, Religion oder kulturelle Zugehörigkeit.
- Gemäß linksextremistischer Interpretation begünstigt der kapitalistische Staat die Entstehung und Verbreitung von Rassismus, bspw. durch die Förderung von Zwei-Klassen-Gesellschaften aufgrund begrenzten Zugangs zu Bildung und Wohlstand.

Antirepression:

- Verteidigung der Bürgerrechte, insbesondere mit Blick auf die eigene Gruppe, gegenüber staatlichen Eingriffen.
- Darunter wird die Straffreiheit für eigene Handlungen betrachtet und jede staatliche Beschränkung der eigenen Freiräume als Repression (Unterdrückung) betrachtet.
- Forderungen linksextremistischer Gruppen schließen z. B. auch die Nutzung staatlicher Kontrollgremien hinsichtlich ihrer politischen Gegner:innen ein.[197]

Antisexismus:

- Die Ablehnung einer Ungleichbehandlung von Frauen und Männern.
- In linksgerichteten Kreisen wird eine Stärkung der Frauenrechte gefordert (*Feminismus von links*).
- In der Überspitzung durch linksextremistische Bewegungen wird der Antisexismus, der grundsätzlich als sinnvoll mit Blick auf die Geschlechtergerechtigkeit zu betrachten ist, zu einer eigenen Ideologie – im übertragenden Sinne zu einem Mittel des Klassenkampfes – instrumentalisiert.
- Insbesondere Frauen – und gegenwärtig verstärkt Mitglieder der LGBTQIA+-Bewegung – werden als Opfer eines (paternalistischen) Kapitalismus betrachtet.
- Autonome Gruppen erlassen infolgedessen Sprach- und Verhaltensvorschriften, die männlichen Mitgliedern das Recht entzieht, sich gegen Sexismus-Vorwürfe zur Wehr zu setzen, während die weiblichen Mitglieder sämtliche Observations- und Vollstreckungsrechte hinsichtlich derartiger Vorwürfe für sich alleine beanspruchen.

7.1 Antifa – Feminismus von links

Unter der *Antifa* (Antifaschistische Aktionsfront) werden zum einen zivilgesellschaftlich gegenüber rechtsextremistischen Strukturen aufklärende Gruppen und Initiativen verstanden, bspw. das *Antifaschistische Pressearchiv und Bildungszentrum* (Apabiz). Zum anderen werden darunter auch *autonome* Gruppen mit gewalttätigen Bezügen zusammengefasst, die seit den 1980er Jahren verstärkt in Deutschland in Erscheinung treten. Die Gruppe der Autonomen umfasst in etwa 8000 Personen und stellt damit die größte Gruppe der Linksextremist:innen in Deutschland dar.[198] Aufgrund der vielschichtigen Ausrichtung der unterschiedlichen Antifa-Gruppen wird eine *grundsätzliche* Charakterisierung dieser Bewegung erschwert.[199] Sie wird in Deutschland nicht als terroristische Organisation betrachtet.[200]

Die *Autonome Antifa* entstand in den 1980er Jahren aus dem linksradikalen *autonomen* Milieu und stellte ein loses Gefüge kleinerer Gruppen dar, die anarchistisch oder kommunistisch ausgerichtet waren.[201] Es handelt sich in etwa um 100 Kleingruppen, die ihre Aufgabe darin betrachten, sich gegen Rassismus, völkischen Nationalismus und Antisemitismus zu betätigen.[202]

Die *autonomen* Gruppen waren bspw. bei militanten Auseinandersetzungen rund um den G20-Gipfel anzutreffen. Dabei ging es ihnen darum, möglichst viel Schaden und Chaos zu verursachen, um die Aufmerksamkeit auf ihre Kritik an den Gipfelinhalten zu lenken. Hierbei wurde auch eine gezielte Einkesselung von Polizist:innen praktiziert, mit dem Ziel, diese als Repräsentant:innen eines nicht anerkannten Staates zu verletzen.

Gewalt der militanten Gruppen wird von einigen antifaschistischen Gruppen als ›Notwendigkeit‹ im (Straßen-)Kampf gegen Neonazis und neurechte Wehrgruppen betrachtet. Ansonsten werde diese von der Mehrheit der Antifa abgelehnt. Allerdings bedrohen diese Akteur:innen auch Politiker:innen persönlich.[203]

Manche autonome Gruppen weisen einen radikalen Feminismus auf, der sich auf Ahndungen von Aussagen und Handlungsweisen von Männern erstrecken kann, die nicht im Einklang mit den radikalen feministischen Grundsätzen stehen. In diesen Fällen kann es zu gruppeninternen Gerichtsverhandlungen kommen, denen ausschließlich weibliche Richterinnen vorsitzen, die zugleich auch als Vollstreckerinnen der Urteile fungieren. Der Aussagegehalt der Frauen wird darin doppelt so stark gewertet wie der der Männer.

Insbesondere der sogenannte *Schwarze Block* (▸ Abb. 25) versammelt linksextremistische und autonome Gruppen unter seinem Dach, die äußerst gewaltbereit sind. Er tritt als Gegenbewegung zur rechtsextremistischen Bewegung der Autonomen Nationalisten auf. Seine Anhänger:innen kleiden sich schwarz, um die strafrechtliche Identifikation der homogen erscheinenden Täter:innen infolge militanter Aktionen zu erschweren.[204]

Abb. 25: Demonstration des sog. Schwarzen Blocks[205]

Darüber hinaus werden Sitzblockaden, Brandstiftung, Sachbeschädigung und das Outing rechtsgerichteter Personen samt Wohnanschriften von Antifa-Gruppen praktiziert. Linksextremismusforscher wie Nils Schumacher attestieren dieser Bewegung einen überwiegenden und zunehmend friedlichen Charakter hinsichtlich ihrer Aktionsformen ausgebildet zu haben.[206] Im Gegensatz zu anderen extremistischen Bewegungen versuche die Antifa den Einsatz von Gewalt zu begrenzen, wodurch ihre Protestformen mehr Zugänge für die Mitte der Gesellschaft anbieten.[207] Qualitativ hochwertige Publikationen linksgerichteter, Antifa-naher Archive und Intellektueller zu Rechtsextremismus, Rassismus oder Sexismus erfahren eine breite Rezeption in der Öffentlichkeit.

Die *Interventionistische Linke* (IL) weist ca. 1000 Mitglieder auf und stellt die größte Akteurin im linksextremistischen Milieu dar. Sie lehnt Gewalt als Strategie ab, auch um sich gegenüber dem gewaltbereiten Rechtsextremismus abzugrenzen.[208] Der Einsatz psychischer Gewalt gegenüber Mitgliedern, denen eine ideologische Abweichung oder Kontakte zum ›Mainstream-Milieu‹ unterstellt werden, die die Militanz bestimmter Gruppen gefährden könnte, wird jedoch als legitimes Mittel gesehen, um diese wieder auf ›Linie‹ zu bringen. Dazu zählen Hausbesuche, Drohschreiben und die Einschüchterung von Mitgliedern in Form von Einzel- oder Gruppengesprächen, die ein ›deviantes‹ Verhalten gegenüber der linksextremistischen Ideologie aufweisen. Diese Einschüchterungsversuche widersprechen zwar im Kern dem Anspruch auf Freiheit und Selbstbestimmung der Linksextremist:innen, werden jedoch von Teilen dieses Phänomenbereichs gleichwohl praktiziert. Auch Überwachungen von Mitgliedern zur Überprüfung ihrer Ideologietreue, Authentizität und Loyalität gegenüber den Gruppenzielen werden stellenweise von linksextremistischen Gruppen praktiziert. Dass die Gruppenanführer:innen dabei auf nachrichtendienstliche Verhör- und Überwachungsmethoden zurückgreifen, die sie selbst als Teil eines imperialistischen Staates öffentlich anprangern, scheint keinen inneren Zwiespalt bei den Praktizierenden hervorzurufen. Vielmehr wirkt es bei den entsprechenden militanten, gewaltbereiten Gruppen so, als ob der Zweck die Mittel heilige. Der Schutz interner Informationen, Strategien und Kooperationspartner:innen des Kollektivs (der Gruppe) scheint in diesem Kontext folglich dringlicher anzumuten als die Wahrung der Freiheitsrechte Einzelner.

Einige linksextremistische Gruppen verfolgen jedoch das Ziel der Abschaffung jeglicher Herrschaftsformen, wozu auch der Umsturz der bestehenden Staats- und Gesellschaftsordnung gehört. Der *Anarchosyndikalismus* bedient sich dabei der »sozialen Revolution«, die neben der ideologischen Unterminierung der Demokratie auch die Anwendung von Gewalt einschließen kann.

Antideutsche und Antinationalisten

Nach der deutschen Wiedervereinigung gründeten sich neue antiimperialistische Gruppen, in deren Zentrum der Kampf gegen den Kolonialismus stand, der gemäß Lenin die Wurzel aller Unterdrückung sei. Sie befürchteten ein Erstarken rechtsnationaler Ideen und eines Kulturimperialismus in Deutschland, gegen das sie ein linksradikales Zeichen setzen wollten. Statt der Wiedervereinigung propagierten die *Antideutschen* die Auflösung des deutschen Volkes zugunsten einer multikulturellen Gemeinschaft. Darüber hinaus forderten sie ein klares Bekenntnis zu Israel und gegen den Antisemitismus, da sie Israel als Wegbereiterin des Kommunismus betrachteten. Zur Solidarität der Antideutschen mit Israel wird bspw. im linksgerichteten Magazin *jungle world* publiziert. Zudem ist dieser Gruppe mit Blick auf muslimische Bewegungen ein Gegenentwurf zu anderen linksextremistischen Gruppen inhärent. Die Antideutschen stellen Muslim:innen sehr häufig stereotyp dar und bewegen sich damit selbst im Feld gruppenbezogener Menschenfeindlichkeit.

Die *Antinationalisten* vertreten die Ansicht, dass Nationen künstlich zusammengesetzt und dadurch zwangsläufig zum Othering (Ausgrenzung Anderer) und Antisemitismus führten. Folglich müsse auch Israel – ein internationaler Zufluchtsort für Jüd:innen – abgeschafft werden. Der Umsturz von Demokratien durch Anarchismus und das Streben nach kommunistischen Utopien als Gegenentwurf zu kapitalistischen Staaten ist ein weiterer Bestandteil dieser Gruppe.[209]

Auffällig ist, dass beide Gruppen, die unter dem Dach der Autonomen firmieren, selbst rassistische und weltverschwörungstheoretische Elemente aufweisen, die Überschneidungspunkte mit den Motivlagen rechtsextremistischer und verschwörungstheoretischer Bewegungen aufweisen. Vereinzelte Frauen, die sich in der Antifa engagieren, zu portraitieren, ist an dieser Stelle nicht möglich, da die weiblichen Mitglieder dieser Gruppe keine nennenswerten individuellen Auftritte oder Äußerungen von sich geben, sondern stattdessen zumeist im Schutz der Gruppe agieren.

7.2 Boycott, Divestment and Sanctions (BDS)

Im Zuge der *Weltkonferenz gegen Rassismus* im Jahr 2001 wurde die *Durban-Strategie* entwickelt. Diese unterstellte Israel unter Berufung auf das Völkerrecht einen Genozid an den Araber:innen und wollte das Land vor dem Kriegsverbrechertribunal anklagen.[210]

Im Jahr 2005 wurde die Kampagne *Boycott, Divestment and Sanctions* (BDS) gegründet, die die folgenden Zielsetzungen verfolgt:

- die Gleichstellung der arabischen Palästinenser:innen,
- die Rückkehr der palästinensischen Flüchtlinge in ihre Heimat und

7 Linksextremistische Bewegungen

- den damit verbundenen Rückerhalt ihres Eigentums gemäß der UN-Resolution 194, die von 171 palästinensischen Organisationen ratifiziert wurde.

Die BDS bezeichnete die israelische Regierung als Apartheid-Regime und forderte die Weltöffentlichkeit auf, Israel sowie israelische Produkte zu boykottieren, bis die ›Befreiung‹ der Palästinenser:innen von den israelischen ›Besatzer:innen‹ stattgefunden habe. Obwohl BDS sich öffentlich als antiimperialistisch bezeichnet, fiel diese Kampagne bislang durch antizionistische und antisemitische Äußerungen auf, die den israelischen Staat als Kolonialmacht diffamiert und dessen Existenzrecht durch manche Mitglieder infrage stellt. Die Kennzeichnung israelischer Waren wird von Kritiker:innen der BDS Kampagne als Weiterführung antisemitischer Kampagnen im Stil des NS-Boykottaufrufs: »Deutscher, kaufe nicht beim Juden!« betrachtet. Zudem wird der Vorwurf des systemimmanenten Rassismus gegen die BDS erhoben, da diese Kampagne Israel mit Blick auf die Benachteiligung arabischer Israelis als Apartheitsstaat bezeichnet.[211] In Deutschland wird die BDS als terrorismusnahe Vereinigung betrachtet. Es gab öffentliche Veranstaltungen, bei denen radikal-islamische Gruppen wie die *Palestinian Prisoner Solidarity* Bewegung *Samidoun*, jüdische Gruppen und zivilgesellschaftliche Organisationen zusammen mit der BDS gegen Israel protestierten.

Der Versuch, Israel wirtschaftlich und politisch zu isolieren, wird von einem breiten Netzwerk von unterschiedlichen Personen, u. a. Schriftsteller:innen, Mitarbeiter:innen von Hochschulen, NGOs und Politiker:innen sowie Schauspieler:innen unterstützt. Die 20 Gruppen der Vereinigung *European Jews for a Just Peace*, die im Jahr 2002 gegründet wurde, forderten die besondere Kennzeichnung von Waren aus israelisch ›besetzten‹ oder umkämpften Gebieten Palästinas. Damit korrespondierend beschloss die Europäische Union (EU) eine Kennzeichnungspflicht für Waren aus israelischen Teilen des Westjordanlands, den Golanhöhen sowie Ostjerusalem.

Unter dem Dach der BDS finden sich viele gegensätzliche Gruppen wieder, z. B. die *Jewish Antifa Berlin*, die Partei *Der III. Weg* und *Gerechter Frieden in Nahost Niedersachsen*. Obwohl diese Gruppen aus unterschiedlichen ideologischen Lagern stammen, eint sie ihre gemeinsame Israel-Kritik.[212]

Nach dem 7. Oktober 2023, dem Angriff der Hamas auf Israel, teilte die BDS offen antiisraelische Diskriminierungen und befürwortete z. T. Übergriffe auf Jüd:innen. Zudem kam es zu einem Schulterschluss zwischen linksextremen und palästinensischen Anti-Israel-Gruppen. Das BDS-Nationalkomitee besteht aus Mitgliedern der Terrorgruppen *Hamas, Demokratische Front zur Befreiung Palästinas* (DFLP) und *Islamischer Jihad in Palästina* (PIJ) und wird durch die Koalition »Palästinensische nationale und islamische Kräfte« zusammengehalten.²¹³

Eine prominente Vertreterin der BDS Bewegung ist die Gender Studies Ikone Judith Butler. Butler ist zugleich Mitglied der *Jewish Voice for Peace* (JVP) und der *Faculty for Israel-Palestinian Peace in the US*. Sie zweifelte nach dem 7. Oktober und der damit verbundenen Entführung von Israelis durch die Hamas öffentlich die Vergewaltigung israelischer Frauen durch diese an, da es hierfür keine Belege gebe.²¹⁴ Den Terrorangriff vom 7. Oktober auf Israel bezeichnete Butler als »politische[n] Widerstand« gegen den »Apartheitsstaat« Israel.²¹⁵

Neben Butler findet man viele wissenschaftliche BDS-Unterstützer:innen im internationalen Raum, die den Rassismus und Imperialismus gegenüber Israel teilen. Es finden bspw. *Israeli Apartheid Weeks* statt und die Teilnehmer:innen betonen, dass sie gegen den Staat Israel protestierten und nicht gegen Jüd:innen. Tatsächlich vergessen sie jedoch, dass sie mit den BDS-Zielsetzungen einen antiisraelischen Antisemitismus unterstützen, der in der Folge sämtliche Jüd:innen betrifft.²¹⁶

7.3 Marx 21 – »Marx Is' Muss«

Die Gruppe *marx21* ist die Nachfolgeorganisation von *linksruck*. Es handelt sich dabei um eine linksextremistische, trotzkistische^{VI} Organisation, die antiimperialistisch und globalisierungskritisch ausgerichtet ist, z. B. in Bezug auf die NATO. Sie verfolgt einen »Sozialismus von unten«.²¹⁷ Das gleichnamige Magazin befasst sich bspw. mit dem Arabischen Frühling und unterstützte darin u. a. den Umsturz der früheren Regierungen Tunesiens und Syriens. Kooperationen von marx 21 liegen mit dem Internetportal *linksnet*, Verlag Edition Aurora (*Theorie 21*), vor. Darüber hinaus ist diese Bewegung

---

VI Unter dem Trotzkismus versteht man zum einen eine von Leo Trotzki geprägte Ideologie des Marxismus. Kernelement dieser Richtung ist die Theorie der »Permanenten Revolution«, demnach die Welt durch die sozialistische Revolution vom Kapitalismus befreit werden müsse, um danach den Kommunismus etablieren zu können. Josef Stalin verwendete die Selbstbezeichnung der Anhänger:innen Trotzkis, z. B. als Trotzkist:innen oder Bolschewiki-Leninst:innen, zur Stigmatisierung politischer Gegner:innen. (Vgl. Daniel Bensaïd (2004). Was ist Trotzkismus?. Ein Essay. Köln: ISP).

Teilnehmerin der Tagung »Marx Is' Muss«, bei der Vertreter:innen unterschiedlicher linksgerichteter Strömungen referierten.[218]

Nach Abzug der USA und anderer westlicher Truppen aus Afghanistan lobte die Gruppe marx21 die Taliban für ihr »faires« Justizsystem, obwohl zum damaligen Zeitpunkt bereits die Absicht der Taliban zur Ungleichbehandlung der Geschlechter, bspw. mit Blick auf den Zugang zur Bildung, berufliche Tätigkeiten und freie Lebensgestaltung, erkennbar war. Diese Rückkehr zur frauenfeindlichen Politik setzten die Taliban nach ihrer Machtergreifung Schritt für Schritt um. Es zeigt sich an dieser Position von marx21 die linksextremistische, antiimperialistische Ausrichtung dieser Bewegung, die gemäß Lenins *Kriegsursachenanalyse* dazu tendiert, das Unrecht, dass durch nicht-imperialistische Bewegungen verursacht wird, zu verschweigen.

Ideologische Überschneidungen zwischen radikal-islamischen Bewegungen und marx21 wurden von Chris Harman, einem ihrer Vertreter, im Jahr 1994 mit Blick auf staatliche Imperialinteressen festgestellt:

> »In manchen Fragen werden wir uns auf der gleichen Seite wie die Islamisten gegen den Imperialismus und den Staat wiederfinden. Das war beispielsweise der Fall in vielen Ländern während des ersten Golfkriegs. Das gilt auch für Länder wie Großbritannien oder Frankreich im Kampf gegen Rassismus. Da, wo sich die Islamisten in der Opposition befinden, sollte unsere Leitlinie sein: ›Mit den Islamisten manchmal, mit dem Staat niemals‹.«[219]

Es zeigt sich daran, dass die grundsätzliche Abwehrhaltung gegenüber Demokratien ein starkes Identifikationsmoment ist, dass ideologieübergreifende Kooperationen von Extremist:innen im linksradikalen Milieu ermöglicht. Ungeachtet dessen, dass sich die Geschlechtergerechtigkeit und traditionelle Wertvorstellungen von radikal-islamischen und linksextremistischen Akteur:innen einander diametral entgegenstehen.

Kooperationen ins muslimische Milieu versuchte marx21 im Zuge des Kongresses »Marx Is' Muss« mit dem *Zentralrat der Muslime in Deutschland* (ZMD) im Jahr 2017 einzugehen. Hintergrund dieses Schulterschlusses sei der Versuch der linksgerichteten Gruppe, einer vom Rechtsextremismus stark betroffenen Opfergruppe zur Seite stehen zu wollen, ohne dabei auf deren religiöse Orientierung sehen zu wollen. Ein Mitgliedsverband des ZMD ist die *Union der türkisch-islamischen Kulturvereine in Europa* (Atib), dessen Vorstandsmitglied Mehmet Alparslan Çelebi zum damaligen Zeitpunkt Stellvertreter des Vorsitzenden Aiman Mazyek war. Atib wird eine ideologische Nähe zu den türkischen Faschisten *Graue Wölfe* unterstellt.[220]

Linke Anknüpfungspunkte von marx21 finden sich bspw. auch in Bezug auf den Arbeiterinnenbund mit der antisemitisch, antiimperialistischen Gruppe *Revolutionäre Linke* (RL).
Diese Bewegung zählt zur intellektuellen Linken und ist pro-palästinensisch orientiert. Der israelischen Regierung unterstellt sie, ethnische Säuberung zu betreiben:

> »Die israelische Regierung will am Ende ein möglichst ›ethnisch reines‹ Gebiet schaffen, in der die jüdische Bevölkerung 80 Prozent oder mehr der Einwohner stellt. Das sagt die israelische Staatsführung auch ganz offen. Die gesamte Berichterstattung in den deutschen Medien ist darauf ausgerichtet, diese Zielsetzung der israelischen Politik zu verschleiern.«[221]

Dies verdeutlicht den linksgerichteten Antisemitismus, der mit Blick auf linksextremistische Gruppen insbesondere über antiisraelischen Antisemitismus transportiert wird.

Marx 21 verwendet die Strategie des *Entrismus* zur Neugewinnung von Mitgliedern. Darunter versteht man das Eindringen in Parteien und Organisationen nach dem Vorbild trotzkistischer Gruppen, um diese von innen heraus mit ihrer eigenen Ideologie zu infiltrieren. Die Gruppe linksruck wandte diese Strategie bspw. mit Blick auf die Jugendorganisation der SPD, *Junge Sozialdemokraten* (Jusos), an.[222]

Bekannte weibliche Mitglieder, die früher in der Gruppe marx 21 aktiv waren, sind z. B.: Christine Buchholz und Janine Wissler. Sie distanzierten sich im Zuge ihres Anschlusses an die Partei *Die Linke* persönlich von marx 21. Christine Buchholz, eine linke Politikerin und früheres Mitglied der Partei Die Linke, war in den 1990er Jahren Mitglied von linksruck und der globalisierungskritischen Gruppe *attac*. Ebenfalls war sie an den Protesten zum G8-Gipfel in Heiligendamm beteiligt und ist Mitglied der Deutsch-Palästinensischen Gesellschaft.

Inhaltlich befasst sich Buchholz mit den Themen Antirassismus und Antifaschismus, bspw. mit Blick auf das *Bündnis Aufstehen gegen Rechts*. Zugleich lehnt sie die Bezeichnung der BDS Kampagne als antisemitisch ab, obwohl diese gezielte Boykotte gegen Israel verlautbart. Die Hamas und Hisbollah halte sie als Organisationen für legitim[223], während sie die US-amerikanische Unterstützung des kurdischen Widerstandes gegen den IS in Kobane kritisierte und die Rede des damaligen israelischen Staatspräsidenten Schimon Peres im Bundestag des Jahres 2010 als »ideologische Aufrüstung für eine neue Runde von Kriegen im Nahen Osten« betrachtete.[224]

Im März 2024 trat Buchholz nach dem Ausschlussantrag gegen Ramsis Kilani aus der Partei Die Linke aus. Sie begründete ihren Austritt u. a. damit, dass die Linke sich hierdurch »in Deutschland und international noch weiter von der Palästina-Solidarität weg[bewegt habe] und damit für viele, nicht nur junge migrantische Personen, unwählbar [gemacht worden sei]«.[225] In diesem Zusammenhang kritisierte sie auch die »Prominenz der Partei«, die es »immer vermieden [habe], sich hinter die Genoss:innen zu stellen, die wegen ihrer Kritik an der israelischen Besatzung, Blockade und Vertreibungspolitik öffentlich angegriffen wurden. Diese Feigheit ist die Kehrseite der absoluten Zaghaftigkeit, den Genozid in Gaza und die deutsche Mittäterschaft anzuklagen«.[226]

Darüber hinaus nahm sie Anstoß daran, dass sich die »Parteiführung in den letzten Jahren [.../um] eine offensive Haltung gegen Waffenlieferungen im Ukrainekrieg herumgedrückt [habe] und mit ihrer Zögerlichkeit sowohl den standortnationalistischen Argumenten des BSW [Bündnis Sahra Wagenknecht] als auch der im Kern faschistischen AfD Raum gegeben habe.«[227]

7.4 Zusammenfassung

Die Diskussion der ausgewählten linksextremistischen Erscheinungsformen hat ein heterogenes Bild des Linksextremismus ergeben. Viele Gruppen, die sich lose unter einem Dach zusammengefunden haben, verfolgen antirassistische Zielsetzungen und wenden sich explizit intellektuell und aktionistisch gegen rechtsextremistische Ideologien und Gruppen. Dies macht sie selbst nicht per se zu Extremist:innen, sondern die militanten bzw. autonomen Formen und die Radikalität, mit denen sie ihre eigenen Gruppenzielsetzungen verfolgen und spezifische Sonderrechte für sich selbst beanspruchen, die sie anderen Personen nicht zugestehen wollen, lässt diese Bewegungen extremistisch werden. Dies trifft insbesondere dann zu, wenn manche Mitglieder von linksgerichteten Bewegungen vor Einschüchterung, Gewaltanwendung und Sachbeschädigung nicht zurückschrecken, um ihre Ideale durchzusetzen, hierfür Aufmerksamkeit zu erhalten oder Gegner:innen anzugreifen.

Obwohl Antisemitismus grundsätzlich im linksradikalen Milieu abgelehnt wird, stellt der Aufruf zum Boykott von in Israel produzierten Waren, den die Bewegung BDS propagiert, explizit einen antiisraelischen Antisemitismus dar. Ebenfalls sind durch die Verbindungen von Teilen der Antifa und der Hamas durchaus gemeinsame, antisemitische Narrative nachzuzeichnen.

Auch konnten zum Teil antimuslimische und sexistische Narrative mit Blick auf manche linksgerichteten Gruppen festgestellt werden, die den prinzipiellen Ideen des Linksextremismus zuwiderlaufen. Dies trifft auf einige Vertreter:innen des radikalen Feminismus zu, einer Strömung, die als Gegenpol zum radikalen Paternalismus der Rechtsextremist:innen als kennzeichnend für den Linksextremismus bezeichnet werden kann und ideologisch prägend für den Linksextremismus ist.

Weibliche Motivlagen, Rollen und Ziele

Infolgedessen kann ein zentrales Motiv von Frauen, sich dem linksextremistischen Milieu zuzuwenden, im Wunsch nach individueller Befreiung von geschlechterbedingter oder sozial konstruierter Unterdrückung verortet werden. Daran schließen die Motivlagen Förderung von Geschlechtervielfalt und Bekämpfung von Sexismus an, die häufige Beweggründe linksorientierter Frauen sind. Die Rollen von Frauen im linksextremistischen Milieu variieren von der intellektuellen Ideologin, die sich politisch betätigt, bis zur autonomen Militanten, die durch aktivistische Taten versucht, ihre Zielsetzungen zu erreichen. Solidarität wird in diesem Zusammenhang in politischer, gesellschaftlicher aber auch juristischer Hinsicht, z. B. mit Blick auf die *Rote Hilfe,* eingefordert und den Mitgliedern zugestanden.

Der Verein Rote Hilfe e. V. weist über 12.100 Mitglieder auf und stellt eine der wichtigsten parteiunabhängigen Schutz- und Solidaritätsorganisation innerhalb des Linksextremismus dar, die für sämtliche Strömungen dieses Phänomenbereichs eintritt. Ziel dieser Gruppe ist die juristische sowie die finanzielle Unterstützung linksextremistischer Straftäter:innen vor und während der Haftstrafe. Ideologiebildung betreibt sie zudem über Publikationen und Aktionsformen wie Demonstrationen.[228]

Als individuelle Zielsetzung für ihr Engagement im Linksextremismus lässt sich für manche Frauen die Erlangung *absoluter Autonomie* rekonstruieren. Übertragen auf die sie umgebende politische und gesellschaftliche Situation kann dieses Ziel als der Wunsch nach Anarchie und (geschlechterbezogener) Herrschaftslosigkeit betrachtet werden. Freiheitsrechte werden hierbei als absolut betrachtet und der Zustand sozialer Gleichheit nur durch kommunistische oder anarchistische Idealvorstellungen als umsetzbar erachtet.

Instrumentalisierung von Geschlecht in den ausgewählten Bewegungen

Das Geschlechterverständnis der linksgerichteten Frauen ist moderner und heterogener als das der rechtsextremistischen, radikal-islamischen und verschwörungstheoretischen Bewegungen. Im Linksextremismus wird die Frau weder auf die Heteronormativität noch auf eine bestimmte berufliche oder gesellschaftliche Stellung, z. B. die der Mutter, Haus- oder Ehefrau, reduziert.

Politische Vorreiterinnen aus dem linkspolitischen Lager wie Rosa Luxemburg oder Clara Zetkin werden ikonisch verehrt – auch von männlichen Anhängern. An diese Vorbilder anknüpfend werden Frauen dazu ermutigt, wagemutig und aktivistisch zu sein und auch mit Blick auf militante Positionen im linksgerichteten Milieu nicht gegenüber den Männern zurückzustecken. Hierdurch erklärt sich die höhere Zahl von links-aktivistisch und gewaltbereiten Frauen gegenüber den bisher diskutierten Phänomenbereichen.

Weiblicher vs. männlicher Sexismus
Obwohl sich die Mehrheit der linksgerichteten Gruppen als fortschrittlich und die Geschlechtergerechtigkeit fördernd darstellt, konnte mit Blick auf Teilbereiche der extremen Linken festgestellt werden, dass es zu einer Art umgekehrten Sexismus kommt, bei dem die Frauen die Männer unterdrücken. Die Übernahme negativ (männlich besetzter) Rollenmuster und Ungleichbehandlungsstrukturen durch linksextremistische Frauen führt nicht dazu, dass Aggressivität, Unterdrückung und Dominanz akzeptabler werden. Vielmehr wird durch diese Adaption eines schlechten Verhaltens im ›weiblichen Gewand‹ nichts an dem zu beklagenden Missstand selbst verändert, sondern dieser nur anders gerahmt. Jedoch sollte weiblicher Sexismus ebenso wenig salonfähig gemacht werden wie es männlicher Sexismus zum Teil ist.

8 Extremistische Bewegungen mit Türkei-Bezug

Im Folgenden wird die Rolle von Frauen in *extremistischen Bewegungen mit Türkei-Bezug* diskutiert. Ihre Zielsetzungen sind äußerst heterogen und basieren sowohl auf fundamentalistischen religiösen Ideen im Falle von *Gülen* als auch auf ideologischen Idealvorstellungen rechts- und linksextremistischer Manier mit Blick auf die *Grauen Wölfe* bzw. die *PKK*.

Alle drei Bewegungen weisen eine umfangreiche Geschichte innerhalb der Türkei und mit Blick auf angrenzende Länder auf. Diese Verbindungen werden jedoch ebenso wie andere Aspekte, bspw. Verbindungen zur organisierten Kriminalität wie im Falle der PKK, im vorliegenden Teilbereich vernachlässigt, weil es hier vielmehr um die Rolle ihrer weiblichen Mitglieder geht. Diese bekleiden zum einen die Rolle der folgsamen Gläubigen, zum anderen betrachten sie sich als ›Freiheitskämpferinnen‹ für einen eigenen (kurdischen) Staat. Sämtliche der hier abgebildeten Frauen(-gruppierungen) sind wichtige Bestandteile des aktiven Widerstands gegen die bestehende türkische Politik, die sie gemäß ihrer Ideologien entweder in Theokratien (Gottesherrschaftssysteme) bzw. autoritäre Diktaturen umwandeln möchten. Dazu bekleiden die Frauen der ausgewählten extremistischen Bewegungen mit Türkei-Bezug unterschiedliche Positionen im Online- und Offline-Aktivismus und mobilisieren auf diese Weise weitere Anhängerinnen.

Spezifika extremistischer Bewegungen mit Türkei-Bezug

Zu 8.1 Gülen-Bewegung:

Der Marsch durch die Institutionen:

- Strategie der Gülen-Bewegung, die Türkei (im übertragenen Sinne: eine Gesellschaft) von *unten* zu reformieren.
- Die als *goldene Generation* (*altın nesil*) bezeichnete junge Generation soll dabei behilflich sein.

8 Extremistische Bewegungen mit Türkei-Bezug

Gülen-Trias: Selbstkontrolle (*muhasaba*) -> reine Absicht (*ihlas*) -> Dienst (Hizmet) an der Gesellschaft.
Leitspruch der Gülen Bewegung: *Ohne Islam gibt es keine Moral, ohne Moral keine Identität.*

Panislamismus:

- Ist eine Denkströmung, die sowohl religiöse als auch politische Inhalte vereint.
- Sie betont die kulturellen, historischen und religiösen Gemeinsamkeiten sämtlicher islamischer Gruppen mit dem Ziel der Errichtung eines universellen islamischen Staates bzw. Kalifats.

Zu 8.2 PKK

»Den Mann töten«: Ausspruch des PKK-Gründers Abdullah Öcalan.

- Bedeutung: Die Abkehr ›des‹ Mannes von Dominanz, Sexismus und gesellschaftlicher Vorherrschaft.
- Ziel: Die Einführung der Frauenherrschaft (*Matriarchat*) und Abkehr von der Männerherrschaft (*Patriarchat*).
- Das Matriarchat wird als Grundlage einer besseren und gerechteren Gesellschaft betrachtet.

Ez maya xo rê vajî (Kurmancî): »Lass es mich meiner Mutter erzählen.«

- Kurdische Redewendung, die die Bedeutung der Frau und matriarchale Ausrichtung (in) der kurdischen Gemeinschaft verdeutlichen soll.

Jineologie:

- Die Wissenschaft der Frauen, die in den Akademien der PKK gefördert wird.
- Dieser Begriff ist vom kurdischen Wort *jineolojî* abgeleitet.
- Inhalte:
  - Parameter der *kurdischen Selbstverwaltung* gemäß der Ideologie Öcalans, die Anleihen im Marxismus und Sozialismus aufweisen.
  - *Feminismus*: Befreiung der Frau, Selbstverteidigung gegenüber sämtlichen Gewaltformen (sexualisierte, häusliche, geschlechter- und gruppenbezogene)
  - *Ökologie*: Lebensraumerhaltung und Nachhaltigkeit

Jin, Jiyan, Azadî: Frau, Leben, Freiheit

- Ausruf des kurdischen Feminismus.
- Im Jahr 2022 von der iranischen Protestbewegung infolge des Tods von Jina Mahsa Amini, den diese durch die Gewalt der Sittenpolizei erfuhr, als Slogan der Widerstandsbewegung neu entflammt.

Zu 8.3 Die Grauen Wölfe

Panturkismus:

- Die Vorstellung, sämtliche turksprachigen Völker Vorder- und Zentralasiens, des Kaukasus, der Krim sowie der Wolga-Ural-Region unter einem großtürkischen Staat zu vereinen.
- Ausgangspunkt dieser Idee ist der Wunsch der ethnischen, kulturellen und politischen Einheit aller Turkvölker.

Türkisch-Islamische Synthese:

- Eine ultranationalistische türkische Ideologie, der zufolge die Türkei das Zentrum des Islam ist.
- Eine *ideale* türkische Politik würde demnach sowohl türkisch-nationalistische als auch islamische Bestandteile (untrennbar voneinander) aufweisen.
- *Ideale* Türk:innen sollen moralisch und religiös tugendhaft leben und handeln, da diese Eigenschaften im Einklang mit der türkischen Mythologie/Religion und Geschichte zu sehen seien.

8.1 Gülen-Bewegung (Hizmet)

Die *Gülen*-Bewegung, die nach ihrem Gründer Fethullah Gülen benannt ist, ist eine transnationale islamische Organisation. Im Gegensatz zur PKK und den Grauen Wölfen kann ihr kein direkter Gewaltbezug zugeordnet werden und ihre Vertreter:innen geben sich bewusst demokratieaffin. Zugleich fällt Gülen durch ein traditionelles Geschlechterbild, eine strikte Geschlechtertrennung, die im Einklang mit spezifischen Religionsvorstellungen zu stehen scheinen, und einen mystisch anmutenden Religionsgründer-›Kult‹ auf. Die Einordnung unter eine extremistische Gruppierung erfolgt an dieser Stelle nicht aufgrund einer unterstellten oder erwiesenen Verfassungsfeindlichkeit, sondern vielmehr aufgrund der seit Beginn der Bewegung beklagten

Intransparenz hinsichtlich ihrer tatsächlichen Geschlechtervorstellungen und ihrer religiösen Zielsetzungen. Diese würden laut Ralph Ghadban die Errichtung eines islamischen Staates beinhalten.[229] Frühere Mitglieder beklagen zudem eine permanente Überwachung ihrer Handlungen durch die Bewegung, die im Sinne einer ›Sittenpolizei‹ mit Blick auf religiöse und moralische Haltungen betrieben werde und nicht im Einklang mit demokratischen Vorstellungen der freien Meinungsäußerung und Lebensgestaltung von Bürger:innen zu sehen seien.

Kooperationspartner:innen der Gülen-Bewegung in Deutschland betonen hingegen deren Bildungs- und Dialogbereitschaft sowie die Toleranz gegenüber anderen Religionsangehörigen. Das erklärt, warum etliche Kooperationen mit der Bewegung im interreligiösen Dialog gepflegt werden.

Die Bewegung wird von ihren Anhänger:innen auch als »Hizmet« (Dienst) bezeichnet. Gemeint ist damit Gülens mystisches Ideal, seine Mitglieder erfüllten durch ihren Dienst an der Gemeinschaft ihren Dienst an Gott.[230] Sie verfügt über ca. vier Millionen Mitglieder. Diese sind insbesondere im Bereich der Erziehung, Bildung, Politik und Polizei in der Türkei tätig, aber auch in Deutschland sowie weiteren Ländern, u. a. Bosnien und Albanien. Etliche junge Menschen durchliefen bereits die Hochschultrainings der Bewegung, um die zentrale Hochschulaufnahmeprüfung in der Türkei zu bestehen und wurden in der Schule von Gülen rekrutiert. Auch Nachhilfeunterricht und Privatschulen gehören zum Bildungssektor-Netzwerk von Gülen.[231] Die Konzentration Gülens auf die Bildung folgt dem Prinzip der Bestärkung nachfolgender Generationen, die er als *goldene Generation (altın nesil)* bezeichnet. Diese sollte von *unten* – im Sinne einer Bottom-up-Strategie – »den Marsch durch die türkischen Institutionen antreten«, um diese durch Bildung im Sinne der Hizmet-Bewegung zu reformieren.[232] Die Strategie des Millî Görüş Gründers Erbakan fußte hingegen darauf, das türkische System von *oben* und zwar von innen heraus, durch politischen Aktivismus bzw. Parteigründungen, zu verändern.[233] Beide Gründer eint der Wunsch nach einer Transformation des türkischen Staates nach islamischem Vorbild, jedoch lehnt Gülen den Nationalismus ab und favorisiert hingegen gemäß des deutschen (islamischen) Konvertiten Murad Hofmann eine »Schurakratie, [ein] demokratisches System mit [der] Scharia als Verfassung«.[234]

Zusätzlich zum Bildungssektor verfügt Hizmet über eine Mediengruppe, die Tageszeitungen und Fernsehsender beinhaltet. Hierüber können ebenfalls spezifische Inhalte transportiert und weitere Anhänger:innen gewonnen werden.

Die Position der Gülen-Bewegung in der Türkei

Obwohl das türkische Militär der Bewegung zunächst eine Islamisierung der türkischen Demokratie unterstellte, indem sie die Medien, Bildungssektoren, Polizei und das Militär unterwandere, waren Recep Tayyib Erdoğan und Fethullah Gülen bis zum Jahr 2010 Verbündete. In diesem Jahr kam es zu einem Streit über einen Schiffskonvoi, der die israelische Gaza-Blockade durchbrach, was Gülen missfiel. Erdoğans AKP unterstützte diesen Vorstoß jedoch. In der Folge bekämpften sich beide Gruppen auf unterschiedliche Art und Weise: die gülennahen Mediensender warfen dem türkischen Präsidenten und seiner Familie u. a. im Jahr 2013 Steuerhinterziehungen und den negativen Umgang mit Kurd:innen vor, während Erdoğan Gülen-Mitglieder politisch und juristisch verfolgen ließ. Im Jahr 2014 wurde die Polizei von Gülen-Anhänger:innen ›gesäubert‹, im darauffolgenden Jahr Gülen-Schulen geschlossen. Im Jahr 2016 unterstellte Erdoğan der Gülen-Bewegung einen Putschversuch und verhaftete in der Folge zahlreiche Justizmitarbeiter:innen, viele Gülen-Mitglieder flohen im Zuge der Prozesse gegen diese Bewegung ins Ausland. Einige Wissenschaftler:innen bezweifeln die Authentizität dieser Hypothese des türkischen Präsidenten im Zusammenhang mit den Ereignissen des Jahres 2016 in der Türkei.

Religiöse Zielsetzungen

Die religiöse Ausrichtung der Gülen-Bewegung orientierte sich zunächst an der islamischen Reformbewegung *Nurculuk* (Lichtanhänger) des kurdisch stämmigen Gelehrten *Said Nursî*, bevor man getrennte Wege ging.[235] Nursî strebte eine Revitalisierung des Islam in der Türkei an. Damit trat er in Opposition zur Reformpolitik Mustafa Kemal Paschas (genannt *Atatürk*, Vater der Türken) und den marxistisch-leninistischen Zielsetzungen kurdischer Bewegungen. Die *Lichthäuser (ışık evleri)*, in denen ambitionierte Studierende und Schüler:innen leben, orientieren sich an dieser Tradition des Lichts, in Anlehnung an eines der Hauptwerke Nursîs *Risale-i Nur Külliyatı* (Botschaft des Lichts).[236] Ein:e Adept:in ordnet sich zunächst einem älteren Bruder oder einer älteren Schwester der *Cemaat* (Gemeinschaft) unter, widmet sein/ihr Leben dem Islam sowie dem Studium Nursîs und Gülens Werken. Die Lichthäuser sind nicht jedem zugänglich, weshalb weitere Rekrut:innen über die öffentlich zugänglichen Nachhilfeschulen (*dershane*) hierfür geworben wer-

den.[237] Bekim Agai betrachtet »die Aktivitäten der Cemaat im säkularen Sektor« als ›Islamisierung‹ des alltäglichen Lebens«.[238]
Ebenso wie Nursî verfolgte auch Gülen die Idee eines panislamischen Staates und die Wiedereinführung der Scharia, deren Seele der Sufismus sei.[239] Gülens Bewegung sieht sich der Tradition des Osmanischen Reiches verpflichtet, was eine geographische Ansiedlung der Bewegung in Regionen der sogenannten Turkvölker (Turkmenistan, Usbekistan, usw.) erklärbar macht. Die ›heiligen Anführer‹ sind der Gülen-Ideologie zufolge die Lehrer, die die »Schule [als] eine Art der Gottesverehrung« verstehen.[240] Die Evolutionstheorie zieht Gülen zwar in Zweifel, bewegt sich damit aber im Rahmen seiner Lehre, die Wissenschaft und Zweifel dennoch fördern möchte, da aus dieser Haltung das Streben nach Bildung erwachse.[241]

Als Sufi betrachtet Gülen es als Pflicht der Gläubigen, die *innere und äußere Dimension* eigener Strebsamkeit zu fördern. Zur inneren Dimension gehört die permanente Selbstkontrolle (*muhasaba*) durch »Aufrichtigkeit und Selbstlosigkeit«, durch die man zur »islamischen Tugend der reinen Absicht (*ihlas*)« gelangen soll. Die äußere Dimension ist der zuvor erörterte Dienst an der Gesellschaft.

Ohne Islam könne es keine Moral (*kişilik*) geben, die zugleich identitätsstiftend sei.[242] Der Umkehrschluss legte nahe, dass es aus der Sicht der Bewegung ohne Islam keine (gleichwertige) andere Identität geben könnte. Es ist insofern fraglich, wie die Gülen-Bewegung andere Menschen ohne islamische Religionszugehörigkeit (tatsächlich) beurteilt.

Gülen in Deutschland

Seit dem Jahr 1990 ist die Gülen-Bewegung mittels *Stiftung Dialog und Bildung* mit Sitz in Berlin in Deutschland aktiv.[243] Der Vorsitzende Ercan Karakoyun trat im Jahr 2014 erstmals als Sprecher des Gremiums in Erscheinung.[244]

Darüber hinaus gehören die *Foren für Interkulturellen Dialog* (FID e. V.) zum Gülen-Netzwerk. Prominente Förderer des FID waren bspw. die Politiker:innen Rita Süssmuth und Omid Nouripour.[245] Die *Gesellschaft für Bildung und Förderung GmbH* sowie die *Initiative für Bildung und Erziehung gemeinnützige GmbH* (IBEB) mit Sitz in Berlin, die Gülen-Schulen repräsentiert und ein klares Bekenntnis zur Ideologie der Bewegung von den Eltern fordert, stellen weitere Gülen-Strukturen in Deutschland dar.

Kritiker bezweifeln die säkulare Ausrichtung der Gülen-Organisationen und mutmaßen eine Steuerung dieser über Imame in der Türkei.[246]

Frauen in der Gülen-Bewegung

Gülens Frauenbild orientiert sich sowohl in der Türkei als auch in Deutschland an der islamischen (Geschlechter-)Tradition und ist folglich biologistisch aufgebaut:

»Meiner Meinung nach sollten Männer und Frauen wie zwei Seiten einer Wahrheit, zwei Seiten einer Medaille sein. Frauen sind ohne Männer nichts, und Männer sind ohne Frauen nichts; zusammen wurden sie erschaffen.«[247]

Günter Seufert führt aus, dass laut Gülen das Zeugnis der Frau vor Gericht nur halb so viel wert sei wie das des Mannes.[248] Zugleich gesteht der Hizmet-Begründer Frauen grundsätzlich jede berufliche Position zu, sei es die der Soldatin (*asker*) oder der Ärtzin (*hekim*). Das klingt von außen betrachtet widersprüchlich, ergibt jedoch in der inneren Argumentationslogik über die physische und psychische Beschaffenheit der Geschlechter, die Gülen im Sinne der zuvor erwähnten biologistischen Auslegungsweise bemüht, Sinn. Insofern könne jede Frau jeden Beruf ergreifen, fraglich sei jedoch, ob sie dies schaffe und selbst wolle.

So mutet die nach außen repräsentierte Geschlechtergerechtigkeit der Gülen-Bewegung zuweilen wie ein Zugeständnis an die Umgebung der deutschen Mehrheitsgesellschaft an, obgleich die Erziehung der nachfolgenden Generationen durch ihre Eltern und den Druck der Gemeinschaft durchaus in traditionellen Rollenmustern zu verbleiben scheint.[249]

Das Beispiel einer älteren oder größeren Schwester (*abla*), die im Dienste Gülens tätig ist, ist das der Internatsleiterin Sümeyra Akpolat in Jettingen-Scheppach, über die die Süddeutsche Zeitung im Jahr 2019 mit Blick auf ein Schulzentrum zwischen Augsburg und Ulm berichtete. In ihrem Internat habe es spezifische Verhaltensregeln und Bekleidungsvorschriften für Mädchen gegeben, die z. B. während des Gebets nicht geschminkt sein durften. Die angegliederte Schule habe zudem eine türkische Lehrerin aufgefordert, »die Hälfte ihres Gehalts an die Schule zurückzuspenden«. Verbindungen nach Bosnien, zu der Nachfolgeorganisation *Bosna Sema*, das dem amerikanisch-britischen Gülen-Netzwerk nahestehen soll, wurden von den Repräsentant:innen des Schulzentrums geleugnet, obgleich der Ehemann Akpolats Sadettin, als Geschäftsführer des Gülen-Trägers *Vision Privatschulen* (2017 in Mindeltal-Schulen umbenannt), Mitglied eines Lichthauses sowie Lehrer für einen seiner Nachhilfevereine war.[250]

Demokratieaffine Organisationen zeichnen sich grundsätzlich durch Offenheit, Transparenz und Klarheit hinsichtlich ihres Aufbaus, ihrer Strukturen, Mitglieder und Zielsetzungen aus. Eben jene Intransparenz, die mit Blick auf das zuvor benannte Schulzentrum und dessen Repräsentant:innen bespielhaft in Bezug auf das Gülen-Netzwerk, dessen ideologischer sowie religiöser Ausrichtung der Bildungsinhalte dargestellt wurde, lassen Zweifel hinsichtlich den tatsächlichen Zielsetzungen dieser Bewegung aufkeimen.[251]

8.2 PKK (Kurdische Arbeiterpartei) – Töchter der Berge

Die kurdische Arbeiterpartei (*Kurmandschi Partiya Karkerên Kurdistanê*, PKK) betrachtet sich selbst als Widerstandsbewegung gegen die ›Unterdrückung‹ ihrer Ethnie durch den türkischen Staat und tritt für eine Unabhängigkeit kurdischer Gebiete ein. Sie operiert im Südosten der Türkei, Nordsyrien und dem Nordirak. Sie besitzt einen politischen Zweig (*Civata Demokratîk a Kurdistan*, Koordination der kurdisch-demokratischen Gesellschaft in Europa) und einen militärischen Zweig (*Hêzên Parastina Gel*, Volksverteidigungskräfte, HPG – früher: *Artêşa Rizgariya Gelê Kurdistan*, Volksbefreiungsarmee Kurdistans, ARGK).[252] Ihre Schwesterparteien sind im Iran, Irak und Syrien tätig.

Ideologie und Extremismusbezug

In der Türkei wird die PKK als Terrororganisation eingestuft, in Deutschland ist sie seit dem Jahr 2004 verboten, obgleich die Partei Die Linke im Jahr 2014 den Versuch unternahm, die Bewegung von der Terrorliste streichen zu lassen. Die PKK ist sozialistisch orientiert und bedient sich in ihren Kampfverbünden (HPG) militärischer Mittel. Einer der Gründe, warum sie verboten wurde, besteht in ihrer Befürwortung von Gewalt(-anwendung) um die kollektiven Zielsetzungen zu erreichen.[253]

Am 12. Mai 2025 verkündete »die PKK ihre Auflösung und das Ende ihres jahrzehntelangen Kampfes gegen den türkischen Staat«. Sie habe die »historische Mission [...] durch ihren bewaffneten Kampf erfüllt« und sei »nun an einen Punkt« angelangt, an dem die »kurdische Frage [...] durch eine demokratische Politik gelöst werden kann«.[254] Fraglich ist, ob sich alle Splittergruppen der PKK an diese Auflösung und das Kampfverbot halten werden und ob ein Friede sowie eine politische Partizipation für Kurd:innen dauerhaft in der Türkei möglich sein wird oder ihnen nur gegenwärtig von der türkischen Regierung in Aussicht gestellt wird, um eine dritte Amtszeit Präsident Erdoğans zu ermöglichen.

Ihr Gründer Abdullah Öcalan wird auch *Serok Apo* (Führer Apo) von seinen Anhänger:innen genannt und als Nachfolger Abrahams verehrt, der alle Menschen zur Gerechtigkeit führe. Die eigene Individualität wird dabei den kollektiven Zielsetzungen untergeordnet. Öcalan verfolgte die Absicht, einen autonomen kurdischen Staat zu errichten, wobei dieses Ziel durchaus mit Waffengewalt und Anschlägen gegenüber türkischen Institutionen und Repräsentant:innen einhergehen kann bzw. konnte. Wie zuvor erwähnt rief Öcalan im Jahr 2025 zur Niederlegung der Waffen auf und erklärte die PKK für beendet. Fraglich ist, inwiefern dies ihre Anhänger:innen davon abhalten wird, die Unabhängigkeit Kurdistans durch eigene Aktionen voranzutreiben.[255]

Mitte der 1980er Jahre trat die PKK durch verstärkte Demonstrationen und Attentate auf (religiöse) Einrichtungen von Türk:innen in Erscheinung. Sie forderte Solidarität von Deutschland in ihrem ›Freiheitskampf‹. Dabei billigte sie zum Teil den Einsatz von Kindersoldaten und schreckte nicht vor der Ermordung ehemaliger Mitglieder zurück. Ebenso gibt es Verstrickungen der PKK in den Waffen- und Drogenhandel, der vermutlich ähnlich wie bei anderen ›Freiheitsorganisationen‹, (auch) zur Finanzierung dieses ›Kampfes‹ dient.[256]

Im Zuge der globalen Allianz gegen den IS beteiligte sich die PKK mit ihren militärischen Gruppen an diesem Kampf. Hierbei traten auch innerkurdische Partikularinteressen, z. B. in Bezug auf die von den USA unterstützten Peschmerga, zutage. Beide Gruppen verfolgen neben der Befreiung der Region auch darüber hinausgehende territoriale Herrschaftsinteressen für ihre kurdischen Gebiete.[257]

Frauenförderung und Geschlechtergerechtigkeit der PKK

Grundsätzlich strebt die PKK die Egalität ihrer männlichen und weiblichen Mitglieder an. Dies lässt sich zum einen an der Doppelspitze der PKK, die mit einem Mann und einer Frau besetzt ist, erkennen. Militärische Manöver werden immer von Vertreter:innen beider Geschlechter befehligt. Da die Kurd:innen auch mit Bezug auf ihre Religionsausübung, bspw. das Alevitentum, keine Geschlechtertrennung praktizieren, wird diese Form der Gleichberechtigung auch in der PKK praktiziert.

Die Frauen schließen sich der PKK aufgrund unterschiedlicher Beweggründe an. Zum einen fühlen sie sich in dieser Bewegung gegenüber den

Männern gleichberechtigt, da sie sowohl den Dienst an der Waffe erlernen als auch aktiv bei unterschiedlichen Aktionsformen der PPK teilnehmen dürfen. Viele der weiblichen Rekrutinnen stammen aus dörflichen Verhältnissen, in denen sie zumeist ab dem Alter von 13 Jahren zwangsverheiratet werden (können). Durch den Militärdienst bei der PKK entgehen sie diesem Schicksal, sexueller Gewalt in der Ehe, frühen Geburten und erleben zugleich eine Anerkennung ihrer Arbeit auf Augenhöhe mit den Männern. Tatsächlich ist es so, dass weibliche Mitglieder, die im Kampf umgekommen sind, in einem größeren Ausmaß als Märtyrerinnen verehrt werden als dies der Fall bei gefallenen Männern ist.

Die Kehrseite dieser Aufstiegschancen für Frauen ist jedoch der Zwang, als Jungfrau in die Bewegung einzutreten. Liebesbeziehungen zu männlichen Mitgliedern sind ihnen untersagt, ebenso Eheschließungen oder Schwangerschaften. Frauen, die diesen Regeln zuwiderhandeln, werden aus der Gemeinschaft ausgeschlossen und erleiden nach ihrer Rückkehr in die dörflichen Strukturen eine ähnliche Ablehnung und Herabwürdigung als Frau wie im Fall der LTE mit Blick auf ausgeschiedene weibliche Mitglieder zu beobachten war.

Ein wichtiger Bestandteil der PKK sind *Frauen- und Jugendgruppen* (*Komalên Ciwan*), die für die Mobilisierung neuer Anhänger:innen und den Kampf der Gruppe bedeutend sind. Hierzu zählt die *Gemeinschaft erhabener Frauen* (*Koma Jinen Bilind*) als Dachorganisation und die damit verknüpfte *Partei der freien Frau in Kurdistan* (*PAJK, Partiya Jiyana Azad a Kudistanê*). Die *Union der Freien Frauen* (YJA, *Yekîtîya Jinên Azad,*) ist für die Ideologie verantwortlich, während YJA STAR die Kampfverbände darstellen.[258] Die Frauenorganisationen beklagen in diesem Zusammenhang die dreifache Unterdrückung der Frauen durch die Türkei aufgrund ihrer kurdischen Ethnie, infolge eines etablierten (globalen) Kapitalismus und der Unterdrückung als Frauen innerhalb der kurdischen Community.[259] Diese Unterdrückungstrias wird auch von den zuvor thematisierten linksextremistischen Gruppen (siehe ▸ Kap. 7) öffentlich beklagt.

Ein weiterer gemeinsamer Anknüpfungspunkt zwischen den zuvor benannten, linksextremistischen Gruppen und der PKK ist ihr Kampf gegen den Rechtsextremismus. Die PKK kämpft zu diesem Zweck seit den 1970er Jahren gegen die rechtsextremistische Gruppe der Grauen Wölfe, die ebenfalls in diesem Unterkapitel thematisiert wird. Ebenso wie im deutschen Linksextremismus dieser Zeit entstand aus linksorientierten Hochschulgruppen und marxistisch-leninistischen Organisationen das Credo, die Gesellschaft durch eine Revolution und den Einsatz eines Guerillakrieges grundlegend zu verändern.

Militärische Kampfverbünde für Frauen

Der weibliche Kampfverband der PKK firmiert wie zuvor bereits benannt unter der Bezeichnung YJA STAR. Der zweite Namensteil »Star« bezieht sich auf die mesopotamische Göttin Ishtar, die Göttin des Krieges und des Begehrens, deren Symbol der achtzackige Stern ist. Ein Stern ist auch das Erkennungssymbol der Kampfverbände der PKK.[260]

YJA STAR favorisiert einen demokratischen Konföderalismus und die Befreiung der Frau nach dem Prinzip der *Jineologie*, der Wissenschaft der Frau, die vom PKK-Begründer Öcalan unterstützt wird:

> »Das erste Ziel des Frauensystems ist es, ein freies Leben aufzubauen. Es hat viele Revolutionen gegeben, aber ein freies Gleichgewicht zwischen Männern und Frauen konnte nicht erreicht werden. Jetzt behaupten wir, dass wir durch die Frauenrevolution eine echte Revolution schaffen werden. Der echte Sozialismus wird über einen revolutionären Weg geschaffen. Der demokratische Konföderalismus ist nicht nur ein System. Wir wollen, dass die Menschen, die Teil des konföderalistischen Systems sind, bei sich selbst Veränderungen vornehmen. Viele Organisationen, viele Ideologien, viele Auffassungen können in diesem System zusammenleben. So ist unsere Auffassung einer demokratischen Nation. Alle Völker leben unter der Führung der Frauen zusammen.«[261]

Kurdischer Feminismus – Sprache schafft Wirklichkeit

Der *kurdische Feminismus* basiert auf Öcalans Aussage, dass die Freiheit eines Landes sich an der Freiheit der darin lebenden Frauen bemessen lasse.[262] Folglich gehört diese Form des Feminismus auch zur ideologischen Maxime Rojavas, der kurdischen Selbstverwaltungszone in Nord- und Ostsyrien.[263] Zur Dekonstruktion von Machtverhältnissen gehört für die weiblichen kurdischen Kämpferinnen auch das Erlernen von geschlechterbezogener und unterdrückender Sprache, die Teil eines »sexistischen Systems« seien. Im Zuge der Jineologie würde erlernt werden, das »System der kapitalistischen Moderne« abzulehnen, um eine gesellschaftliche Freiheit wiederherzustellen, die »das europäische System« nur symbolisch beiden Geschlechtern anbiete, während in der Realität der Mann diese Gesellschaften dominiere:

»Die heute gesprochene Sprache ist männlich und sexistisch. Wir kämpfen auch um die Sprache. Kurmancî und Kirmanckî ist die Sprache der Frauen. Es gibt ein Sprichwort in Kirmanckî: »Ez maya xo rê vajî«, was soviel bedeutet wie »Lass es mich meiner Mutter erzählen«. Das ist zum Beispiel im Türkischen nicht der Fall, dort sagt man »Efendime söyleyeyim«, also »Lass es mich meinem Herrn sagen«. Man spricht den Mann an. Aber im Kurdischen spricht man die Mutter an. Das Fundament des kurdischen Volkes ist auf der Kultur der Mutter und der Frau aufgebaut. Auch hier sind Anstrengungen notwendig, um die Männer zu verändern.«[264]

Die Verknüpfung zwischen weiblicher Diskriminierung durch Bildungs- und Sprachhoheit sowie die Ablehnung bestimmter, als imperialistisch und sexistisch verstandene Systeme greift genuin linksgerichtete Ideologien auf.

Der Kampf der Geschlechter

Die Stärke der Frau besteht laut YJA STAR demnach darin, die Männer durch Bildung, den Diskurs und eine ständige Ansprache zu verändern, um die Lebenswirklichkeit von Frauen und Männern zu verbessern, die derzeit von sexueller Gewalt bestimmt werde:

»Er sollte sich schämen. Denn dieses kapitalistische System schafft einen vergewaltigenden Mann. Es schafft eine Vergewaltiger-Mentalität. Wie sehr sich der Mann dessen bewusst ist oder nicht, ist eine andere Sache, aber so formt das System den Mann. Deshalb sollten sich die Männer vor den Frauen schämen, sich selbst kritisieren und korrigieren. Ein Mann, der ein Kämpfer, ein Freigeist, ein Demokrat sein will, muss zuerst seine Männlichkeitsmerkmale ändern. Er darf zum Beispiel die Frauen nicht unterschätzen, er muss sie als menschliche Wesen sehen. Aber auch die Rolle der Frauen ist sehr wichtig. Frauen sollten bewusst auf Männer zugehen. Da es keine Gleichheit zwischen den beiden Geschlechtern gibt, gibt es immer Krieg. Es kann nie ein friedliches Leben geben. Deshalb müssen sich die Frauen aufklären und befreien und organisiert handeln. Auch die Männer müssen sich weiterbilden und befreien.«[265]

Die Befreiung der Frau beinhaltet auch die Prävention sogenannter Morde an Frauen im Namen der ›Familienehre‹, von Kinderehen und sämtlichen anderen Formen häuslicher Gewalt gegenüber Frauen, die in der kurdischen sowie türkischen Gesellschaft noch verstärkt anzutreffen sind.[266] Die Frauen der YJA STAR betrachten es zudem als Ausdruck ihrer solidarischen Haltung, »im globalen Maßstab [...] misogyne, femizidale Politik durch Solidarität und Widerstand zu überwinden.«[267] Diese Argumentation ist sowohl für feministische Gruppierungen als auch für linksgerichtete Bewegungen anschlussfähig. Die Kämpferpose, die sie dabei bewusst einnehmen, ist insbesondere für Frauen interessant, die selbst in den aktiven ›Widerstand‹ gehen möchten, wie die folgende Abbildung (▸ Abb. 26) verdeutlicht.

Auf dem Bild ist eine YJA STAR Gruppe in drei Reihen mit insgesamt zehn Kämpferinnen in grüner Tarnfleckenkleidung vor einem steinernen Hintergrund zu sehen. Die Flagge der HPG ist hinter ihnen am Fels befestigt. Besonders auffällig ist, dass die Frau ohne Kopftuch, die möglicherweise die Kommandantin dieser Fraueneinheit ist, auch ihren Hals und den Ansatz ihres Unterhemdes zeigt. Ihr Gesicht ist in besonderer Weise durch die Ausleuchtung hervorgehoben. Die anderen Kämpferinnen verhüllen sich – vermutlich, um nicht wiedererkannt zu werden. Beide Frauen in der vorderen Reihe tragen eine schwarze Uhr am linken Handgelenk. Ob dies ein versteckter Hinweis auf ihre politische Ausrichtung oder nur eine persönliche Disposition ist, kann nicht abschließend geklärt werden. Grundsätzlich kann man sagen, dass Linkshänder:innen in autoritären, patriarchalen Strukturen nur das Schreiben mit der rechten Hand und das Tragen der Uhren am rechten Handgelenk erlaubt war.

Abb. 26: YJA STAR-Kämpferinnen in militärischer Pose[268]

Den Mann töten

Im Gegensatz zum IS stellt die YJA STAR ein Empowerment für eine feministische Kämpferin dar, die für das Matriarchat kämpfen möchte. Besê Erzincan aus der Koordination der KJK (Gemeinschaft der Frauen Kurdistans) fasste dabei in einem Interview das Credo des PKK Anführers Öcalan »den Mann töten« wie folgt zusammen:

> »Aber der Mann hat ein System erschaffen, in dem er die ganze Gesellschaft nach seinen eigenen Interessen gestaltet. Er hat den Willen der anderen Teile der Gesellschaft zerstört. Deshalb ist die Tötung des Mannes ein Grundprinzip des Sozialismus und des freien Lebens. Wenn wir von der Tötung des Mannes sprechen, dann ist das natürlich nicht im physischen Sinne gemeint. Es geht um die Vernichtung der männlichen Vorherrschaft, insbesondere in der Wahrnehmung, der Persönlichkeit, dem Leben, dem Zuhause und der Politik. Unser Kampf in Kurdistan unterscheidet sich von anderen Revolutionen. Wir führen einen tieferen und sehr vielschichtigen Kampf in Bezug auf den Geschlechterkampf.«[269]

Neben dem Aspekt des Feminismus ist auch die Ökologie, für die sich die YJA (STAR) einsetzt, als Thema anschlussfähig für viele junge Frauen aus dem Feld linker bis linksradikaler Ökologiebewegungen. Diese Kompatibilität gilt nicht nur mit Blick auf diese aktuellen Themen, sondern ist insbesondere für die weiblichen Interessentinnen attraktiv, die dazu bereit sind alles andere für die eigene Ideologie zu opfern – inklusive sich selbst.[270]

Die Frauen organisieren sich darüber hinaus auch in Form von PKK-Frauenkongressen mit eigener Leitungsriege, bspw. die Freiheitsbewegung der Frauen Kurdistans (*Tevgera Azadiya Jinên Kurdistan*, TAJK).

Zusätzlich zu den politischen und feministischen Ideologien Öcalans, die die Frauen in den Jineolojî-Akademien erlernen, erhalten sie auch eine militärische Ausbildung. Der Anteil der Frauen, die gegen den IS, die Freie Syrische Armee (FSA) und die türkischen Kräfte in Rojava kämpfte, betrug 40 Prozent.[271] Der Personenkult um Öcalan begründet sich zum einen darauf, dass er die kurdische Minderheit politisch und strategisch anführt. Zum anderen erhalten die Frauen durch ihn eine Stärkung ihrer Rechte und eine Aufwertung ihres Geschlechts, Zugang zu Bildung, Führungspositionen und militärische Ausbildung, Betätigungsmöglichkeiten, die für sie exzeptionell sind. Folglich ist Öcalan für sie in doppelter Hinsicht eine Ikone, bedeutet er zugleich persönliche Freiheit und Gleichberechtigung für die Frauen.

Die Entwicklung der weiblichen Kampfverbände erfolgte sukzessive. Die Frauen waren zuerst Mitglieder in den Männerverbänden, jedoch wurden ab dem Jahr 1993 auf Anweisung Öcalans einige Einheiten für Frauen begründet, nachdem deren Zahl anstieg. Bekannt wurden sie für ihre Selbstmordattentate in den 1990er Jahren, die in der Tradition anderer weiblicher Guerilla-Mitglieder zu sehen sind, die zu Beginn dieses Buches thematisiert wurden.[272] Mit Blick auf die YJA STAR wurden u. a. die Frauen Zeynep Kınacı alias *Zilan* sowie die Deutsche Andrea Wolf alias *Ronâhî* (Licht) zu Ikonen weiblicher Märtyrerinnen.[273] Zilan sprengte sich als Selbstmordattentäterin im Zuge einer militärischen Feierlichkeit im Jahr 1996 in Dersim in die Luft. Dabei starben mehrere türkische Soldaten und über 30 Zivilist:innen wurden verletzt. Sie verfolgte mit ihrer Tat drei Ziele: die Freiheitsbemühungen der PKK voranzutreiben sowie ein Zeichen für die Befreiung der Frau und gegen den Imperialismus zu setzen. Die PKK zelebriert ihr zu Ehren jährlich ein Frauenfestival in Deutschland.[274]

Wolf stellt in diesem Zusammenhang eine schillernde Persönlichkeit dar: Sie stammt gebürtig aus Deutschland und schloss sich dort dem linksradikalen Milieu an. Sie sympathisierte u. a. mit der RAF und machte durch Brandstiftungen wie Hausbesetzungen auf sich aufmerksam, wofür sie mehrfache Haftstrafen verbüßen musste. Sie war eine erklärte Globalisierungs-, Imperialismus- und Faschismusgegnerin und engagierte sich sowohl aktivistisch im autonomen als auch ideologisch, z. B. durch Redebeiträge, im linksradikalen Milieu. Darüber hinaus vernetzte sie sich mit südamerikanischen weiblichen Guerillaverbänden und absolvierte in diesem Kontext Kampftrainings.[275] Nach ihrer Liaison mit dem linksradikalen V-Mann Klaus Steinmetz genoss sie im deutschen linksradikalen Milieu keine Reputation mehr und schloss sich der YJA STAR im Jahr 1996 an.[276] Vor Ort wurde sie militärisch ausgebildet und kämpfte u. a. für die YJA STAR gegen die türkische Armee. Im Zuge ihrer dortigen Beteiligung soll sie im Jahr 1998 vom türkischen Militär als Terroristin gefangengenommen und getötet worden sein. Belege für die Tatumstände ihres Todes oder ihr tatsächliches Ableben sind bislang nicht als gesichert vorhanden.[277]

Das Beispiel der YJA STAR verdeutlicht, dass die transnationalen Bündnisse des linksextremistischen weiblichen Milieus ebenso ausgeprägt sind wie die des rechtsextremistischen Feldes. Allerdings steht für viele YJA STAR-Kämpferinnen fest, dass eine Rückkehr zum mesopotamischen Vorbild des Matriarchats in der Gegenwart, die Situation für die Menschheit insgesamt verbessern würde, während die rechtsextremistischen Gruppen mit und ohne Türkeibezug vielmehr ein Patriarchat anstreben und die Gleichheit von Männern und Frauen ablehnen, wie das folgende Zitat verdeutlicht:

> »Wir führen einen tieferen und sehr vielschichtigen Kampf in Bezug auf den Geschlechterkampf. Wie waren andere Revolutionen? Andere Revolutionen blieben formal. Es gab wenig Veränderungen im Leben und in der Persönlichkeit, es wurden keine radikalen Veränderungen vorgenommen. Vor allem die Männer haben sich nicht verändert. Es ging nur um eine einzelne Klasse, eine einzige Nation. Aber unsere Revolution basiert auf Frauen, denn Frauen werden am meisten

unterdrückt. Rêber Apo [Öcalan] sagte, dass vor allem Frauen Freiheit brauchen. Wenn die Frauen nicht frei sind, kann die Gesellschaft nicht frei sein. Wenn wir uns das tägliche Leben von Männern ansehen, wird ihre Dominanz in ihrem Stil, ihrem Gang, ihrer Haltung, ihrer Sprache und ihrer Vorgehensweise deutlich. Rêber Apo sagt, dass ein solcher Mann nicht frei sein kann. Dieser Mann muss diese Eigenschaften abtöten. Er muss seine Beziehungen zu den Frauen und zur Gesellschaft ändern, seine dominanten Eigenschaften abtöten, sie überwinden und sich als freier Mann neu erschaffen.«[278]

8.3 Graue Wölfe (Ülkücüler) – Die Wölfin als Mutter der Bewegung

Die Sammelbezeichnung *Graue Wölfe* (türkisch: *Bozkurtlar; Bozkurtçular*) fasst unterschiedliche türkische Rechtsextremist:innen zusammen: Darunter befinden sich Gruppen wie die MHP (*Miliyetçi Hareket Partisi*, Nationalistische Bewegung), eine ultranationalistische, rechtsextreme türkische Partei, und die *Partei der Großen Einheit* (BBP). Sie bezeichnen sich selbst als *Ülkücüler* (Idealisten). Dieser Begriff ist auf Mustafa Kemal Pascha (Atatürk, ›Vater der Türken‹), den Begründer der türkischen Republik, zurückzuführen. Nach der Niederlage des Osmanischen Reiches infolge des Ersten Weltkrieges führte er das Jungtürken-Programm fort und forderte darin nicht nur die Einheitlichkeit von Sprache, Glauben und Abstammung, sondern diese auch mit Blick auf das ideologische Wertesystem, so dass sich die türkische Nation verbinden sollte. Die Kemalist:innen verwendeten für dieses ideologische Einheitsdenken den Terminus *Ülkü* (Ideal). Die Nation sollte ihrer Ansicht nach als Einheit auftreten und dieses Ideal zusammen verfolgen.[279] In den *Ülkü Ocakları* (Idealistenclubs) werden insbesondere junge Anhänger:innen ideologisch indoktriniert und in die MHP- und Verbandsstrukturen eingewoben.[280]

Laut Ismail Küpeli sei »die türkische extreme Rechte mit mehr als 12.000 Anhänger:innen in Deutschland [...] die zweitstärkste rechtsextreme Kraft in Deutschland«. An erster Stelle stehe die AfD »mit 52.000 Mitgliedern«.[281]

Seit dem Militärputsch 1980 wurde die sogenannte *Türkisch-Islamische Synthese* zur offiziellen Staatsdoktrin. Dabei handelt es sich um eine ultranationalistische türkische Ideologie, die die Türkei als Zentrum des Islam überhöht. In diesem Zusammenhang wird die türkische Politik als das Resultat türkisch-nationalistischer sowie islamischer Kernelemente betrachtet. *Ideale* Türk:innen sollen sowohl eine tadellose Moral als auch Religiosität aufweisen, die als Grundlagen der türkischen Religion und Geschichte betrachtet werden.[282]

Der Beginn der Türkisch-Islamischen Synthese kennzeichnet eine Abkehr vom säkularen Kemalismus und eine Hinwendung zu einer islambasierten Politik innerhalb der Türkei, die rein sunnitisch-hanafitisch geprägt ist. Hierdurch wuchs der Einfluss rechtsgerichteter islamischer Parteien im Land. Diese Bewegung strebt eine ›einheitliche‹ ethnische und islamische Türkei an. Infolgedessen bezeichnet sie als *ethnische Minderheiten* Gruppen wie Kurd:innen und Alevit:innen, Andersgläubige (Christ:innen und Jüd:innen) sowie politisch anders ausgerichtete Gruppen, insbesondere unter westlichem oder kommunistischen ›Einfluss‹ stehende Parteien und Organisation.[283] Sie ist homophob, sexistisch und vertritt einen ausgeprägten Führerkult, Verschwörungstheorien, insbesondere mit Blick auf Israel und die USA.[284] In Deutschland gibt es Verbindungen zum gewaltbereiten Rocker-Milieu mit Blick auf die Gruppen *Osmanen Germania*, die im Jahr 2018 verboten wurde, und *Turkos MC*.[285]

Der Antisemitismus und die Ablehnung des Staates Israel durch die Grauen Wölfe stellt ein verbindendes Element mit radikal-islamischen Gruppen, bspw. der Hamas, dar. Die rechtsextremistisch orientierte MHP entwickelte zu Beginn Kommandoeinheiten für den Straßenkampf gegen Gegner:innen, die laut Lena Wiese am Vorbild der nationalsozialistischen SS organisiert gewesen seien.[286]

Erkennungsmerkmale

Der *Wolfsgruß* – Daumen, Mittel- und Ringfinger werden zusammengeführt, der kleine Finger und der Zeigefinger aufgestellt – wurde in den 1990er Jahren durch Alparslan Türkeş, den Begründer des türkischen Rechtsextremismus, als politisches Erkennungszeichen dieser Bewegung eingeführt. Er versinnbildlicht den Exkurs zum zentralasiatischen Tiefland Turan, auf das sich der Gründungsmythos der Türkei und die pantürkische Großreich-Ideologie dieser Bewegung hinsichtlich der anderen Turkvölker stützen. Die Details hierzu werden im Zuge der Diskussion der Grauen Wölfinnen detailliert dargestellt. Der Wolfsgruß sowie der graue Wolf im Halbmond und drei weiße Halbmonde auf rotem Grund, wie sie z. B. *Turkos MC* verwendet, stellen folglich die Erkennungszeichen der Ülkücü-Bewegung dar.[287] Diese Figur ist nicht mit dem in der Pädagogik verwendeten »Schweigefuchs« zu verwechseln.

Organisationsstruktur in Deutschland

In Deutschland existieren die drei folgenden Dachorganisationen der türkischen Rechtsextremist:innen, die zusammen fast 20.000 Mitglieder aufweisen:

- *Die Föderation der Türkisch-Demokratischen Idealistenvereine in Deutschland* (Kurzform: *Türk Federasyon,* ADÜTDF), hat mehr als 200 Ortsvereine und ca. 7000 Mitglieder.
- *Der Verband der türkischen Kulturvereine in Europa* (ATB) bzw. *Die Union der türkisch-islamischen Kulturvereine in Europa* (*Avrupa Turk İslam Birliği,* ATİB), die auch zu den Gründungsmitgliedern des Zentralrats der Muslime in Deutschland e. V. (ZMD) gehört, weist 25 Moscheevereine auf, sowie
- *Die Förderation der Weltordnung* (*Avrupa Nizam-ı Alem Federasyonu,* ANF), die 15 Ortsvereine und 1200 Mitglieder umfasst.

Die ATİB ist der größte Verband der Ülkücü-Bewegung und löste sich offiziell Mitte der 1980er Jahre von der ADÜTDF. Nach Aussagen von Friedemann Eißler verfolgt dieser jedoch ideologisch und symbolisch weiterhin dieselben Ziele wie die Ülkücü-Bewegung, obgleich er stärker islamisch orientiert sei. ATİB beteiligt sich im interreligiösen Dialog und distanzierte sich von den Gewalttaten der Grauen Wölfe der 1970er und 1980er Jahre. Die ATİB Imame würden laut Eißler von der DİTİB entsandt, obgleich diese (im Gegensatz zu ihrem österreichischen Namensvetter) nicht zur DİTİB gehören. Gute Kontakte existieren auch zu Millî Görüş. Ideologisch vertrete diese Bewegung eine deutliche Abgrenzungskultur zu der von ihr als unterlegen betrachteten deutschen Kultur.[288]

Graue Wölfinnen

Graue Wölfinnen sind Frauen, die zumeist schon in ultranationalistisch ausgerichtete Familien geboren wurden. Sie lernen von Kindesbeinen an, sich unterzuordnen und die patriarchalen und rechtsextremistischen Ideologien und Gegnerschaften ihrer Familie zu übernehmen. Dazu gehört die Feindschaft gegenüber Kurd:innen, die Leugnung des Genozids an den Armenier:innen und die Überzeugung, dass die Türkei die ›EU nicht brauche‹, weil das pantürkische Großreich dieser überlegen sei.[289]

Laut Wiese treten sie inzwischen im Bereich der Medienarbeit für die Grauen Wölfe häufiger in Erscheinung, obgleich sie noch immer eine untergeordnete Rolle in der Bewegung wahrnehmen. Sie verteidigen die türkische Fahne als Symbol ihres Heimatlandes und dem damit einhergehenden Nationalstolz und fühlen sich durch Kritik an der Politik der Türkei persönlich diskriminiert.[290]

Meral Akşener (▸ Abb. 27), ist ein prominentes Beispiel für eine *Graue Wölfin* und wird dort in Anlehnung an die türkische Mythologie *Asena* genannt. Der Legende zufolge entstammen die Anführer des ersten sowie zweiten Reiches dem Clan der *Kök-Türken,* der ursprünglichen türkischen Stammesverbindung in Zentralasien, dem Adelsgeschlecht *Aschina*. Diese sollen direkte Abkömmlinge der Wölfin der ersten Generation von Kök-Türken gewesen sein, die mit dem einzigen Überlebenden eines Massakers einen neuen Stamm gründete. Sie wurde später zur Wölfin Asena.[291] Die Verknüpfung Akşeners Herkunft mit der der türkischen Gründungsmutter mystifiziert ihre Herrschaft und schafft so ein symbolisches Band zu ihr als Person. Diese Strategie verfolgen viele völkisch-esoterisch motivierte, rechtsextremistische Gruppierungen, da eine solche übersinnliche Verbindung den jeweiligen ›Würdenträger:innen‹ einen überirdischen Nimbus der Unangreifbarkeit verleiht. Akşener oder Asena, so das Narrativ der Grauen Wölfe, stehe in direkter Linie zu den türkischen Vorfahren, was ihren Herrschaftsanspruch qua Ahnenreihe legitimiere. Darüber hinaus korrespondiert diese Assoziationskette mit dem islamischen Glauben an Vorherbestimmung, der sich aus der islamischen Prophetie ableitet.

Abb. 27:   Meral Akşener mit dem Wolfsgruß bei einer Veranstaltung in Ankara (2016)[292]

Die Politikerin Akşener bekleidete in der Regierung des Ministerpräsidenten Necmettin Erbakan von 1996 bis 1997 den Posten der Innenministerin. Bis zum Jahr 2016 war sie Mitglied der MHP. Akşeners nationalistische Ausrichtung wird durch öffentliche Äußerungen bei Parteiveranstaltungen wie die folgende verdeutlicht: »Ich gebe euch mein Wort: Ich fürchte mich vor nichts. Ich bin bereit, für jeden Zentimeter dieses Landes, jedes Mitglied dieser Nation zu sterben«.[293]

Sie lehnt den Anspruch der Kurd:innen auf Autonomie ab und tritt ebenso in Opposition zum islamischen Autoritarismus des türkischen Präsidenten Erdoğan, zu dessen Oppositionsbündnis sie vom Jahr 2018 bis zum Jahr 2023 gehörte.[294] Akşeners Argumentation basierte zum einem auf einem ethnisch bedingten Rassismus, da sie der rassistischen Hypothese folgt, die Kurd:innen seien keine ›reinrassigen‹ Türk:innen. Zum anderen resultierte ihre Ablehnung Erdoğans aus dessen Frauenfeindlichkeit, von der sie selbst betroffen war. Der türkische Staatspräsident hatte sich mit männlichen Vertretern ihrer früheren Partei MHP verbündet und gemeinsam gegen sie mobil gemacht. Deshalb bemühte sie das Argument der Bestechlichkeit und Korruption Erdoğans, um sich selbst als redlich hervorzutun und in einer Art persönlichem Rachefeldzug vom Treiben der AKP abzusetzen.

Im Jahr 2017 gründete sie die *İyi Parti* (Gute Partei), die laizistisch, nationalkonservativ bis nationalistisch ausgerichtet ist. In der İyi Parti fördert Akşener u. a. Frauen und Alevit:innen. Die Partei steht in Opposition zur AKP und Gülen, denen sie die Unterminierung der Türkei unterstellt.[295]

8.4 Zusammenfassung

Die Diskussion der drei ausgewählten Beispiele fundamentalistischer bzw. extremistischer Gruppierungen mit Türkei-Bezug hat die Vielschichtigkeit dieser Bewegungen verdeutlicht. Sie alle verbindet die Strategie, die Demokratie als Sprungbrett für ihre langfristigen Zielsetzungen zu nutzen: je nach Gruppe in Form erstens einer Theokratie (Gülen), zweitens eines freien Staates matriarchaler Lesart (PKK) und drittens eines autokratischen Staates (Graue Wölfe).

Das Gülen-Netzwerk zeichnet sich dabei durch ein weitverzweigtes, internationales (Wirtschafts-)Gefüge aus. In diesem Netzwerk agieren dessen Mitglieder im Sinne der Strebsamkeit für Gott transnational, rekrutieren Mitglieder und stehen im Bildungsdialog mit unterschiedlichen Akteu:innen aus Religion, Gesellschaft und Politik. Wichtig erscheint dabei ihr Ziel, mächtige und ökonomisch ertragreiche Positionen zu erreichen, um im Wettstreit mit anderen Ideologien und Herrschaftsstrukturen langfristig siegen zu können. Insbesondere das Credo, wirtschaftlichen Erfolg zu fördern, anstatt ihn als un-islamisch oder gar gegen die Religion gerichtet zu diffamieren, macht das Gülen-Netzwerk zu einem nicht zu unterschätzenden Player im Konkurrenzkampf anderer Gruppierungen, die eine sehr deutliche (religiöse) Zielsetzung verfolgen, welche (möglicherweise) einen grundlegenden staatlichen Kurswechsel vorsehen.

Interessanterweise sind das Streben nach Bildung, Wissen, der Vergleich und Diskurs mit anderen (religiösen) Gruppen sowie der Zuwachs an Vermögen – und damit an Macht und gesellschaftlichen sowie politischem Einfluss – Aspekte, die sie mit neu-religiösen Gruppierungen wie der *Church of Jesus Christ of the Latter-Day Saints* und *Scientology* teilen.

Die PKK hingegen bewegt sich in gänzlich anderen Gefilden. Ihr Hauptanliegen, ein autonomer kurdischer Staat und eine Änderung der Gesellschaft in Form eines kurdischen Fundamentalismus, bewegt sich in der Finanzierung nicht immer auf legalem Terrain. Im Gegensatz zu Gülen, die es versteht, politisch wichtige Entscheidungsbefugte und Institutionen für ihre Ziele zu gewinnen, weil sie sich primär als gewaltablehnende und demokratiefördernde Bewegung öffentlich darstellt, sind Zweige der PKK in Strukturen der organisierten Kriminalität, bspw. den Drogenhandel, involviert. Dass damit ähnlich wie bei anderen selbsterklärten ›Freiheitsbewegungen‹ ihr politischer Widerstand und ›Freiheitskampf‹ finanziert wird, der wiederum in Spendengelder und Waffen für den militärischen Arm fließt, lässt die PKK als deutlich ›unattraktivere‹ Gesprächspartnerin erscheinen. Obwohl es zum Teil die PKK-Kämpfer:innen sind, die in globalen Konflikten, bswp. mit Blick auf die globale Allianz westlicher Staaten gegen den IS-Terror, Seite an Seite mit den ›westlichen‹ Partner:innen kämpften, wurden ihre eigenen Forderungen nach Autonomie nach den gemeinsamen Kampfeinsätzen und ihrer militärischen und strategischen Unterstützung dieser Allianz gegen den IS am Verhandlungstisch entweder nicht oder nur augenscheinlich beachtet und in der Realität nicht unterstützt. Diese Vorgehensweise wurde z. B. mit Blick auf ihre Forderung nach regionaler Autonomie in der Türkei deutlich. Nach der physischen Zerschlagung des IS in der Region wurde ihnen von den westlichen Streitmächten eine Unterstützung zur Umsetzung dieses Ziels zugesagt. Und selbst die Vertreter der Türkei stellten ihnen diese Möglichkeit im Jubeltaumel des Siegs über den IS in Aussicht. Als es jedoch darum ging, diese Forderung zu realisieren, wurde davon zumeist Abstand genommen und die Kurd:innen erhielten kaum nennenswerte Unterstützung mit Blick auf ihren Wunsch nach (regionaler) Autonomie. An diesem Beispiel bestätigt sich das kurdische Sprichwort: ›Die Kurden sind stark auf dem Schlachtfeld, aber schwach am Verhandlungstisch.‹ Obwohl sie selbst nachweislich dazu bereit waren, ihr eigenes Leben zur Bekämpfung des Terrors in unterschiedlichen globalen Konflikten aufgrund ihrer guten Orts- und Sprachkenntnisse sowie militärischen Ausbildung zu riskieren, wurden ihre eigenen Forderungen nach Anerkennung und Autonomie eines kurdischen Staates zwar auf dem Papier, jedoch nie in der Realität von ihren ›westlichen Partner:innen‹ unterstützt.

Die Verbindung zum globalen Linksextremismus durch ihre antiimperialistische, antikapitalistische Ideologie und ihr deutliches Bekenntnis zur Gewaltanwendung, um die kurdische Autonomie zu erreichen, sind deutliche extremistische Merkmale. Wissenschaftliche Abhandlungen und gesellschaftliche Ideen namhafter kurdischer Gelehrter wie *Nursî*, die von einer Bewegung wie Gülen adaptiert wurden, werden hierdurch selten mit Blick auf die Kurden öffentlich wahrgenommen oder anerkannt. Zudem treten in der öffentlichen Wahrnehmung durch den gewaltbereiten Zweig der PKK allgemein unterstützbare Zielsetzungen häufig in den Hintergrund, bspw. die Ablehnung von Rassismus, Sexismus und Rechtsextremismus. So werden manche linksgerichtete Gruppen trotz ihrer gesellschaftlich relevanten Zielsetzungen und Expertise in diesen Teilbereichen häufig nur zu Kooperationspartnerinnen ›zweiter Wahl‹ im ›Kampf‹ gegen die zuvor benannten, menschenverachtenden und herabwürdigenden Ideologien.

Die rechtsextremistisch orientierte Bewegung der *Grauen Wölfe* fußt auf einem Gefüge ultranationalistisch ausgerichteter Parteien, die ein traditionelles Geschlechtermodell und pantürkische Zielsetzungen verfolgen. Sie wirkt in Deutschland für ihre Anhänge:innen identitätsstiftend, weil sich ihre Mitglieder im Sinne des türkischen Rechtsextremismus der deutschen Mehrheitsgesellschaft gegenüber stark und überlegen fühlen können. Sie folgen dem Narrativ der siegreichen türkischen Nation, die bspw. durch den Code »Sakarya1921« zum Ausdruck gebracht wird. Damit wird auf den Sieg der türkischen Truppen über die griechische Armee im Jahr 1921 in Mittelanatolien verwiesen. In der Türkei fungiert der türkische Rechtsextremismus hingegen zur Konsolidierung politischer Macht.

Ebenso wie die *verschwörungstheoretischen Gruppen*, die im Unterkapitel 6 diskutiert wurden, wird auch von den Grauen Wölfen das Narrativ »Alles passiert aus einem bestimmten Grund« bemüht, um die schicksalhafte Vorherbestimmung des Wahlsiegs ihrer Partei bzw. Kandidat:innen – in diesem

Fall Akşeners – spirituell zu legitimieren. Das völkisch-esoterische Moment findet sich bei beiden extremistischen Gruppierungen in der Verknüpfung eigener Herrschaftsansprüche durch den Verweis auf eine eigene mythologisch bedeutsame Rolle in der Geschichte ihres Landes. Diese wird rechtsextremistisch als ›Blut-und-Boden‹-Ideologie gedeutet und soll den Gefolgsleuten die ›Eindeutigkeit‹ ihrer Vorherrschaft verdeutlichen.[296]

Das Potential der größten rechtsextremistischen türkischen Bewegung in Deutschland und dessen Abschottungsbedürfnis gegenüber westlichen Werten, ethnischer und religiöser Vielfalt scheint ein bisher noch nicht in Gänze erforschtes Netzwerk darzustellen.[297] Es wäre sinnvoll, diese Gruppierung und das damit verbundene Mobilisierungspotential – auch mit Blick auf seine weiblichen Mitglieder – ausführlicher zu betrachten.

Weibliche Motivlagen, Rollen und Ziele

Obgleich die *Frauen bei Gülen* gemäß ihres Gründers sämtliche Rollen einnehmen können, nehmen sie häufig eine eher untergeordnete Funktion im Hintergrund der Bewegung ein, bspw. als Ablas in den Lichthäusern, Lehrerinnen in den (Nachhilfe-)Schulen oder an anderen Schnittstellen des Gülen-Netzwerks. Etliche Frauen sind gebildet *und* gut ausgebildet: Sie scheinen bewusst diesen Weg zu wählen, um der Gesellschaft zu dienen und so das Ziel der ›perfekten‹ islamischen Gesellschaft im Sinne Gülens zu realisieren. Immer wieder stößt man im Zusammenhang mit der Hizmet-Bewegung auf deren Bezeichnung als Mitglieder einer *leisen Revolution*, die unbemerkt aber kontinuierlich im Zentrum unterschiedlicher Gesellschaften vorangetrieben werden solle. Die Art und Weise wie Gülen-Mitglieder und insbesondere Frauen öffentlich (nicht) in Erscheinung treten oder wahrgenommen werden (wollen), verstärkt diesen Eindruck.

Die *weiblichen Mitglieder der PKK* treten offensiver und entschlossener auf. Sie zeigen sich kampfbereit, im Zuge ihrer Mitgliedschaft im militärischen Arm der Bewegung YJA STAR, häufig in Uniform. Als Politikerinnen und selbsterklärte Widerstandskämpferinnen streben sie eine Veränderung patriarchaler Strukturen an, die sie auf sämtlichen Ebenen der Gesellschaft verankert sehen möchten. Viele weibliche Mitglieder haben bereits in männerdominierten Einheiten gekämpft, bevor sie in eigene Fraueneinheiten aufgenommen oder diese gegründet wurden. Sie haben infolgedessen nicht nur aufgrund eigener biographischer Unterdrückungserlebnisse den

Wunsch, sich beruflich und persönlich zu emanzipieren, sondern auch aufgrund ihrer militärischen Erfahrungswerte.

Die *Frauen*, die sich in der *ultranationalistischen Bewegung der Grauen Wölfe* engagieren, sehen dies als Möglichkeit, Stärke und Macht zu erlangen. Sie bekleiden in dieser Organisation unterschiedliche Funktionen, bspw. in der Logistik, Werbung und sehr selten in öffentlich wahrnehmbaren Funktionen. Trotzdem ermöglichen ihnen diese Funktionen ein Feld, in dem sie selbst handeln und nicht zum Objekt anderer degradiert werden. In der Abgrenzung zu Deutschland versuchen sie nicht, sich mit dessen Wertesystem zu befassen, sondern sehen dieses vielmehr ihrem idealisierten Bild von der Türkei unterlegen. Kritik an der Türkei fassen sie als persönlichen Affront auf.[298]

Durch das Bewusstsein einer *türkischen Elite* anzugehören, grenzen sie sich bewusst gegenüber ihrem (türkischen) Umfeld ab. Sie verfolgen dabei den Wunsch, *Teil des Turan* zu sein und sind gerne dazu bereit, sich *selbst aus ›Vaterlandsliebe‹ zu opfern*.[299] Die Religion nimmt eine untergeordnete Position gegenüber ihren nationalistischen Zielsetzungen ein, so dass ihre politische Überzeugung für sie zu einer Art Ersatzreligion wird.[300] Diese Haltung wurde auch bei anderen rechtsgerichteten Gruppierungen erkennbar und findet sich im historischen Vergleich bspw. im Nationalsozialismus wieder.[301] Trotzdem betrachten die Grauen Wölf:innen ihre Handlungen und Ideologien durchaus im Einklang mit der Türkisch-Islamischen Synthese.

Instrumentalisierung von Geschlecht in den ausgewählten Bewegungen

Das weibliche Geschlecht wird in den diskutierten Bewegungen einerseits bewusst adressiert, um Mitglieder zu gewinnen und die (Un-)Gleichheit von Frauen und Männern zu verdeutlichen. Andererseits treten Geschlechterkonstruktionen als Folge religiöser Selbstüberhöhung oder mythologischer Abstammungsnarrative hervor, um die Rolle der Frau zu zementieren. Hierbei fällt auf, dass die ethnische, religiöse und kulturelle Diversität der Türkei über die weiblichen Mitglieder der aufgeführten Bewegungen wahlweise panislamisch, nationalistisch oder gemäß sozialistisch-feministisch gerahmt werden soll.

Feminismus wird auch im Kontext der extremistischen Bewegungen mit Türkeibezug unterschiedlich definiert und für die Gruppenbelange verschiedentlich aufbereitet. Gemeinsamkeiten aller drei Gruppen finden sich in ihrer Opferbereitschaft: sämtliche Frauen waren dazu bereit, sich selbst und ihr Leben für die kollektiven Ziele zu opfern.

(Symbolische) Geschlechtergerechtigkeit
Geschlechtergerechtigkeit wird mit Blick auf die *Gülen-Bewegung* biologistisch – und somit vergleichbar mit radikal-islamischen Bewegungen – auf die *von Gott gegebenen männlichen und weiblichen Eigenschaften* begrenzt. Eine Positionierung von Gülen hinsichtlich LGBTQIA+-Gruppen oder in Bezug auf das Gendermainstreaming konnte nicht festgestellt werden. Fraglich ist, ob die Akzeptanz dieser Gruppen oder Forderungen durch die ›gottgewollte‹ Ordnung für sie tolerierbar erscheinen (kann). Geschlechtergerechtigkeit wird demnach bei Gülen in der Akzeptanz der Ungleichheit der von Gott erschaffenen binären Geschlechter verortet.

Mit Blick auf die *YJA STAR* fällt auf, dass diese die Gleichberechtigung von Mann und Frau im Sinne Öcalans hinsichtlich ihrer militärischen Einsatzgebiete fördert.[302] Die Frauen, die im ›Freiheitskampf‹ für die YJA STAR sterben, werden in den Stand von Märtyrerinnen erhoben, deren Bedeutung sogar größer als die der Männer ist. Zugleich ist die Schutzpatronin dieser militärischen Frauengruppe die Göttin Ishtar, die sowohl in männlicher als auch in weiblicher Form auftreten kann, jedoch zumeist als weibliche Hauptgöttin erscheint. *Das Spiel mit der Doppeldeutigkeit der Geschlechter wird von der YJA STAR mit Blick auf die Geschlechteregalität im Kampf adaptiert.* Zugleich tritt Ishtar als Göttin des Krieges und Begehrens auf, was bedeutet, dass auch die Kämpferinnen sich ihrer machtvollen Position als Frauen durchaus bewusst sind und diese nicht verleugnen. Ein scheinbares Paradoxon aus diesen beiden Funktionen und Geschlechtern überwindet die babylonische Göttin ebenso wie die weiblichen YJA STAR-Kämpferinnen, deren Bewegung von unterschiedlichen Akteur:innen und Ländern entweder als terroristische oder als Widerstands- bzw. Freiheitsbewegung betrachtet wird.[303]

Das weibliche Geschlecht fungiert in der YJA STAR als Identifikationsmoment und wird zur Rekrutierung und Bindung neuer Mitglieder adressiert. So entsteht ein Spannungsgefüge aus einem universellen Empowerment (benachteiligter) Frauen, wie am Beispiel der kurdischen Solidarität für eine im Iran ermordete junge Frau zu sehen war, die auch Demonstrant:innen außerhalb des PKK-Lagers ansprach. Weibliche Gewaltbereitschaft gegenüber Gegner:innen wird zudem für extremistische Taten, bspw. Selbstmordattentate, instrumentalisiert, bei der die Frauen sich selbst opfern.

Frauen bekleiden bei den *Grauen Wölfen* trotz ihrer guten bis sehr guten Ausbildungsabschlüsse häufig nur untergeordnete Positionen und treten ebenso wie die weiblichen Mitglieder von Gülen seltener als die männlichen Mitglieder öffentlich in Erscheinung. *Diese Ungleichbehandlung beider Geschlechter wird jedoch häufig akzeptiert, weil sie familiär ›erlernt‹ wurde. Frauen ordnen sich dem männlich geprägten ›Führerprinzip‹ unter.*

Aufgrund ihrer Annahme, in direkter Abstammungslinie zur Gründung der Türkei zu stehen, betrachten sich die Grauen Wölfinnen als Verteidigerinnen der Türkei, der Nation und Verfechterinnen eines Türkentums, dem sie durch ihr öffentliches Auftreten bei Demonstrationen Ausdruck verleihen. Hierdurch fühlen sie sich als *weibliche Kämpferinnen für ihr Land* anerkannt, obgleich ihr Geschlecht in der gesamten Bewegung eine untergeordnete Rolle spielt. Eine Anerkennung von Geschlechtervielfalt bleibt in dieser Bewegung aus.

Feminismusformen: Patriarchat versus Matriarchat – Sprache als Instrument der Unterdrückung oder Ausdruck weiblichen Empowerments

Die Frauen der Gülen-Bewegung, der PKK und der Grauen Wölfe repräsentieren unterschiedliche Ausprägungsformen von Feminismus:

Trotz ihrer Bildung bevorzugen oder tolerieren die weiblichen Gülen-Mitglieder anscheinend die Wahrnehmung ihrer selbst als treusorgende Ehefrau, Schwester, Mutter oder Gläubige im Sinne eines traditionellen *Geschlechterverständnisses*. Sie scheinen ihre *passive* (öffentliche) Position zu bevorzugen. Spräche man hier von *Feminismus*, dann vielmehr *im Sinne islamischer Bewegungen*, die die Religion oder religiöse Gemeinschaft durch die *Förderung islamischer Einheit* voranbringen.

Die weiblichen PKK-Mitglieder hingegen verdeutlichen ihren *kurdischen Feminismus* in der Öffentlichkeit *durch Protestaktionen, als Soldatinnen, Kämpferinnen* und *aktive* Sprecherinnen für die Bewegung. Sie bitten nicht, sondern stellen Forderungen auf. Ihr Maßnahmenkatalog zur Verbesserung der Situation der Kurd:innen schließt auch das (universelle) Wohl *sämtlicher* Frauen und (linksgerichteter?) Menschen ein und beschränkt sich nicht nur auf die Belange der eigenen Bezugsgruppe.

Darüber hinaus fordern sie weitgehende Reformen hinsichtlich der Sprache und Erziehung, die Ausdruck männlicher Dominanz ist. In diesem Zusammenhang weisen sie auf eigene Erfahrungswerte in (dörflichen) kurdischen Strukturen hin, die von männlicher Gewalt und Gewalt im Namen der ›Ehre‹ sowie sexueller Dominanz geprägt gewesen sind. Zugleich soll die kurdische Sprache etliche Redewendungen enthalten, die die hervorgehobene Position einer Frau – im Gegensatz zur paternalistischen türkischen

Sprache – verdeutliche. Die Wiederbelebung weiblicher Macht und Weisheit führe gemäß der weiblichen kurdischen Aktivistinnen zu einer gerechteren Gesellschaft.

Familienwerte und autoritäre patriarchale Strukturen bestimmen den Alltag der Grauen Wölfinnen. Da sie häufig in Familien hineingeboren werden, die bereits Teil des Netzwerks sind, scheinen die Frauen weder die Ideologie noch die Rollenmodelle der ultranationalistischen Bewegung zu hinterfragen. Absoluter Gehorsam und *Vaterlandsliebe* prägen das Selbstbild der weiblichen Mitglieder dieser Bewegung. Dabei ist der Begriff an sich bereits selbsterklärend. Während die weiblichen Mitglieder der PKK eine weibliche Nationsführung anstreben, unterwerfen sich die Mitglieder der Ülkücüler *patriarchalen Strukturen, die sie als Schutz ihrer Weiblichkeit und als Protektion der Türkei vor dem Kommunismus* betrachten. In diesem Sinne ist der Feminismus, der hier anzutreffen wäre, vielmehr mit dem *Feminismus von rechts* vergleichbar, der im Unterkapitel 5 erläutert wurde.

9 Die Betätigungsfelder weiblicher Extremistinnen im Gesamtvergleich

Zusammenfassend lässt sich sagen, dass die Diskussion der unterschiedlichen Betätigungsfelder der Extremistinnen viele gemeinsame Motivlagen, Rollenbilder und Zielsetzungen beinhaltet, die nur unterschiedlich ideologisch oder religiös gerahmt werden. Die folgende Tabelle veranschaulicht ausgewählte Motive, Rollen und Ziele der Extremistinnen, die uns im Zuge dieser Diskussion begegnet sind.

Tab. 1: Motive, Rollen, Ziele der Extremistinnen

Motive	Rollen	Ziele
Macht/Einfluss	Rekruteurin	Mitgliedergewinnung – Gruppenvergrößerung
Glaube/Religiosität	Religiöses Vorbild – Lehrerin	Intensivierung des Glaubens – Glaubenspraxis
Partnerschaft/Familie	Ehefrau – Geliebte – Mutter – Erzieherin	Liebe – Sexualität – Kinder
Zugehörigkeit/Halt	Schwester – Tante – Freundin	Gemeinschaft – Verbundenheit – Unterstützung
Emanzipation	›Freiheitskämpferin‹ – Wegbereiterin	Religiöse, gesellschaftliche und individuelle Freiheit
Abhängigkeit	Opfer	Persönliche Versorgung
Altruismus	Auswanderin – Märtyrerin	Wohlergehen Dritter
Gewaltphantasien	Täterin – Märtyrerin	Triebbefriedigung – Rache – Narzissmus

Es ist zu beobachten, dass hinsichtlich der Rollenmodelle der Frauen radikal-islamische, rechtsextremistische und verschwörungstheoretische Bewegungen zu einer Gruppe zusammengefasst werden können (Gruppe 1). Diese weist signifikante Unterschiede zu den linksextremistischen Bewegungen (Gruppe 2) auf. Die extremistischen Bewegungen mit Türkei-Bezug ist als Gruppe 3 in sich unterschiedlich ausgerichtet, was diese Rollenverteilung anbetrifft: Hier lassen sich sowohl fundamentalistische bis radikal-islamische (im Falle Gülens), rechtsextremistische (im Falle der Grauen Wölfe) als auch linksextremistische Bezüge (im Falle der PKK) der einzelnen Gruppen identifizieren.

Während die Gruppe 1 hauptsächlich paternalistisch geprägte Rollen für Frauen vorsieht und davon nur absieht, wenn eine aktive Frauenbeteiligung ihre Mitgliederzahlen oder Erfolgsquoten steigert, gesteht die Gruppe 2 Frauen grundsätzlich andere Positionen und Handlungsspielräume zu. Bei Gruppe 3 gilt die paternalistische Prägung für die Gülen- und PKK-Anhängerinnen, während die Emanzipation ihrer Mitglieder – gemäß des *traditionellen* Verständnisses – auf die YPA STAR bzw. weiblichen PKK-Mitglieder zutrifft.

Extremistische Aneignungen bzw. Interpretationen von Feminismus
Interessant ist auch die unterschiedliche Interpretation von *Feminismus* von *links, rechts* bzw. im Sinne *radikal-islamischer* oder *kurdischer* Auslegung. Obwohl das Verständnis für Frauenrechte und -pflichten der diskutierten extremistischen Bewegungen diametral entgegengesetzt sein kann, gehen sie vor dem Hintergrund ihres *absoluten Wahrheitsanspruchs* trotzdem davon aus, dass sie alleine den *einzig* plausiblen Weg kennen und verfolgen. Dies belegt wiederum die fundamentalistische Orientierung der Frauen, die keine anderen Lebensentwürfe duldet. Weil sie sich selbst dazu entschieden haben, alles andere aufzugeben und ihr Leben der Gruppenideologie und deren Zielen zu widmen, haben sie kein Verständnis für andere Lebensweisen, bei denen sich die Beteiligten nicht zu 100 Prozent selbst der übergeordneten Zielsetzung hingeben bzw. unterordnen. Die kollektive Identität wird somit zum neuen Selbstverständnis der Extremistinnen und zugleich zu ihrem Schutzschild, das zweierlei Funktion erfüllt: Zum einen werden die Inhalte der neuen Bezugsgruppe nicht kritisch reflektiert; zum anderen schirmt es sie nach außen hin ab. Sie können sich hierdurch nach innen hin starkfühlen – ein klassischer Fall der Strategie *in-group-love and outgroup-hate*.

Die Frauen *wiederholen* dadurch zum Teil erneut (unter-)bewusst ihre *früheren Opferrollen*, mit dem Unterschied, dass diese ihnen im neuen (extre-

9 Die Betätigungsfelder weiblicher Extremistinnen im Gesamtvergleich

mistischen) Gewand präsentiert werden. Dadurch fühlen sie sich selbst stark und anderen gegenüber wirkmächtig, obwohl für Außenstehende deutlich wird, dass der Weg in den Extremismus keine Befreiung, sondern lediglich eine *andere* Form der *Abhängigkeit* für diese Frauen darstellt.[304] Diese Abhängigkeit wird häufig von einem *Maskulinismus* hervorgerufen, dem sich viele Frauen, die bereits in ihrer Kindheit Opfer hegemonialer Männlichkeit waren, stark angezogen fühlen. Er tritt in den extremistischen Bewegungen besonders hervor, ist jedoch auch ein Bestandteil des Alltagsverhaltens vieler Männer.[305]

Zusätzlich zu der Wiederholung ihrer Opferrolle treten Extremistinnen aber in den jeweiligen Bewegungen zugleich als Täterin gegenüber anderen Personen auf. Damit befinden sich viele Frauen in einer (un-)freiwilligen Doppelrolle, die mit Blick auf ihre Strafbemessung in beiderlei Hinsicht durchaus Berücksichtigung finden sollte.[306]

III Abschlussbetrachtungen

10 Fazit

Die vorliegende Diskussion über *Frauen im Extremismus* verfolgte drei Zielsetzungen:

1. Die Einordnung unterschiedlicher Definitionen, Bedeutungen und Zielsetzungen von Genderkonstruktionen und Genderkategorien, um die Rahmenbedingungen und Einflussfaktoren abzubilden, in denen Frauen zu Extremistinnen werden konnten und können.
2. Die Selbstwahrnehmung von Extremistinnen mit Blick auf ihre Motivlagen, Rollenvorstellungen und Betätigungsfelder im Abgleich von Realität und Wunschvorstellung zu rekonstruieren.
3. Die Fremdwahrnehmung von Frauen aus extremistischen Bewegungen im Spannungsgefüge öffentlicher Meinungsbildung, Rollenzuschreibung und der Erwartungshaltung ihrer männlichen Gruppenmitglieder zu portraitieren.

Mit Blick auf die *erste Zielsetzung* fiel zunächst auf, dass Geschlechterdefinitionen vielfältiger sind als der öffentliche Diskurs zunächst vermuten lässt. Wenn von Geschlecht gesprochen wird, geht es demnach nicht ausschließlich um das *genitale Geschlecht*, sondern um eine Vielzahl von Geschlechterkategorien, z. B. das *soziale Geschlecht*, das durch soziale Anerkennung und Zuschreibung bestimmt wird. [307]

Die öffentliche Stereotypisierung von Frauen ist meist simplifizierend und damit wenig folgerichtig: Sie werden entweder als ausschließlich friedliebend oder gewaltablehnend bzw. in der medialen Fremdwahrnehmung als ›unterdrückte‹ Opfer terroristischer Gewalt portraitiert, als ›Flintenweiber‹ oder ›Terror-Bräute‹ dargestellt. Frauen in extremistischen Bewegungen können jedoch beides sein: Sowohl Opfer ihrer gewaltbereiten Vergangenheit und sexualisierter (zumeist partnerschaftlich ausgeübter) Gewalt als auch Täterinnen, in dem sie bei Gewalttaten zusehen, dazu anstiften, sie filmen, verbreiten oder daran teilhaben.[308]

Denn obgleich die Partizipation an Gewalt(-taten) historisch betrachtet schon immer auch geschlechterbezogen wahrnehmbar war, wie das ▸ Kap. 2 zeigt und bspw. in der Baader-Meinhof Gruppe erkennbar wurde, tritt die Rolle von Frauen als Extremistinnen vielfach im medialen Diskurs in den Hintergrund.[309]

Heterogene Motivlagen und Abhängigkeitsverhältnisse
Zum einen wurde in Bezug auf die *zweite Zielsetzung*, ihre *Selbstwahrnehmung*, aufgezeigt, dass die Motivlagen und Zielsetzungen weiblicher Mitglieder extremistischer Bewegungen ebenso heterogen sind wie die männlicher Extremisten in vergleichbaren Gruppierungen. Frauen entscheiden sich wie im Fall rechtsextremistischer Bewegungen oder extremistischer Bewegungen mit Auslandsbezug, bspw. aufgrund familiärer (ideologiebezogener) Vorprägungen, für die Partizipation in militanten Gruppen. Wenn Frauen terroristische Akte vollziehen, sind sie häufig entschlossener und stärker ideologisiert als Männer. Darüber hinaus können auch Motivlagen wie schwere traumatische Erfahrungen in ihrer Kindheit, eine persönliche Gewaltaffinität, individuelle Ausweglosigkeit, berufliche Perspektivlosigkeit oder eigene Ausgrenzungserfahrungen aufgrund von Geschlecht, Religionszugehörigkeit oder politischer Überzeugung mitverantwortlich für die Wahl ihrer extremistischen Bezugsgruppe sein. Hierdurch wird die Vulnerabilität vieler Extremistinnen deutlich, die aufgrund ihrer Dankbarkeit dafür, eine ›sinnstiftende‹ und haltgebende Gemeinschaft gefunden zu haben, ihre eigenen Wünsche aufgeben und sich den Forderungen ihrer Bezugsgruppe unterordnen. Dadurch finden sich viele Extremistinnen plötzlich in einem Zerrbild ihrer ursprünglichen Wunschvorstellungen und ihrer Rolle in der Realität ihrer extremistischen Peergroup wieder. Aus Angst vor dem Alleinsein oder der finanziellen bzw. persönlichen Ausweglosigkeit trauen sie sich dennoch nicht mehr, diese zu verlassen oder können dies aufgrund der Kontrolle der Gruppenmitglieder nicht mehr selbst bewerkstelligen.

Zum anderen wurde in Bezug auf das weibliche Engagement in den fünf ausgewählten extremistischen Escheinungsformen ein besonderes Augenmerk auf die *Instrumentalisierung von Geschlecht* gelegt. Dabei fiel auf, dass je nach Phänomenbereich, Anti-Gender bzw. antifeministische Beweggründe der Protagonistinnen u. a. dazu verwendet wurden, binär geprägte Geschlechtervorstellungen mit einer rigiden Sexualmoral zu verknüpfen und diese als einzig ›richtigen‹ Lebensweg zu propagieren. Diese Geschlechtervorstellungen waren eindeutig von männlich geprägten Idealvorstellungen beeinflusst. Viele Frauen aus extremistischen Bewegungen folgen diesen

10 Fazit

Wunschvorstellungen, weil ihnen im Umkehrschluss dafür Zuneigung, Zugehörigkeit, Bedeutsamkeit, sexuelle, emotionale oder finanzielle Sicherheit angeboten wird. Der Aufruf zur Rückkehr zur traditionellen Familie ist eines dieser männlich geprägten Desiderate einer vermeintlich ›heilen‹ Welt, das durch die Einhaltung patriarchal geprägter Rollenmuster Geborgenheit, Schutz, Liebe und eine ›funktionierende‹ Weltordnung verspricht. In ihrem Zentrum dominiert die klare Rollenvorgabe des Mannes als ›pater familias‹ (Familienoberhaupt), während seine Frau sich um den Haushalt, die Kinder(-erziehung) und die Familie kümmert. Singulär betrachtet, stellt dieses favorisierte Rollenmodell per se keine extremistische Gesinnungshaltung dar. Deutlich wurde aber, dass paternalistische Rollenvorstellungen, die eine weibliche Subordination unter die Wünsche des Mannes voraussetzen, dann extremistische Ausmaße annehmen, wenn sie in Verbindung mit einer sexistischen, misogynen Haltung gegenüber *sämtlichen* Frauen und einem dualistischen Weltbild einhergehen. Die individuellen Lebensentwürfe von Männern und Frauen, die ein solches traditionelles Geschlechterverständnis für ihre eigene Partnerschaft wünschen und dieses Partnerschaftsmodell ohne Zwang eingehen, sind davon ausgenommen. Es ist jedoch auch mit Blick auf diese Beziehungen anzumerken, dass hierdurch eine *finanzielle Abhängigkeit* der Frau von ihrem Ehemann entsteht, die im Zweifelsfall für diese Frauen eine Altersarmut bedeuten kann, sofern sie keine eigenen Rentenansprüche erworben haben oder anderweitig abgesichert sein sollten.

Dazu besteht auch die Gefahr einer *emotionalen Abhängigkeit* der Frau von einem Mann, der ihr sämtliche Entscheidungen und das damit verbundene Denken abgenommen hat. Im Falle des Verlustes dieser ›Stütze‹ besteht die Gefahr der absoluten Hilflosigkeit, in der sich diese Frauen aufgrund der ›freiwilligen‹ Aufgabe ihrer Selbstverantwortung wiederfinden werden. Fraglich ist, ob diese (mögliche) Zukunft für ihre Töchter auch im Sinne der traditionell orientierten Mütter ist, denn nicht jedes dieser traditionell orientierten Eheverhältnisse wird das ihr zugedachte Happy End aufweisen.

Traditionelle Strukturen besitzen die Gefahr, Mädchen und Frauen psychisch zu manipulieren. Weibliche Nachkommen werden hier nicht darin bestärkt, alles zu werden, was sie möchten, sondern nur das zu perfektionieren, was die traditionelle Gesellschaft von ihnen erwartet: ein schönes Gesicht, eine perfekte Figur, die Rolle der treusorgenden Ehefrau und fürsorglichen Mutter. Alles, was die Frauen darüber hinaus anstreben oder was sie darüber hinaus interessiert, wird als *potentielle Gefahr männlicher Vorherrschaft* betrachtet und als ›schlecht‹ für die Frauen und die Kinder dargestellt.

Damit fußen verschwörungstheoretische ebenso wie rechtsextremistische und radikal-islamische Geschlechtervorstellungen auf der Entrechtung von Frauen.

Funktionalisierung von Geschlecht als Kompensation eigener Problemlagen

Die Männer dieser Bewegungen geben sich nach außen hin stark und selbstbewusst, während ihre Stärke in der Realität lediglich über die (vorgeschriebene) Schwäche ihres weiblichen Gegenübers generiert wird. Ohne die ›schwache Frau‹ an ihrer Seite sind sie einfach ›nur‹ ein Mann. Dasselbe gilt für die weiblichen Vertreter:innen dieses traditionellen Geschlechtermodells: ohne den starken Mann an ihrer Seite sind sie einfach ›nur‹ eine Frau. *Die Adjektive ›stark‹ oder ›schwach‹ sind also genauso variabel wie die Geschlechterkategorien. Damit sind beide Zuschreibungen Konstrukte sozialer und individueller Erwartungshaltungen.*

Im Grunde genommen ist die Zunahme frauenfeindlicher und misogyner Bewegungen, die als ›Gegenbewegungen‹ zur emanzipierten und öffentlich präsenteren Frau zurzeit starken Zuspruch erfahren, ein Ausdruck der großen Angst vieler Männer, weder gesellschaftlich noch privat gebraucht zu werden oder tonangebend zu sein. Anstatt eine Chance in der wechselseitigen Entlastung einer Partnerschaft auf Augenhöhe zu sehen, suchen Menschen, die eine strikte Geschlechterhierarchie bevorzugen, ein Vehikel bzw. eine Ausrede für ihre eigene Unfähigkeit andere Meinungen zu akzeptieren, selbst beruflich erfolgreich zu sein oder eigenverantwortlich handeln zu müssen. Ihre Unsicherheit ummänteln sie mit einer Forderung zur Rückkehr zu alten Geschlechtermodellen, die sie als Garant für den Erhalt der Ordnung der ›westlichen Welt‹ postulieren möchten. Vertreter der sogenannten Manosphere wollen damit eine vermeintliche Geschlechteruniformität wiederherstellen, die für die meisten (jungen) Menschen im Zuge ihrer Erziehung auf der Grundlage von Gleichberechtigung und Geschlechteregalität fernab ihrer eigenen Lebensrealität stehen. Für Maskulinisten stellt das Feindbild ›der‹ Feministin oder transgender Person demnach ein einfaches Mittel dar, um keine Nabelschau betreiben zu müssen. Eigene Problemlagen werden so bequem auf andere projiziert. Denn es erscheint leichter für sie, Dritte für ihr eigenes Versagen oder ihre eigene Untätigkeit verantwortlich zu machen, als selbst etwas in ihrem Leben zu verändern oder für das eigene Verhalten Verantwortung zu übernehmen.

Interessanterweise wird dieses traditionelle Rollenmodell zugleich von zwei einander feindlich gegenüberstehenden Phänomenbereichen geteilt: rechtsextremistischen und radikal-islamischen Bewegungen, obwohl sie sich

10 Fazit

zugleich wechselseitig die Zerstörung einer ›idealen‹ Welt‹ vorwerfen. Dabei übersehen diese beiden Gruppen, dass ihre Idealvorstellungen mit Blick auf eine Partnerschaft eine Reihe identischer Züge aufweisen. In beiden Gruppen wird von den weiblichen Mitgliedern – unter Verweis auf die männliche Überlegenheit – die Subordination unter die männliche Vorherrschaft vorausgesetzt, die diese Frauen scheinbar widerspruchslos akzeptieren. Beide extremistischen Erscheinungsformen fordern auch die Reproduktion von Nachwuchs für ihre Szene, während dieses Ziel bei den linksextremistischen Bewegungen kein Motiv darstellt, das explizit für Frauen vorgesehen ist oder von diesen geteilt wird.

Das weibliche Geschlecht als Chance zur Selbstdarstellung und Rekrutierung

Warum diese Akzeptanz der Position der ›zweiten Reihe‹ von einigen Extremistinnen nur *scheinbar* erfolgt, zeigt sich daran, wie intensiv und zeitaufwendig sie ihre Social Media Kanäle betreiben. Streng genommen haben diese Vertreterinnen, zu denen auch die neurechten ›Tradwives‹ gehören, aufgrund ihrer Onlinetätigkeit im Grunde genommen kaum noch Zeit, um sich hauptsächlich um ihre ›vornehmliche‹ Aufgabe, die Versorgung des Mannes, der Kinder und des Zuhauses, zu kümmern. Ihr Beruf, den sie den eigenen Botschaften zufolge gar nicht ausüben *möchten*, ist der eines Social Media ›Stars‹ in den jeweiligen Blasen, in denen sie sich bewegen.

Zudem nutzen extremistisch agitierende Frauen ihr Geschlecht und ihre Social Media Bekanntheit zur aktiven Rekrutierung neuer Mitglieder für die jeweilige Gruppe. Hierdurch geraten sie selbst derart in den Mittelpunkt, dass in Bezug auf manche Extremistinnen durchaus gemutmaßt werden könnte, ob nicht vielmehr ihr eigenes Geltungsbewusstsein und die Aktivität für die Gruppe der entscheidende Faktor ihres Engagements für eine extremistische Bewegung sein könnte – wiegt dieses scheinbar stärker für sie als ihr Interesse für deren Inhalte und Wertvorstellungen. Damit werden diese Frauen stellenweise zu den Top-Rekruteurinnen ihrer jeweiligen Szene und laufen den Männern – die den Anspruch besitzen, die *eigentlichen* Aushängeschilder der Neuen Rechten, esoterischer Weltverschwörungsgruppen oder des Jihadismus zu sein – den Rang ab. Dasselbe Prinzip gilt für linksextremistische Gruppierungen und Erscheinungsformen aus dem Bereich der Verschwörungserzählungen, bei denen die weiblichen Mitglieder weitestgehend keine geschlechterbezogene Verhaltensauflagen für ihr öffentliches Auftreten erfahren oder gar Unterdrückung aufgrund ihres Geschlechts erleiden. Die erwünschte geschlechterbezogene Zurückhaltung der Frauen kann mit Blick auf diese Vertreterinnen folglich nicht konstatiert werden. Dies verdeutlicht zugleich, dass es nicht nur *eine* Schablone für weibliche Extremistinnen gibt.[310]

Selbstverständlich wäre die Reduzierung des Interesses von Frauen in extremistischen Gruppen auf ihre eigene *Fremdwahrnehmung* durch die Öffentlichkeit ebenso verkürzt. Etliche in dieser Diskussion betrachtete Extremistinnen verfolgen spezifisch religiöse, politische, umweltaktivistische oder spirituelle Idealvorstellungen und sind in diesem Zusammenhang dazu bereit, ihr eigenes Selbst zu unterdrücken und zu einem ›Instrument‹ des Kollektivs, ihrer jeweiligen extremistischen Peergroup zu werden. Diese Art der Weltflucht und Selbstverleugnung weist insofern *extreme* Züge auf, weil die Protagonistinnen nicht mehr in der Lage (oder willens) sind, Meinungen Außenstehender zu akzeptieren, die ihren eigenen Idealvorstellungen von Familie, einem Staat, einer Beziehung, Religion(-sausübung) oder dem Zusammenleben mit anderen zuwiderlaufen. In der Konsequenz versuchen sie über psychische und physische Gewalt ihre Vorstellungen der Umwelt aufzuzwingen – zum Teil zu jedem Preis.

Sexismus als Wegbereiter für Radikalisierungsvulnerabilität
Mediale Desinformationskampagnen, ein Überfluss an Informationen und der damit verbundene Wunsch ›klarer‹ Leitlinien zur individuellen Orientierung sowie eine zunehmende gesellschaftliche Komplexität erschweren jungen Menschen häufig die persönliche Entscheidungsfindung. Sogenannte ›einfache Wahrheiten‹, die von vielen der diskutierten extremistischen Gruppen zur Lösungsfindung bestimmter Problemlagen wie mangelnde Teilhabe, Angst vor Ausgrenzung und sozialem Abstieg usw. angeboten werden, bieten Halt und schaffen Verbundenheit mit einer Gruppe. Dass diese Exklusivität zu einer extremistischen Bewegung häufig mit der Aufgabe der eigenen Individualität einhergeht und es den Mitgliedern kaum noch ermöglicht, am Alltag teilzunehmen, wird erst auf den zweiten Blick erkennbar.

Der wachsende Druck auf Mädchen und Frauen, optische und partnerschaftliche Idealvorstellungen zu erfüllen, wird durch die Hochglanzoptik sozialer Medienplattformen, in denen sich ihr soziales Leben zunehmend abspielt, häufig ins Unerreichbare gesteigert. Ein möglicher Ausweg stellt hier die extremistische Bezugsgruppe dar, die ihre ›eigenen‹ Regeln macht – nicht selten jedoch denselben patriarchalen Rollenmustern folgt und ihre Prinzipien über die Ehre, den Körper, das Leben oder die Hingabe der Frauen definiert, die nun erneut unfrei (gemacht werden) und den Wünschen anderer folgen.

10 Fazit

Die Zahl weiblicher Extremistinnen steigt an. Deshalb werden seit einiger Zeit gendersensible Präventionsansätze mit Blick auf Mädchen und Frauen verstärkt. Es ist sehr wahrscheinlich, dass es in den nächsten Jahren auch innerhalb Deutschlands und Europas vermehrt zu terroristischen Anschlägen von Frauen kommen wird. Noch immer werden Frauen durchschnittlich für ›harmloser‹ gehalten als Männer, wenn es um Sicherheitskontrollen in Bezug auf mögliche Anschlagsziele geht. Und genau diese positiven Geschlechtervorurteile gegenüber Frauen nutzen extremistische Gruppen aus, da sie *lernende terroristische Organisationen* sind.

Doppelte Standards in der Strafverfolgung
Zugleich fallen die bisherigen Strafen für den Anschluss an terroristische Vereinigungen und damit verbundener Aktivitäten für Frauen im Vergleich zu Männern bisher noch überwiegend milder aus.[311] Diese ungleiche juristische Bewertung von extremistischer Gewaltteilhabe fußt noch immer auf der romantisierten Geschlechtervorstellung, dass Frauen nicht freiwillig oder im selben Ausmaß Gefallen an Gewalt und Terror hegten wie Männer. Diese Hypothese ist antiquiert und bedarf einer ›Fall-zu-Fall-Betrachtung‹. Zugleich ist sie auch unter Gendergesichtspunkten diskriminierend gegenüber Männern, da die Bemessung des Straftatbestandes für Extremistinnen nicht etwa objektiven Kriterien folgt. Sie fußt häufig auf ›positiven‹ Vorurteilen des Gerichts und der Staatsanwaltschaft gegenüber *den* Frauen, denen ein versteckter Sexismus inhärent ist. In diesem Fall richtet sich der Sexismus jedoch gegen das Recht auf Gleichbehandlung der Männer und nicht der Frauen.

Diese Bestandsaufnahme führt zur Frage möglicher Präventionsmaßnahmen mit Blick auf weibliche Radikalisierung und Rekrutierung durch weibliche Extremistinnen, die im folgenden Kapitel diskutiert wird.

11 Ausblick

Wichtig wäre es zunächst mit Blick auf die Radikalisierung und Betätigung von Mädchen und Frauen in extremistischen Bewegungen von stereotypen Zuschreibungen hinsichtlich dieser Gruppe abzusehen. Die Fremdwahrnehmung kann die Selbstwahrnehmung bekanntermaßen stark beeinflussen und diese Prägung macht junge Frauen vulnerabler für die Ansprache von Rekruteurinnen, denen es genauso erging wie ihnen selbst, die sich wahlweise ungeliebt, wütend, ausgeschlossen, missverstanden fühlten oder mit den derzeitigen ›Schönheitsidealen‹ nicht mithalten können oder wollen.

Moralische Zuschreibungen mit Blick auf Mädchen und Frauen unterbinden
In ihrem Beitrag *Mother. Daughter. Sister. Bomber* beschrieb die Extremismusexpertin Mia Bloom bereits im Jahr 2005 die unterschiedlichen Gründe, die Frauen dazu bewegen können, sich einer extremistischen Gruppe anzuschließen und Selbstmordanschläge auszuführen. Viele der Gründe knüpfen an gesellschaftliche Erwartungen diese Frauen betreffend an, bspw. das Ansehen der Familie zu wahren, keine außerehelichen Beziehungen zu pflegen oder ihre eigene Ehre infolge einer Vergewaltigung, dessen Opfer (!) sie wurden, wiederherzustellen, indem sie sich für eine ›höhere‹ Sache opferten.[312] Mit Blick auf die tschetschenischen Kämpferinnen, die ihre Rollen als ›kollekktives Erbe‹ ihrer Gemeinschaft verstehen, aber auch in Bezug auf Tschetscheninnen, die in der Diaspora, bspw. in Österreich leben, trifft dieses System noch immer zu. Dies konnte zum Beispiel hinsichtlich einer Gruppe von Frauen beobachtet werden, die infolge gescheiterter außerehelicher Beziehungen zu Männern nach Syrien zum IS gingen, um dort ihre verlorengegangene ›Ehre‹ wiederherzustellen. Zuvor waren sie von ihrer eigenen Bezugsgruppe aufgrund der anhaltenden engen Moral- und Verhaltensvorschriften für Frauen aus der tschetschenischen Gemeinschaft, die für sie in der Diaspora Halt bedeutete, ausgeschlossen worden.

11 Ausblick

Ein wesentlicher Schritt mit Blick auf die Prävention einer zunehmenden Radikalisierung von Frauen wäre demnach ein gesellschaftliches Umdenken in Bezug auf die Rollenerwartungen an Mädchen und Frauen. Vielfach wird mit Frauen auf körperlicher, psychischer und psychischer Ebene in der Gesellschaft sehr viel härter ins Gericht gegangen, wenn sie es öffentlich ›wagen‹, bestimmten Rollenmustern zu widersprechen. Dazu zählt die öffentliche Erwartungshaltung, dass jede Frau eine Mutter sein wolle und könne, unabhängig davon, ob diese es für sich selbst so sieht oder wünscht. Eine Frau, die diesen Wunsch nicht hegt oder dieses ihr quasi per definitionem bzw. Geschlecht zugeschriebene Ideal ablehnt oder nicht in dem Maße erfüllt, in dem es von ihr ›erwartet‹ wird, wird öffentlich an den Pranger gestellt. Dabei wird der Zorn gegenüber dieser Frau milieuübergreifend geäußert, denn das Idealbild einer Mutter und ihrer vermeintlichen Qualifikationen, ist noch immer in jeder gesellschaftlichen Schicht tief verwurzelt in den Köpfen ihrer Kritiker:innen. Es korrespondiert mit der Bewertung einer ›Frau‹, die, sofern sie zu feminin auftritt, nicht ernstgenommen oder als schwach abgewertet wird, wenn sie gegenteilig auftritt, als zu maskulin und damit als ›unweiblich‹ degradiert wird.[313] Diese geschlechterbezogenen Vorurteile führen dazu, dass es die Frauen letztlich niemandem recht machen können. Sie leben also auch vor ihrem Eintritt in eine extremistische Bewegung in einer Welt, die widersprüchliche und dadurch nicht erreichbare Erwartungen an ihr Geschlecht adressiert.

Eine gesellschaftliche Emanzipation männlich und weiblich geprägter Idealvorstellungen könnte demnach in großem Maße dazu beitragen, dass Kinder und Heranwachsende nicht versuchen, Idealvorstellungen hinterherzulaufen. Damit wäre ein wesentliches Einfallstor für extremistische Rekruteur:innen geschlossen: das der Vulnerabilität aufgrund von nicht erfüllbaren Erwartungen an junge Menschen. Aufgrund ihres Alters können insbesondere Heranwachsende sehr stark von extremistischen Ideen und Bewegungen beeinflusst werden, weil sie eben noch nicht so stark in sich selbst gefestigt sind wie Erwachsene.

Die Prävention weiblicher Radikalisierung fußt demnach im Wesentlichen auf der Abschaffung geschlechterbezogener Erwartungen und Zuschreibungen. Zudem basiert sie auch auf der Arbeit mit Eltern und Familien, der Integration von Jugendämtern, Kindergärten und Schulen in den Prozess der Aufklärung vor Gewalt, Hass, Desinformation und gruppenbezogener Menschenfeindlichkeit.

Die Reaktanztheorie als mögliche Präventionsstrategie

In diesem Zusammenhang könnte zum Beispiel die *Reaktanztheorie* angewendet werden, eine psychologische Strategie, die ein »Phänomen des Widerstands gegen wahrgenommenen Beeinflussungsdruck [darstellt]. Reaktanz tritt auf, wenn ein Individuum sich in seiner Meinungs- und Verhaltensfreiheit bedroht fühlt [... und] beschreibt die psychologischen Folgen einer *wahrgenommenen Freiheitseinschränkung*.«[314] Im vorliegenden Kontext könnte diese Strategie im Nexus von Präventionskampagnen dazu verwendet werde, den vulnerablen Frauen, die von der jeweiligen Gruppe rekrutiert werden (sollen), ihren eigenen Opferstatus aufzuzeigen. Sie selbst sind ebenfalls Opfer einer Überredungskunst geworden, in deren Zusammenhang ihre freie Meinungsbildung und persönliche Freiheit Stück für Stück eingeschränkt wird. Durch diese Erkenntnis könnte sich bei den betroffenen (jungen) Frauen ein sogenannter »Bumerangeffekt« einstellen und ihre Rekrutierung misslingen.

Die Strategie extremistischer Bewegungen aus dem radikal-islamischen und rechtsextremistischen Milieu zielt jedoch genau darauf ab, die ›Freiheit‹ der Mehrheitsgesellschaft auf Oberflächlichkeiten zu reduzieren. Diese wird wahlweise als ›westliche‹ oder ›moderne‹ Gesellschaft bezeichnet und auf a-moralisches Verhalten jenseits der Gruppennorm abgewertet, bspw. sich nach dem eigenen Geschmack zu kleiden, Alkohol zu trinken oder sexuelle Beziehungen jenseits der Ehe führen zu dürfen. Die Extremistinnen leiten aus dieser einseitigen Beschreibung von Freiheit einen Werteverfall für sich ab, der sich letztlich negativ auf die psychische Gesundheit der Frauen auswirke. Denjenigen Frauen, die sich so verhielten, unterstellen die Extremistinnen, sich mit den ›westlichen‹ Freiheiten nur scheinbar wohlzufühlen, da sie aus der extremistischen Sicht in ›Wahrheit‹ ein a-moralisches Leben führten. Das Narrativ zur Rekrutierung weiblicher Mitglieder zielt in diesem Zusammenhang darauf ab, dass die Frauen ›begreifen‹ sollten, dass sie mit ihrem bisherigen Leben im Grunde unglücklich seien, weil sie ohne konkrete (höhere) Zielsetzungen lebten. Diese Ziele, die damit verbundene (Lebens-)Führung und ›Rechtleitung‹ erhielten sie jedoch nach ihrem Eintritt von der extremistischen Bezugsgruppe. Dadurch würden sie erst ›wirklich‹ frei und wären in der Lage, ihren ›wahren‹ Wert als Frauen zu erkennen, der in vielen extremistischen Gruppen am heimischen Herd, der Seite des Ehemannes und der Kinder verortet wird.

Das bedeutet, dass Reaktanz nur dann erfolgen kann, wenn die Frauen ihre frühere ›Freiheit‹ als bedeutsam und an wichtige Bedürfnisse geknüpft definieren. Existiert diese Wahrnehmung nicht, fallen ihnen subtile Beeinflussungen durch extremistische Frauen und Bewegungen nicht auf, denn sie sehen keinen Verlust hinsichtlich der Bedrohung dieser Freiheiten. In der Präventionsarbeit sollte deshalb zunächst darauf hingewiesen werden, dass die zuvor beschriebene Definition von Freiheit, die die Extremistinnen verwenden, antifeministisch und oberflächlich argumentiert. Hierzu gehört auch die Verdeutlichung der besonderen Bedeutung freier Meinungsäußerung, die das Recht individueller Entscheidungen respektiert. Dies sind Grundrechte, die in einer Demokratie gesellschaftlich und juristisch verankert sind. Mit dem Anschluss an extremistische Bewegungen und der damit vorausgesetzten Verleugnung eigener Wünsche zugunsten der Gruppenziele oder der Wünsche (männlicher) Mitglieder, werden den Frauen diese individuellen Freiheitsrechte von der extremen Gruppe entzogen. Darüber hinaus verfolgen viele extremistischen Gruppen das langfristige Ziel, die Gesetzgebung dergestalt zu verändern, dass Frauen nicht mehr dieselben Rechte in einer Gesellschaft besitzen wie Männer. Ginge es nach den Extremist:innen, würden Frauen zukünftig die individuelle Freiheit verlieren, über ihr eigenes Leben selbst zu entscheiden. Fortan wären sie von den Entscheidungen ihrer männlichen Angehörigen abhängig und damit juristisch entmündigt.

Weibliches Empowerment stärken
Es ist in diesem Kontext deshalb besonders bedeutsam, vulnerablen Mädchen und Frauen ihren eigenen Wert aufzuzeigen und ihnen zu verdeutlichen, sich nicht auf Äußerlichkeiten reduzieren zu lassen. Dies gilt insbesondere mit Blick auf die Bedeutung ihrer grundgesetzlich verbrieften Freiheitsrechte. Wie zuvor bereits erwähnt besitzen sie im Gegensatz zu extremistischen Gruppen, in denen die Frauen häufig nur ein ›Mittel zum Zweck‹ oder ein ›Rädchen im Getriebe‹ sind, in Deutschland dieselben Rechte und Pflichten wie Männer und Angehörige anderer Geschlechtergruppen. Dies ist ein wesentlicher Unterschied zur extremistischen Definition von ›weiblicher Freiheit‹ und stellt damit ein hohes Gut für Frauen dar, das in anderen Ländern keineswegs selbstverständlich ist.

Das Bewusstsein der Frauen für den eigenen Wert zu schärfen und zugleich an ihre eigene Verantwortung für sich selbst zu appellieren, enthält sowohl Chancen als auch Herausforderungen. Chancen bestehen darin, dass die betroffenen Mädchen und Frauen erkennen, dass ihre Gruppenzugehörigkeit sie lediglich zum ›Spielball‹ dritter Interessen macht und ihre Gruppenzugehörigkeit den Preis der Ent-Individualisierung und Subordination unter die Wünsche anderer werden lässt. Herausforderungen ergeben sich mit Blick auf die Verknüpfung der Freiheit mit der Verantwortung für das eigene Leben und Handeln. Aufgrund unterschiedlicher Beweggründe, wie mangelndem Selbstbewusstsein, erlittener Traumata, Angst, Unsicherheit, aber auch aus Bequemlichkeit, empfinden es viele Menschen als schwierig, Verantwortung für sich selbst und ihre Entscheidungen zu übernehmen. Sie suchen nach Halt und Orientierung bei Anderen und sind deshalb zum Teil dazu bereit, die Verantwortung für ihr eigenes Leben an Dritte abzutreten, da hierdurch die aus Entscheidungen Dritter resultierende Folgen nicht von ihnen selbst ›verantwortet‹ werden müssten. Diese Haltung ist infolge traumatischer Erfahrungen einerseits nachvollziehbar, weil sie als ›einfache‹ Lösung für die Betroffenen erscheint, ihr Leben ›in den Griff zu bekommen‹. Andererseits treffen sie bereits selbst eine Entscheidung, indem sie sich einer extremistischen Gruppe anschließen und deren Inhalte teilen, andere für diese Ideologien wohlmöglich rekrutieren oder penetrieren – sei es bewusst oder unterbewusst. Darauf muss im Kontext gendersensibler Radikalisierungsprävention hingewiesen werden.[315] Die Förderung starker und selbstbewusster Mädchen und Frauen, die für ihre eigenen Entscheidungen einstehen können und wollen, sollte deshalb das Ziel aufgeklärter und moderner Gesellschaften sein. In diesem Zusammenhang muss deutlich werden, dass Mut, eigene Entscheidungen zu treffen und dafür selbst die Verantwortung zu übernehmen, keine geschlechterbezogenen Charaktereigenschaften sind, sondern Handlungsprämissen, die von jedem Menschen erlernt werden können – unabhängig von Geschlecht, Religion oder Herkunft.

Anmerkungen

1   Sarah Irving (2012). *Leila Khaled. Icon of Palestinian Liberation.* London.
2   Christopher Egenberger (2008). *Woran erkenne ich Rechtsextreme?* Bundeszentrale für politische Bildung (bpb). 25.07.2008. https://www.bpb.de/themen/rechtsextremismus/dossier-rechtsextremismus/41314/woran-erkenne-ich-rechtsextreme/, abgerufen am 3.07.2025.
3   Vgl. Christian Menhorn (2001). *Skinheads. Portrait einer Subkultur.* Baden-Baden. Vgl. auch Susanne El-Nawab (2001). *Skinheads – Ästhetik und Gewalt.* Frankfurt am Main.
4   Vgl. Andrea Röpke und Andreas Speit (2013). *Geschichte und Gegenwart rechter Gewalt in Deutschland.* Berlin. Vgl. auch Sven Ullenbruch (2021). Die extreme Rechte in der Region Heilbronn. In Demokratiezentrum Baden-Württemberg/Fachstelle mobirex (Hrsg.): *Ein Blick auf die Region Heilbronn. Zwischen extrem rechten Aktivitäten und Engagement für eine menschenrechtsorientierte Demokratie.* Sersheim, S. 60–65.
5   Vgl. Menhorn (2001) und El-Nawab (2001).
6   Vgl. Charlie Kaufhold (2015). *In guter Gesellschaft? Geschlecht, Schuld und Abwehr in der Berichterstattung über Beate Zschäpe.* Münster.
7   Generalbundesanwalt (GBA) (2012). *Bundesanwaltschaft erhebt Anklage im »NSU«-Verfahren.* 8.11.2012–32/2012. https://web.archive.org/web/20170913135654/http://www.generalbundesanwalt.de/showpress.php?newsid=460, abgerufen am 24.03.2025.
8   GBA (2012).
9   Andrea Röpke (2012). Im Untergrund, aber nicht allein. *Aus Politik und Zeitgeschehen (APuZ).* 30.04.2012. https://www.bpb.de/shop/zeitschriften/apuz/133374/im-untergrund-aber-nicht-allein/, abgerufen am 04.07.2015; vgl. Ullenbruch (2021): 60–65.
10 Oberlandesgericht München (2018). *Az: 6 St 3/12.* 6. Strafsenat – Staatsschutzsenat, S. 25–26. https://fragdenstaat.de/dokumente/4766-nsu-urteil, abgerufen am 24.03.2025.
11 Fachstelle Gender, GMF und Rechtsextremismus (2018). *Leerstellen im NSU-Komplex: Geschlecht, Rassismus, Antisemitismus.* Berlin: Amadeu Antonio Stiftung.
12 Andrea Röpke (2012).
13 Emily Thomas (2015). Who is Hayat Boumeddiene? *BBC News.* 12.01.2015. https://bbc.com/news/newsbeat-30760975, abgerufen am 31.12.2015.

14	Amal Mukhtar (Hrsg.) (2016). *Terrorist Threat in the Euro-Mediterranean Region.* Barcelona, S. 51.
15	Sophie Neumayer und Eric Pelletier (2020). Attentats de janvier 2015: Hayat Boumeddiene vivante? *Franceinfo.* 14.05.2020. https://www.franceinfo.fr/faits-divers/terrorisme/attaques-du-13-novembre-a-paris/enquete-sur-les-attentats-de-paris/info-france-2-attentats-de-janvier-2015-hayat-boumeddiene-vivante-une-enquete-ouverte-apres-qu-une-jihadiste-affirme-l-avoir-croisee-dans-un-camp-en-syrie_3964473.html, abgerufen am 3.07.2025.
16	Luxemburger Wort (2020). *»Charlie Hebdo«-Prozess: 30 Jahre Haft für Hauptbeschuldigten.* 16.12.2020. https://www.wort.lu/international/charlie-hebdo-prozess-30-jahre-haft-fuer-hauptbeschuldigten/1088460.html, abgerufen am 3.03.2025.
17	Sebastian Erb und Wolf Schmidt (2012). Viele Spuren führen zu Thomas R. *taz.* 15.08.2012. https://taz.de/Verbindungen-vom-NSU-zum-Ku-Klux-Klan/!5086377/, abgerufen am 3.07.2025. Vgl. auch Daniel Heinrich (2018). Sicherheitsorgane und Rechtsextremismus. *Deutsche Welle.* 18.12.2018. https://www.dw.com/de/sicherheitsorgane-mit-verbindungen-zum-rechtsextremismus/a-46790126, abgerufen am 3.07.2025.
18	Frank Unger (2005). Ku-Klux-Klan. In Christoph Auffarth u. a. (Hrsg.). *Metzler Lexikon Religion.* Stuttgart. https://doi.org/10.1007/978-3-476-00091-0_279
19	Kathleen Blee (2008). *Women of the Klan. Racism and Gender in the 1920s.* Berkley; Kathleen Blee (2002). The Gendered Organization of Hate: Women in the U.S. Ku Klux Klan. In P. Bacchetta und M. Power (Hrsg.). *Right Wing Women.* New York: Routledge.
20	Justine Bitam und Katrin Sold (2022). Der Algerienkrieg. Ein unvollendeter Aufarbeitungsprozess. *Bundeszentrale für politische Bildung (bpb).* 04.03.2022. https://www.bpb.de/themen/europa/frankreich/505860/der-algerienkrieg/, abgerufen am 3.07.2025.
21	Yves Corrière (2005). *La Guerre d´Algérie (1954-1957).* Bd. 1. Paris.
22	Maria Hörtner (2009). *Die unsichtbaren Kämpferinnen. Frauen im bewaffneten Konflikt in Kolumbien zwischen Gleichberechtigung und Diskriminierung.* Berlin.
23	Brendan O´Brien (1999). *The Long War. The IRA and Sinn Féin.* Dublin.
24	Marianne Quoirin (2011). *Töchter des Terrors. Die Frauen der IRA.* Berlin.
25	Gerd Koenen (2003). V*esper, Ensslin, Baader. Urszenen des deutschen Terrorismus.* Köln. Vgl. auch Christopher Daase (2007). *Die erste Generation der RAF (1970-1975).* bpb. 20.08.2017. https://www.bpb.de/themen/linksextremismus/geschichte-der-raf/49256/die-erste-generation-der-raf-1970-1975/, abgerufen am 03.07.2025.
26	Stefan Aust (2005). *Der Baader-Meinhof-Komplex.* Hamburg.
27	Kim Wall und Manski Choksi (2018). A Chance to Rewrite History: The Women Fighters of the Tamil Tigers. *International Women's Media Foundation.* 22.05.2018. https://www.iwmf.org/reporting/a-chance-to-rewrite-history-the-women-fighters-of-the-tamil-tigers/, abgerufen am 3.07.2025.

28	Merle Stöver (2014). Genderwahn und Gleichmacherei – die »Junge Alternative« der AfD offenbart ihr Frauenbild. *Netz-gegen-Nazis.* 28.03.2014. http://www.netz-gegen-nazis.de/artikel/genderwahn-und-gleichmacherei-die-afd-offenbart-ihr-frauenbild-9367, abgerufen am 3.07.2025.
29	Courage – Werkstatt für demokratische Bildungsarbeit e. V. (Hrsg.) (2021). *Achtungszeichen! Begriffe und Sprache der Neuen Rechten.* Dresden: Netzwerk für Demokratie und Courage in Sachsen.
30	Vgl. Nina Käsehage (2023). *»The Young Sahaba«. Die religiöse Sozialisation von Kindern und Jugendlichen im jihadistischen Milieu.* Stuttgart.
31	Käsehage (2023): 56.
32	Dorothee Beck und Barbara Stiegler (2017). *Das Märchen von der Gender Verschwörung. Argumente für eine geschlechtergerechte und vielfältige Gesellschaft.* Berlin: Friedrich-Ebert-Stiftung, Forum Politik und Gesellschaft.
33	Outright International (2023). *Die Bedeutung von Māhū.* 22.03.2023. https://www.outrightinternational.org/meaning-mahu#:~:text=In%20Native%20%Hawaiian%20culture %2C%20there, Kanaka%2C%20which%20means%20 native%20Hawaiian, abgerufen am 3.07.2025.
34	Tanja Kämmerer (2010). *Weder Mann noch Frau. Hijras – eine Untersuchung zum Dritten Geschlecht in Indien.* Marburg, S. 11. Vgl. auch Renate Synder (2003). Trty prakrti: das »Dritte Geschlecht« im Alten Indien. *Asiatische Studien* 57: 63–120. Vgl. weiter Serena Nanda (1999). *Neither Man nor Woman: The Hijras of India.* Belmont.
35	Hans-Jürgen Voß (2010). *Making Sex Revisited. Dekonstruktion des Geschlechts aus biologisch-medizinischer Perspektive.* Bielefeld.
36	Ulrike Stöwer (2022). Geschlecht – Gender, Genus, das andere Geschlecht. In Zentrum für digitale Lexikographie der deutschen Sprache (ZDL). https://www.zdl.org/wb/wortgeschichten/Geschlecht, abgerufen am 3.07.2025.
37	Siegfried Lamnek, Jens Lüdtke, Ralf Ottermann und Susanne Vogl (2012). *Tatort Familie. Häusliche Gewalt im gesellschaftlichen Kontext.* Wiesbaden, S. 20.
38	Fachstelle Gender & Diversität NRW. #CIS-GENDER. https://www.gender-nrw.de/cis-gender, abgerufen am 3.07.2025.
39	Queer Lexikon (2024). *Enby.* https://www.queer-lexikon.net/2017/06/15/enby, abgerufen am 29.03.2025.
40	Bildquelle: Dorothee Beck und Barbara Stiegler (2017). *Das Märchen von der Gender-Verschwörung. Argumente für eine geschlechtergerechte und vielfältige Gesellschaft.* Berlin: Friedrich-Ebert-Stiftung, S. 13.
41	Käsehage (2023): 118–119.
42	Aus: BR 24 (2017). *Kampfansage nach Bundestagswahl – AfD-Politiker Gauland über Merkel: »Wir werden sie jagen«.* 24.09.2017. https://www.br.de/bundestagswahl/afd-politiker-gauland-ueber-merkel-wir-werden-sie-jagen-100.html, abgerufen am 3.07.2025. Vgl. Jan Schroeder (2025). AfD: Jagd als Methode. *The Pioneer.* 27.02.2025. https://www.thepioneer.de/Originals/others/articles/wir-werden-sie-jagen-wie-die-afd-eine-schwarz-rote-koalition-spalten-will, abgerufen am 3.07.2025. Darin nimmt Schroeder Bezug zu Alice Weidels Äußerung vom 23.02.2025, dem Tag der deutschen Bundestagswahl, bei der sie die

	Rhetorik Gaulands aufgreift und inhaltlich erweitert: »Wir werden sie tatsächlich jagen, und zwar von einer ganz anderen Plattform aus.«
43	Käsehage (2023): 56; 73–77.
44	Simone Rafael (2015). Die Mitte und der »Genderwahn«. In Andreas Zick und Beate Küpper. *Wut, Verachtung, Abwertung – Rechtspopulismus in Deutschland*, hrsg. von Ralf Melzer und Dietmar Molthagen: Bonn: Friedrich-Ebert-Stiftung, S. 78–94.
45	Ursula Birsl (2011). *Rechtsextremismus und Gender*. Leverkusen, S. 15.
46	Rafael 2015: 83.
47	Käsehage (2023): 56.
48	Bev Skeggs (2005). The Making of Class and Gender through Visualizing Moral Subject Formation. *Sociology* 39(5): 965–982.
49	Laura Sjoberg (2009). The Study of Women, Gender, And Terrorism. In Laura Sjoberg und Caron E. Gentry (Hrsg.). *Women, Gender and Terrorism*. Athens, S. 227–240, hier: S. 247.
50	Robert Claus (2014). *Maskulinismus. Antifeminismus zwischen vermeintlicher Salonfähigkeit und unverhohlenem Frauenhass*. Berlin: Friedrich-Ebert-Stiftung, S. 39.
51	Bildquelle: Amadeu Antonio Stiftung. (Hrsg) (2021). *Frauenhassende Online-Subkulturen. Ideologien – Strategien – Handlungsempfehlungen*. Berlin, S. 35.
52	Amadeu Antonio Stiftung (2021).
53	Vgl. Amadeu Antonio Stiftung (2021). Vgl. auch Mira Brate und Anna Suromai (2022). *Alles Einzelfälle? Misogyne und sexistisch motivierte Gewalt von rechts*. Berlin: Amadeu Antonio Stiftung. Vgl. weiter Amadeu Antonio Stiftung (Hrsg.) (2024). *Zivilgesellschaftliches Lagebild Antifeminismus 2023 Dokumentation und Analysen der Meldestelle Antifeminismus*. Berlin.
54	Quelle: Amadeu Antonio Stiftung. (2024a). *Zivilgesellschaftliches Lagebild Antifeminismus 2023 Dokumentation und Analysen der Meldestelle Antifeminismus*. Berlin, S. 24/25.
55	Al-Hayat Media Center (Hrsg.) (2015). From the Battle of Al-Ahzab to the War of Coalitions. *Dabiq* 11: 1–66, hier: 44.
56	Käsehage (2023): 182–183.
57	Vgl. Thomas (2015).
58	Bildquelle: Ralph Ellis und Margot Haddad (2015). ISIS video may show woman linked to kosher grocery attack. *CNN*, 05.02.2015. https://edition.cnn.com/2015/02/04/europe/kosher-grocery-attack-boumeddiene/index.html, abgerufen am 3.07.2025.
59	Al-Hayat Media Center (Hrsg.) (2015). From Hypocrisis to Apostasy. The Extinction of the Grayzone. *Dabiq* 7: 1–83.
60	Ralph Ellis und Margot Haddad (2015).
61	Bildquelle: Ralph Ellis und Margot Haddad (2015).
62	Nina Käsehage (2017). *Dschihad als Ausweg – Warum Tschetschenische Frauen in den Krieg ziehen und deutsche Kämpferinnen ihnen folgen*. Springe, S. 14–17.
63	Käsehage (2017): 15–17.
64	Käsehage (2017): 23–29.

Anmerkungen 175

65   Käsehage (2017): 23–29.
66   Anne Speckhard und Khapta Akhmedova (2006). The New Chechen Jihad: Militant Wahabism as a Radical Movement and a Source of Suicide Terrorism in Post-War Chechen Society. *Democracy & Security* 2: 1–53.
67   Vgl. Anna Politkowskaja (2008). *Tschetschenien: Die Wahrheit über den Krieg.* Frankfurt am Main. Vgl. auch Florian Hassel (2003). *Der Krieg im Schatten: Rußland und Tschetschenien.* Berlin.
68   Käsehage 2017: 52.
69   Heiko Henisch, Hüseyin Cicek und Jan-Markus Vömel (2023). *Die Islamische Gemeinschaft Millî Görüş: Geschichte, Ideologie, Organisation und gegenwärtige Situation.* Wien: Dokumentationsstelle Politischer Islam, S. 217.
70   Emel Zeynelabidin (2013). *Erwachsen wird man nur im Diesseits.* Linz.
71   IGMG (2016). *Negative Suggestionen gegenüber Musliminnen müssen aufhören.* 07.07.2016. https://www.igmg.org/negative-suggestionen-gegenueber-musli minnen-muessen-unverzueglich-aufhoeren/, abgerufen am 3.07.2025.
72   Vgl. IGMG İslam Toplumu Millî Görüş / İrşad Başkanlığı (Hrsg.) (2015). *Fetava – IGMG Din İstişare Kurulu Araştırma ve Kararları I.* Köln. Vgl. auch IGMG İslam Toplumu Millî Görüş / İrşad Başkanlığı (Hrsg.) (2018). *Fetava – IGMG Din İstişare Kurulu Araştırma ve Kararları II.* Köln.
73   Vgl. Mechthild Rumpf, Ute Gerhard, Mechthild M. Jansen (Hrsg.) (2003). *Facetten islamischer Welten. Geschlechterordnungen, Frauen- und Menschenrechte in der Diskussion.* Bielefeld.
74   IGMG İslam Toplumu Millî Görüş/Alpes Bölgesi (2015): 68. Sohbet.
75   Käsehage (2023): 189.
76   Käsehage (2023): 436–437.
77   Vgl. Käsehage (2023).
78   Andreas Zick, Beate Küpper und Nico Mokros (Hrsg.) (2023). *Die distanzierte Mitte. Rechtsextreme und demokratiegefährdende Einstellungen in Deutschland 2022/23* hrsg. von Franziska Schröter. Bonn: Friedrich-Ebert-Stiftung.
79   Kira Ayyadi (2023). *Die Macht der Inszenierung. Wie extrem rechte Influencerinnen online junge Menschen ködern.* Redaktion Belltower News. Berlin: Amadeu Antonio Stiftung. https://www.amadeu-antonio-stiftung.de/die-macht-der-inszenierung/, 3.07.2025.
80   Stefanie Mayer, Edma Ajanovic und Birgit Sauer (2018). Geschlecht als Natur und das Ende der Gleichheit: Rechte Angriffe auf Gender als Element autoritärer politischer Konzepte. *Femina Politica – Zeitschrift für feministische Politikwissenschaft* 27(1): 47–61, hier: S. 54.
81   Ayyadi (2023).
82   Enrico Glaser und Lea Lochau (2024). The Female Choices of the far Right. Die AfD als erfolgreicher Akteur der extremen Rechten. In Amadeu Antonio Stiftung (Hrsg.). *(R)echte Männer und Frauen. Analysen zu Geschlecht und Rechtsextremismus.* Berlin, S. 9–16; hier: S. 13–14.
83   Ayyadi (2023).
84   Bildquelle: Instagram-Profil von Marie-Thérèse Kaiser (hallofraukaiser, 5.02.2023); abgerufen am 3.07.2025.

85	Glaser und Lochau (2024): 14.
86	Ebenda.
87	Glaser und Lochau (2024): 15
88	Ebenda.
89	Bildquelle: Glaser und Lochau (2024): 15.
90	Nadja Al-Khalaf (2018). Die Identitäre Bewegung gibt sich feministisch, um neue Mitglieder anzuwerben. *Zeit,* 20.02.2018. https://www.zeit.de/zett/politik/2018-02/die-identitaere-bewegung-will-mit-angeblichem-feminismus-mitglieder-anwerben, abgerufen am 3.07.2025.
91	Kira Ayyadi (2020). Die Frau als Bedrohung für die inneren Sicherheit. *Belltowernews,* 12.01.2018. https://www.belltower.news/der-antifeminismus-der-neuen-rechten-die-frau-als-bedrohung-fuer-die-inneren-sicherheit-46650/, abgerufen am 3.07.2025.
92	Lexikon: *Lukreta.* https://www.belltower.news/lexikon/lukreta/, abgerufen am 3.07.2025.
93	Ayyadi (2023).
94	Bildquelle: Instagram-Profil von Lukreta (lukreta_official), abgerufen am 3.07.2025.
95	Kate Manne (2018). *Down Girl. The Logic of Misogyny.* Oxford.
96	Bildquelle: Instagram-Profil von Lukreta (lukreta_official), abgerufen am 3.07.2025.
97	Reinhild Boßdorfs Eintrag bei Twitter vom 23.12.2022, zitiert nach Instagram-Profil von Lukreta (lukreta_official).
98	Ayyadi (2023).
99	Friederike Hansen (2022). »Frauenkongress« von rechtsradikaler Frauengruppe und AfD in Münster. *Belltowernews,* 15.06.2022. https://www.belltower.news/lukreta-frauenkongress-von-rechtsradikaler-frauengruppe-und-afd-in-muenster-133219/, abgerufen am 3.07.2025.
100	Ayyadi (2023).
101	Gabriele Dietz (2020). Why Are Women Attracted to Right-Wing Populism? Sexual Exceptionalism, Emancipation Fatigue, and New Maternalism. In Gabriele Dietz und Julia Roth (2020). *Right-Wing Populism and Gender – European Perspectives and Beyond.* Bielefeld: transcript, S. 147–165.
102	Veronika Kracher (2024). Tradwives statt trans Girls. Zur Essentialisierung von Weiblichkeit im antifeministischen Social-Media-Aktivismus. In Amadeu Antonio Stiftung (Hrsg.). *(R)echte Männer und Frauen. Analysen zu Geschlecht und Rechtsextremismus.* Berlin, S. 28–34.
103	Bildquelle: Antonio Amadeu Stiftung (2024): 30.
104	Kinga Bartczak (2024). Gefährlicher Trend »Tradwives«: Bye-bye Feminismus – Zurück zu alten Geschlechterrollen?! *Female Experts Magazine,* 13.04.2024. https://femalexperts.com/gefahrlicher-trend-tradwives/, abgerufen am 3.07.2025.
105	Kracher (2024): 29.
106	Vgl. Amadeu Antonio Stiftung (2024).
107	Bildquelle: Antonio Amadeu Stiftung (2024): 6.

108	Vgl. Dietz (2020).
109	Nancy C. Love (2020). Shield Maidens, Fashy Femmes, and TradWives: Feminism, Patriarchy, and Right-Wing Populism. *Frontiers in Sociology* 5: 1–3.
110	Bildquelle: Amadeu Antonio Stiftung (2024): 19.
111	Bildquelle: Instagram-Profil von Jonas Dünzel (jonas.duenzel), Vorsitzender des Zwickauer AfD-Kreisverbandes (25.10.2022), abgerufen am 3.07.2025
112	Y-Kollektiv (ARD) (2024). *Insta-Moms. Das Familienbusiness,* vom 13.05.2024. https://www.ardmediathek.de/video/y-kollektiv/insta-moms-das-familienbusiness/ard/Y3JpZDovL3JhZGlvYnJlbWVuLmRlL2Y4ZjA5OTA4LTVjZDAtNDRkMy1hMzUxLTRjZDMzNWZlZTBmMi9lcGlzb2RlL3VybjpwcmlcmQ6c2hvdzo2MjA5YjVhYmY2MmQ4ODZhN2Fj, abgerufen am 07.07.2025.
113	Ayyadi (2023).
114	Vgl. Roland Imhof (2023). Zum Zusammenhang zwischen Religiosität und der Befürwortung von Verschwörungstheorien: Die Rolle politischer Orientierung. *Political Psychology* 44: 139–156. Vgl. auch Marcel Meuer und Roland Imhof (2020). Believing in Hidden Plots is Associated with Decreade Behaviroral Trust: Conspiracy Belief as Greater Sensitivity to Social Threat or Insensitivity Towards its Absence. *Journal of Experimental Social Psychology* 93: Artikel 104081. Doi: 10.17605/OSF.IO/GUQN5
115	Hier und im Folgenden. Amadeu Antonio Stiftung (2023): 7–9.
116	Nina Käsehage (2024). Deep Ecology – Die extremen Seiten ökologischer Krisenbewältigung. *weiter denken* 4: 2–10. Vgl. Matthias Pöhlmann (2021). *Rechte Esoterik. Wenn sich alternatives Denken und Extremismus gefährlich vermischen.* Freiburg im Breisgau: Herder.
117	Hier und i.F.: Amadeu Antonio Stiftung (2023): 10.
118	Roland Imhof (2015). Zugehörigkeit oder Macht: Was motiviert Verhalten in sozialen Netzwerken? *Schweizer Zeitschrift für Psychologie* 74: 37–47; vgl. Roland Imhoff, und Martin Bruder (2013). Speaking (un-)truth to power: conspiracy mentality as a generalized political attitude. *European Journal of Personality* 28(1): 25–43.
119	Amadeu Antonio Stiftung (2023): 10.
120	Bildquelle: Käsehage nach Amadeu Antonio Stiftung (2023): 10.
121	Martin Sökler (2006). Gutachterliche Stellungnahme für die Deutsche Krebsgesellschaft zur »Germanischen Neuen Medizin (GNM)«, begründet von Dr. med. Ryke Geerd Hamer. https://web.archive.org/web/20160205154612/http://www.krebsgesellschaft-mv.de/_downloads/17789_gutachten-zu-hamer-dkg.pdf, abgerufen am 7.7.2016.
122	Vgl. Niko Kappel (2025). Gefährlicher Medizin-Mythos breitet sich aus. *BR*, 214.03.2025. https://www.tagesschau.de/investigativ/br-recherche/pseudomedizin-hamer-100.html, abgerufen am 13.04.2025; vgl. Pia Lamberty und Katharina Nocun (2022). *Gefährlicher Glaube. Die radikale Gedankenwelt der Esoterik.* Quadriga: Köln; vgl. Pöhlmann (2021).
123	Matthias Pöhlmann (2023). Ein Land voller Spiritualitäten. Von Verschwörungsgläubigen und rechtsesoterischen Überwisser:innen. In Amadeu Anto-

nio Stiftung (Hrsg.) *Mystische Menschenfeindlichkeit – Hintergründe und Erscheinungsformen rechter Esoterik*. Berlin, S. 12–15, hier: S. 14.
124 Kappel (2025).
125 Alma Fathi (2019). *Die ideologischen Hintergründe der Germanischen Neuen Medizin*. Elterninitiative zur Hilfe gegen seelische Abhängigkeit und religiösen Extremismus. In Udo Schuster (Hrsg.). *Rassismus im neuen Gewand – Herausforderungen im Kommunikationszeitalter 4.0*. München: ADK, S. 81–112, hier: S. 97–103.
126 Pöhlmann (2023): 14.
127 Kappel (2025).
128 Fathi (2019): 95–97.
129 Brief des Ryke Geerd Hamer an Richter Hartmann des Landgerichts Hamburg vom 11.04.2013, S. 1–8, hier: S. 2.
130 Hamer (2013): 8.
131 Dirk Armbrosch (2010). »Wunderheiler« versprach Hilfe – und Susanne starb doch. *Augsburger Allgemeine*, 20.01.2010. https://www.augsburger-allgemeine.de/bayern/Krebstod-einer-Zwoelfjaehrigen-Wunderheiler-versprach-Hilfe-und-Susanne-starb-doch-id7178061.html, abgerufen am 14.04.2025; Vgl. Ntv (2015). »Germanischer Medizin« vertraut – Nazi-Paar kommt auf Bewährung frei. *Ntv*, 11.02.2015. https://www.n-tv.de/panorama/Nazi-Paar-kommt-auf-Bewaehrung-frei-article14487441.html, abgerufen am 14.04.2025.
132 Pöhlmann (2023): 14.
133 Michael Utsch (2010). Germanische Neue Medizin. EZW. Materialdienst. *Zeitschrift für Religions- und Weltanschauungsfragen* 73(9/10): 355–358.
134 Vgl. DavidM1337 (2010). Die 5 Biologischen Naturgesetze – Die Dokumentation. *YouTube*. https://www.youtube.com/watch?v=Z57uBCcOdvI, abgerufen am 14.04.2025. [Hier z. B. Stephanie, Ehemalige Pharmareferentin, ab 2:39:45 und sowie Ursula Homm, Heilpraktikerin und ehemalige Krankenschwester ab 2:41:32 – beide zu Punkt 13. Die Infektionsbehauptung].
135 Amadeu Antonio Stiftung (2023): 4.
136 Privathebamme-Posting auf Telegram zitiert nach Ebenda: 24.
137 Amadeu Antonio Stiftung (2023): 4.
138 Bildquelle: Amadeu Antonio Stiftung (2023): 24.
139 Kurt Finker (1968). Tannenberg-Bund. Arbeitsgemeinschaft völkischer Frontkrieger und Jugendverbände (TB) 1925–1933. In Dieter Fricke (Hrsg.). *Die bürgerlichen Parteien in Deutschland, Handbuch der Geschichte der bürgerlichen Parteien und anderer bürgerlicher Interessenorganisationen vom Vormärz bis zum Jahre 1945*. Bd. 2, Leipzig, S. 668–671.
140 Bruno Thoß (2012). Kapp-Lüttwitz-Putsch, 1920. In Historisches Lexikon Bayerns. https://www.historisches-lexikon-bayerns.de/Lexikon/Kapp-L%C3%BCttwitz-Putsch,_1920, abgerufen am 11.06.2025.
141 Vgl. Finker (1968).
142 Manfred Nebellin (2000). Erich Ludendorff. Ein völkischer Prophet. *Revue d'Allemagne et de Pays de Langue Allemande* 32: 245–256.

143	Thomas Vordermeyer (2021). *Ludendorff-Bewegung*. In Historisches Lexikon Bayerns. http://www.historisches-lexikon-bayerns.de/Lexikon/Ludendorff-Bewegung, abgerufen am 11.06.2025.
144	Annika Spilker (2015). Rechtsextremes Engagement und völkisch-antisemitische Politikvorstellungen um Mathilde Ludendorff (1877–1966) und die Frauengruppen im Tannenbergbund. In Daniel Schmidt, Michael Sturm und Massimiliano Livi (Hrsg.). *Wegbereiter des Nationalsozialismus: Personen, Organisationen und Netzwerke der extremen Rechten zwischen 1918 und 1933*. Essen: Schriftenreihe des Instituts für Stadtgeschichte 19.
145	Vordermeyer (2021).
146	Annika Soilker (2013). *Geschlecht, Religion und völkischer Nationalismus. Die Ärztin und Antisemitin Mathilde von Kemnitz-Ludendorff (1877–1966)*. Geschichte der Geschlechter 64, Frankfurt am Main.
147	Vordermeyer (2021).
148	Felix Reiter und Gideon Thalmann (2012). Die Ludendorff Bewegung. In Elterninitiative zur Hilfe gegen seelische Abhängigkeit und religiösen Extremismus e. V. und Bayerische Arbeitsgemeinschaft Demokratischer Kreise e. V. (Hrsg.) *Rassismus im neuen (?) Gewand – Braune Esoterik, Verschwörungstheorien, Blut-, Boden- und Rassereligionen*. München/Pfaffenhofen, S. 168–176, hier: S. 169.
149	Frank Schnoor (2001). *Mathilde Ludendorff und das Christentum. Eine radikale völkische Position in der Zeit der Weimarer Republik und des NS-Staates*. Deutsche Hochschulschriften 1192. Egelsbach; Frankfurt am Main; München; New York: Dr. Hänsel-Hohenhausen.
150	Hier und i.F. Reiter und Thalmann (2012): 169–173.
151	Gideon Thalmann und Felix Reiter (2011). *Im Kampf gegen »überstaatliche Mächte«. Die völkische Ludendorff-Bewegung – von »Jugenderziehung« bis Ahnenpflege*. Braunschweig: Arbeitsstelle Rechtsextremismus und Gewalt.
152	Bildquelle: https://commons.wikimedia.org/wiki/File:Ahnenst%C3%A4tte_Hilligenloh.jpg
153	Hartmut Klink (2020). Über die Wirksamkeit von (Alltags)-Masken. *Mensch & Maß* 60 (11): 532.
154	Lucius Teidelbaum (2023). Reaktionäre Sehnsüchte. *Kontext: Wochenzeitung*, 17.05.2023. https://www.kontextwochenzeitung.de/gesellschaft/633/reaktionaere-sehnsuechte-8864.html, abgerufen am 13.04.2025.
155	Landtag Baden-Württemberg (2019). ›Anastasia‹-Bewegung und ähnliche Gruppierungen wie der völkische ›Bund für Gotterkenntnis‹ in Baden-Württemberg, Drucksache 16/6347, 29.05.2019. https://www.landtag-bw.de/resource/blob/245442/54e1c1f395e67f1331f4a16339c1c12b/16_6347_D.pdf, abgerufen am 13.02.2020.
156	Sonnhild Sawallisch (2015). Offener Brief über die Flüchtlingskrise an Frau Merkel, Herrn Gauck, alle Bundestags- und Landtagsabgeordneten, Polizei, Landräte, Bundeswehr usw. *Zum Nachdenker*, 21.09.2015 https://zumnachdenker.wordpress.com/2015/09/21/offener-brief-ueber-die-fluechtlingskrise-an-frau-merkel-herrn-gauck-alle-bundestags-und-landtagsabgeordneten-polizei-landraete-bundeswehr-usw/, aufgerufen am 27.09.2016.

157 Timo Büchner (2022). Antisemitismus in Tracht und Lederhose. *Kontext: Wochenzeitung*, 29.06.2022. https://www.kontextwochenzeitung.de/gesellschaft/587/antisemitismus-in-tracht-und-lederhose-8281.html, abgerufen am 13.04.2025.
158 Sven Ullenbruch (2021). Die extreme Rechte in der Region Heilbronn. In: Demokratiezentrum Baden-Württemberg/Fachstelle mobirex (Hrsg.). *Ein Blick auf die Region Heilbronn. Zwischen extrem rechten Aktivitäten und Engagement für eine menschenrechtsorientierte Demokratie*. Sersheim, S. 39–40; 51; 55.
159 Andreas Speit (2019). Warum ein kleiner Verlag ein Buch nicht mehr verkaufen darf, *die tageszeitung*, 31.01.2019. https://taz.de/!5566874/, abgerufen am 25.02.2021; Andreas Speit (2020). Wo eine Frau einen rechten Verlag übernommen hat, *die tageszeitung*, 22.10.2020. https://taz.de/Wo-eine-Frau-einen-rechten-Verlag-uebernommen-hat/!5720413/, abgerufen am 02.04.2021.
160 Ullenbruch (2021): 40.
161 Sonnhild Sawallisch (2021). Zeitzeugen gesucht. *Lühe-Verlag*. https://lueheverlag.de/content/11-zeitzeugen-gesucht, abgerufen am 08.08.2022.
162 Mathilde Ludendorff (1932). *Lehrplan der Lebenskunde für Deutschvolk-Jugend*. München: Ludendorff Verlag, S. 6–8.
163 Vgl. Thalmann und Reiter (2011).
164 Friedrich-Wilhelm Haack (1981). *Wotans Wiederkehr. Blut-, Boden- und Rasse-Religion*. München: Claudius Verlag.
165 Landtag von Baden-Württemberg, 16. Wahlperiode, Drucksache 16 / 9322 vom 20. 11. 2020. Antrag der Abg. Jutta Niemann u. a. GRÜNE und Stellungnahme des Ministeriums für Inneres, Digitalisierung und Migration. Immobilie des »Bund für Gotterkenntnis (Ludendorff) e. V.«: »Jugendheim Hohenlohe« https://www.landtag-bw.de/resource/blob/251624/c03ae3b05450031705a27fd5350643f0/16_9322_D.pdf, abgerufen am 26.12.2020.
166 Julian Feldmann und Christoph Gümmer (2020). *Rechtsextreme im Geheimen. Die völkischen Ludendorffer und ihr Umfeld*. Braunschweig: Bildungsvereinigung Arbeit und Leben Niedersachsen.
167 Timo Büchner (2022). ›Aktivistenwochenende‹ der Identitären in Baden-Württemberg. *Belltower News*, 22.04.2022. https://www.belltower.news/exklusiv-aktivistenwochenende-der-identitaeren-in-baden-wuerttemberg-130519/, abgerufen am 12.07.2022.
168 Feldmann und Gümmer (2020).
169 Ben Knight (2025). »Königreich Deutschland« – Verbot: Wer sind »Reichsbürger«? *Deutsche Welle*, 13.05.2025. https://www.dw.com/de/koenigreich-deutschland-verbot-reichsbuerger-dobrindt-v2/a-72527200, abgerufen am 15.07.2025.
170 Ayyadi (2023).
171 Arie W. Kruglanski, David Webber und Daniel Koehler (2020). *The Radical's Journey: How German Neo-Nazis Voyaged to the Edge and Back*. Oxford: Oxford University Press.
172 Marcus Pindur (2021). Wie groß ist der Rechtsextremismus im KSK? *Deutschlandfunk*, 19.09.2021. https://www.deutschlandfunk.de/bundeswehr-elitetruppe-

Anmerkungen

	wie-gross-ist-der-rechtsextremismus-100.html, abgerufen am 11.06.2025; vgl. Klaus Naumann im Gespräch mit Dieter Kassel (2020). »Da ist eine Art Sonderbewusstsein herangewachsen«. *Deutschlandfunk,* 19.06.2020. https://www.deutschlandfunk.de/militaerhistoriker-zu-rechtsdrift-bei-elitetruppe-ksk-da-100.html, abgerufen am 11.06.2025.
173	Thomas Grumke und Bernd Wagner (2002). (Hrsg.). *Handbuch Rechtsradikalismus: Personen – Organisationen – Netzwerke. Vom Neonazismus bis in die Mitte der Gesellschaft.* Opladen: Leske & Budrich; vgl. Sebastian Gräfe (2017). *Rechtsterrorismus in der Bundesrepublik Deutschland: Zwischen erlebnisorientierten Jugendlichen, »Feierabendterroristen« und kladestinen Untergrundzellen.* Baden-Baden: Nomos.
174	Amadeu Antonio Stiftung (2023): 13.
175	Simone Rafael (2020). »QAnon« schafft QAmoms. Eltern werden mit »Rettet die Kinder«-Verschwörungen geködert. *Belltower News,* 18.09.2020. https://www.belltower.news/qamoms-muetter-eltern-und-qanon-104451/, abgerufen am 11.04.2024.
176	Marken Hobrack (2020). Wenn die QAMoms rote Pillen schlucken. *Zeit,* 8.12.2020. https://www.zeit.de/kultur/2020-12/verschwoerungs-ideologie-qanon-querdenker-muetter-kinder, abgerufen am 11.04.2025.
177	Amadeu Antonio Stiftung (2023): 4.
178	Bildquelle: Rafael (2020).
179	Hobrack (2020).
180	Rafael (2020).
181	Bildquelle: Rafael (2020).
182	Enrico Glaser (2023). Deckmantel Kinderschutz. In Amadeu Antonio Stiftung (Hrsg.) *Mystische Menschenfeindlichkeit – Hintergründe und Erscheinungsformen rechter Esoterik.* Berlin, S. 16–21, hier: S. 16.
183	Andreas Zick und Nico Mokros (2023). Rechtsextreme Einstellungen in der Mitte. In Andreas Zick, Beate Küpper und Nico Mokros (Hrsg.) (2023). *Die distanzierte Mitte. Rechtsextreme und demokratiegefährdende Einstellungen in Deutschland 2022/23* hrsg. von Franziska Schröter. Bonn: Friedrich-Ebert-Stiftung, S. 53–89, hier: S. 56.
184	Bildquelle: Compact – Magazin für Souveränität. Coverbild. März 2021.
185	Vgl. Rafael (2020).
186	Amadeu Antonio Stiftung (2018). *Instrumentalisierung des Themas sexueller Missbrauch durch Neonazis. Analysen und Handlungsempfehlungen.* Berlin. https://www.amadeu-antonio-stiftung.de/wp-content/uploads/2018/08/instrumentalisierung-des-themas-sexueller-missbrauch-durch-neonazis-1.pdf
187	Glaser (2023): 18.
188	Uschi Jonas, Matthias Bau und Sarah Thust (2020). Die Flyer-Maschinerie der Corona-Gegner. *CORRECTIV – Recherchen für die Gesellschaft GmbH.* https://correctiv.org/faktencheck/hintergrund/2020/12/18/flyer-maschinerie-corona-gegner-freiheitsboten-desinformation, abgerufen am 05.03.2021.
189	Bildquelle: Rafael (2020).

190	Martin Bruder, Peter Haffke, Nick Neave, Nina Nouripanah und Roland Imhoff (2013). Measuring individual differences in generic beliefs in conspiracy theories across cultures: Conspiracy Mentality Questionnaire. *Frontiers in Psychology* 4: 1–15.
191	Amadeu Antonio Stiftung (2023).
192	Zick und Mokros (2023): 56.
193	Vladimir Martinovich (2014). *Die Anastasia-Bewegung - Eine utopische Gemeinschaft aus Russland*. In Berliner Dialog. Schein und Sein, Bd. 31. Berlin, S. 8–17.
194	Vgl. Agnes Betzler und Katrin Degen (2016). *Täterin sein und Opfer werden? Extrem rechte Frauen und häusliche Gewalt*. Hamburg: Marta Press.
195	Stefan Goertz und Nicolas Stockhammer (2023). *Terrorismusbekämpfung und Extremismusprävention. Eine Einführung*. Wiesbaden: Springer VS, S. 201 f.
196	Rudolf van Hüllen (o. D.). Zentrale Aktionsfelder von Linksextremisten. KAS. https://www.kas.de/de/web/extremismus/linksextremismus/zentrale-aktionsfelder-von-linksextremisten, abgerufen am 15.04.2025.
197	Hier und i. F. van Hüllen, KAS.
198	Goertz und Stockhammer (2023): 201 ff.
199	Philipp Schnee (2019). Mythos Antifa. Zwischen Engagement und Gewalt. *Deutschlandfunk*, 10.11.2019. https://www.deutschlandfunk.de/mythos-antifa-zwischen-engagement-und-gewalt-100.html, abgerufen am 14.04.2025.
200	Wissenschaftliche Dienste (2018). *Linksextremismus in Gestalt der sogenannten »Antifa«. Organisationsbezogene strafrechtliche Implikationen*. WD 7 – 3000 – 069/18. Berlin: Deutscher Bundestag, S. 1–13.
201	Sebastian Haunss (2008). Antiimperialismus und Autonomie – Linksradikalismus seit der Studentenbewegung. In R. Roth und D. Rucht (Hrsg.), *Die Sozialen Bewegungen in Deutschland seit 1945. Ein Handbuch*. Frankfurt am Main: Campus Verlag, S. 447–473.
202	Richard Rohrmoser (2022). *Antifa. Portrait einer linksradikalen Bewegung*. München: Beck.
203	Armin Pfahl-Traughber (2014). *Linksextremismus in Deutschland. Eine kritische Bestandsaufnahme*. Wiesbaden: Springer VS.
204	Rohrmoser (2022).
205	Bildquelle: https://commons.wikimedia.org/w/index.php?curid=4896373 – Autonome NewsflasherInnen, CC BY-SA 2.0 (https://creativecommons.org/licenses/by-sa/2.0/de/deed.en); unverändert.
206	Schnee (2019).
207	Lazaros Miliopoulos (2017). Biografische Verläufe im Extremismus: Ein kritischer Blick auf ihre Bedeutung für die Radikalisierungsforschung und die Extremismusprävention. In Ralf Altenhof, Sarah Bunk, Melanie Piepenschneider (Hrsg.). *Politischer Extremismus im Vergleich. Beiträge zur politischen Bildung*. Berlin: LIT, S. 105–136.
208	Hier und i.F.: Goertz und Stockhammer (2023): 203f.
209	Rudolf van Hüllen (2015). »Antiimperialistische« und »antideutsche« Strömungen im deutschen Linksextremismus. bpb, 05.01.2025. https://www.bpb.de/themen/linksextremismus/dossier-linksextremismus/33626/

antiimperialistische-und-antideutsche-stroemungen-im-deutschen-linksextremismus/, abgerufen am 15.04.2025.
210 Sean F. McMahon (2014). The Boycott, Divestment, Sanctions campaign. *Race & Class* 55: 65–81.
211 Suzanne Morisson (2015). The Emergence of the Boycott, Divestment and Sanctions Movement. In Fawaz A. Gerges (Hrsg.). *Contentious Politics in the Middle East*. Wiesbaden: Springer VS, S. 229–255.
212 Susanne Schröter (Hrsg.) (2021). *BDS – Geschichte, Ideologie und Struktur der Israelboykottbewegung, FFGI – Working Paper I*. Frankfurt am Main: Frankfurter Forschungszentrum Globaler Islam, S. 14–15.
213 Iibsa (2020). Die antisemitische Boykottkampagne BDS. *Iibsa*, 23.07.2020. https://iibsa.org/antisemitische-boykottkampagne-bds-handreichung/, abgerufen am 15.04.2025.
214 Thomas E. Schmidt (2023). Linke Schuldumkehr. *Zeit online*, 17.10.2023. https://www.zeit.de/kultur/2023-10/judith-butler-israel-hamas-linke-intellektuelle, abgerufen am 15.04.2025.
215 Evelyn Finger (2008). Radikale Demokratie ist die einzige Politik. *Zeit online*, 15.05.2008. https://www.zeit.de/2008/21/J_Butler/komplettansicht, abgerufen am 15.04.2025.
216 Schröter (2021): 16–17.
217 Matthias Meisner (2007). Linkspartei »Marx is Muss«. *Tagesspiegel*, 02.09.2007. https://tagesspiegel.de/politik/marx-is-muss-1542397.html, abgerufen am 15.04.2025.
218 Meisner (2007).
219 Marx 21, Ausgabe 69: »Die Lügen der Kriegstreiber«. https://www.marx21.de/Das-neue-marx21-magazin-die-luegen-der-kriegstreiber-der-krieg-um-die-ukraine-imperialismus-und-die-antwort-der-linken, abgerufen am 18.10.2024.
220 Marcus Muntlinger (2017). Mit Allah gegen die AfD. *Jungle world*, 02.02.2017. https://jungle.world/artikel/2017/05/mit-allah-gegen-die-afd, abgerufen am 15.04.2025.
221 Karl Naujoks (2024). Der Plan der Generäle. Israel bedroht 400.000 mit dem Hungertod. *Die Revolutionäre Linke*, 17.10.2024. https://revolinks.de,/index/php/2024/10/17/der-plan-der-generaele-israel-bedroht-400000-mit-dem-hungertod/, abgerufen am 18.10.2024.
222 Sebastian Leber (2024). Antisemitismus-Streit in der Berliner Linken. *Tagesspiegel*, 26.11.2024. https://www.tagesspiegel.de/berlin/antisemitismus-streit-in-der-berliner-linken-wie-die-politsekte-marx21-die-partei-unterwandert-hat--besonders-in-neukoelln-12720005.html, abgerufen am 15.04.2025.
223 Pitt von Bebenburg (2019). Linke als Antisemiten angegriffen. *Frankfurter Rundschau*, 21.01.2019. https://www.fr.de/politik/cdu-org25691/linke-antisemiten-angegriffen-11394479.html, abgerufen am 15.04.2025.
224 Homepage von Christine Buchholz (2010). *Ich klatsche nicht für ideologische Kriegsvorbereitungen*. 02.02.2010. https://christinebuchholz.de/2010/02/02/

ich-klatsche-nicht-fur-ideologische-kriegsvorbereitungen/#more-839, abgerufen am 15.04.2025.

225 Homepage von Christine Buchholz (2024). Ausritt aus der Partei Die Linke. 15.12.2024. https://christinebuchholz.de/2024/12/15/austritt-aus-der-partei-die-linke/, abgerufen am 15.04.2025.

226 Homepage von Christine Buchholz (2024).

227 Buchholz (2024)

228 Goertz und Stockhammer (2023): 204.

229 Ralph Ghadban (2015b). *Die Sufi-Dimension der Gülen-Bewegung*. EZW 238: 74–80, hier: S. 74. Thomas Volk (2015). Fetullah Gülen: Reformtheologe oder Islamist? In Friedmann Eißler (Hrsg.). *Die Gülen-Bewegung (Hizmet). Herkunft, Strukturen, Ziele, Erfahrungen.* EZW 238: 11–21, hier: S. 20.

230 Volk (2015):19.

231 Andreas Renz (2016). Der türkische Prediger Fethullah Gülen und seine Bewegung: Verfechter der Liebe oder Islamist? *Herder Korrespondenz* 11: 25–28, hier: S. 26; Vgl. Stefanie Schoene (2019). Ist die Gülenbewegung wirklich harmlos? *Süddeutsche Zeitung*, 08.04.2019. https://www.sueddeutsche.de/bildung/islamunterricht-ist-die-guelen-bewegung-wirklich-harmlos-1.4400426, abgerufen am 23.04.2025.

232 Günter Seufert (2014). *Die Gülen-Bewegung in der Türkei und Deutschland.* Deutschland. bpb, 1.09.2014. https://www.bpb.de/themen/europa/tuerkei/184979/die-guelen-bewegung-in-der-tuerkei-und-deutschland/, abgerufen am 24.04.2025.

233 Volk (2015): 14.

234 Ralph Ghadban (2015a). *Die Pseudo-Modernisten nach Said Nursi und Fettullah Gülen.* EZW 238: 47–73, hier: S. 70.

235 Vgl. Fulya Atacan (2001). A Kurdish Islamist Group in Modern Turkey: Shifting Identies. *Middle Eastern Studies* 37(3): 111–144.

236 Volk (2015): 14.

237 Ghadban (2015b): 79.

238 Bekim Agai (2008). *Zwischen Netzwerk und Diskurs. Das Bildungsnetzwerk um Fetullah Gülen (geb. 1938): Die flexible Umsetzung modernen islamischen Gedankenguts.* Bonner Islamstudien, Bd. 2. Hamburg-Schenefeld: EB Verlag, S. 185.

239 Volk (2015): 20.

240 Fetullah Gülen (2006). *Toward A Global Civilization of Love and Tolerance.* New Jersey: The Light Inc. FN 10, S. 208 nach Volk (2015): 19

241 Hier und i.F. Volk (2015): 18f.

242 Hakan Yavuz und John Esposito (2003). *Turkish Islam and the Secular State. The Gülen Movement.* New York: Syracuse University Press, S. 25.

243 Volk (2015): 17.

244 Friedmann Eißler (o.D.). *Die neue Stiftung Dialog und Bildung der Gülen-Bewegung.* EZW. https://www.ezw-berlin.de/publikationen/die-neue-stiftung-dialog-und-bildung-der-guelen-bewegung, abgerufen am 23.04.2025.

Anmerkungen

245 Friedmann Eißler (2015). Einführung. In Friedmann Eißler (Hrsg.). *Die Gülen-Bewegung (Hizmet). Herkunft, Strukturen, Ziele, Erfahrungen.* EZW 238: 3–10, hier S. 5.
246 Ghadban (2015b): 79. Volk (2015): 20.
247 Fetullah Gülen (2004). *Aufsätze – Perspektiven – Meinungen.* Offenbach am Main: Fontäne-Verlag, S. 110.
248 Günter Seufert (2013). *Überdehnt sich die Bewegung von Fetullah Gülen?* S23, Berlin: SWP. FN 8, S. 11 zitiert nach Volk (2015): 21.
249 Forian Volm (2015). *Die Gülen-Bewegung im (trans)nationalen Spannungsfeld. Perspektiven auf lokale Anpassungsprozesse in Deutschland.* EZB 238: 95–106, hier: S. 103–105.
250 Stefanie Schoene (2019). Weltliche Fassade. *Süddeutsche Zeitung*, 15.09.2025. https://www.sueddeutsche.de/bildung/guelen-bewegung-weltliche-fassade-1.4601264, abgerufen am 23.04.2025.
251 Friedmann Eißler (2015). Geheime Agenda? *Herder Korrespondenz* S2: 46–49. https://www.herder.de/hk/hefte/spezial/religion-unter-verdacht-wohin-entwickelt-sich-der-islam/geheime-agenda-was-sich-hinter-der-guelen-bewegung-verbirgt/, abgerufen am 23.04.2025.
252 Cengiz Gunes (2012). *The Kurdish National Movement in Turkey – From protest to resistance.* London; New York: Routledge.
253 Aliza Marcus (2007). *Blood and belief – The PKK and the Kurdish fight for independence.* New York; London: New York University Press.
254 Claudia Steiner (2025). PKK löst sich auf: »Historischer« Schritt – wie geht es weiter. *BR*, 12.05.2025. https://www.br.de/nachrichten/deutschland-welt/pkk-loest-sich-auf-historischer-schritt-wie-geht-es-weiter,UkyYlok, abgerufen am 16.05.2025.
255 Mürşit Demirkol und Erdem Solmaz (1997). *Die PKK und die Kurdenfrage in der Türkei.* Berlin: Verlag für Wissenschaft und Bildung; Lothar A. Heinrich (1989). *Die kurdische Nationalbewegung in der Türkei.* Hamburg: Deutsches Orient-Institut; vgl. Beverly Bell (2017). Women in Arms: Zapatistas and Rojava Kurds Embrace a New Gender Politics. *Huffpost*, 18.05.2015. https://www.huffpost.com/entry/women-up-in-arms-zapatist_b_6891494, abgerufen am 18.04.2025.
256 Ali Kemal Özcan (2006). *Turkey's Kurds – A Theoretical Analysis of the PKK and Abdullah Öcalan.* London; New York: Routledge
257 Demirkol und Solmaz (1997; Vgl. Heinrich (1989).
258 Anja Flach (2007). *Frauen in der kurdischen Guerilla: Motivation, Identität und Geschlechterkampf in der Frauenarmee der PKK.* Köln: Papyrossa Verlag.
259 Nikolaus Brauns und Brigitte Kiechle (2010). *PKK – Perspektiven des kurdischen Freiheitskampfes: Zwischen Selbstbestimmung, EU und Islam.* Stuttgart: Schmetterling Verlag.
260 George A. Barton (1893). The Semitic Istar Cult. *Hebraica* 9: 131–165; vgl. George A. Barton (1893/94). *Hebraica* 10 1(2):1–74; vgl. Nanette B. Rodney (1952). Ishtar, the Lady of the Battle. *The Metropolitan Museum of Art Bulletin* NS 10 (7): 211–216.

261	BEHDÎNAN (2024a). Den Mann töten. *ANF*, 27.04.2024. https://anfdeutsch.com/hintergrund/-41958, abgerufen am 19.04.2025.
262	Flach (2007).
263	Bell (2017).
264	BEHDÎNAN (2024a).
265	Ebenda.
266	van Wilgenburg (2016).
267	BEHDÎNAN (2024b). YJA Star »Wir sind die Verteidigungsarmee aller unterdrückten Frauen«. *ANF*, 12.11.2024. https://anfdeutsch.com/frauen/yja-star-wir-sind-die-verteidigungsarmee-aller-unterdruckten-frauen-44240, abgerufen am 19.04.2025.
268	Bildquelle: BEHDÎNAN (2024b), abgerufen am 19.04.2025.
269	BEHDÎNAN (2024a).
270	Lucy Clarke-Billings (2016). The Women Leading a Social Revolution in Syria's Rojava. *Newsweek*, 06.10.2016. https://www.newsweek.com/women-leading-social-revolution-rojava-report-506611, abgerufen am 18.04.2025.
271	Bell (2017).
272	Anja Flach (2003). *Jiyaneke din – ein anderes Leben. Zwei Jahre bei der kurdischen Frauenarmee.* Köln: Mezopotamien Verlag.
273	Flach (2007).
274	Ebenda.
275	Flach (2007).
276	Deutscher Bundestag 13. Wahlperiode, Drucksache 13/4812. Antwort der Bundesregierungauf die Kleine Anfrage der Abgeordneten Manfred Such, Volker Beck (Köln) und der Fraktion BÜNDNIS 90/DIE GRÜNEN — Drucksache 13/4483 — V-Mann Klaus Steinmetz, Sprengstoffanschlag in Weiterstadt und der Verfassungsschutz (I) vom 05.06.1996, S. 1-11.
277	Kai Strittmacher (2011). »Du bist Ungläubige, Deutsche, Frau und Terroristin«. *Süddeutsche Zeitung*, 31.08.2011. https://www.sueddeutsche.de/politik/mord-an-deutscher-kurdenaktivistin-andrea-wolf-du-bist-unglaeubige-deutsche-frau-und-terroristin-1-1137093, angerufen am 18.04.2025.
278	Clarke-Billings (2016).
279	Ismail Küpeli (2025). *Graue Wölfe. Türkischer Rechtsextremismus in Deutschland.* Münster: UNRAST-Verlag, S. 12.
280	Küpeli 2025: 90.
281	Ebenda.
282	Ufuq (2018). Frauen in ultranationalistischen türkischen Szenen: Interview mit Lena Wiese über Ideologie und Rollenbilder der Grauen Wölfe. *Ufuq.de*, 02.05.2018. https://www.ufuq.de/aktuelles/frauen-in-ultranationalistischen-tuerkischen-szenen-interview-mit-lena-wiese-ueber-ideologie-und-rollenbilder-der-grauen-woelfe, abgerufen am 23.04.2025.
283	Friedmann Eißler (2024). »Wolfsgruß – ATİB – Graue Wölfe. *YouTube*, 05.09.2024. https://www.youtube.com/@FriedmannEissler, abgerufen am 24.04.2025.
284	American Jewish Committee (AJC) (2021). *Türkischer Rechtsextremismus in Deutschland – Die Grauen Wölfe.* Berlin Ramer Institute, S. 13.

285	AJC (2021): 26.
286	Ufuk (2018).
287	Vgl. Eißler (2024).
288	AJC (2021): 32.
289	Kemal Bozay und Lena Wiese (2020). Ich bin stolz, Türkin zu sein. Ultranationalistische Einstellungen von jungen Frauen bei den Grauen Wölfen. In D. Borstel und Kemal Bozay (Hrsg.). *Kultur der Anerkennung statt Menschenfeindlichkeit. Antworten für die pädagogische und politische Praxis.* Weinheim: Beitz Juventa, S. 113–125.
290	Ufuq (2018).
291	Peter B. Golden (2018). Die ethnogonitischen Erzählungen der Türken. *The Medieval History Journal* 21(2): 291–327.
292	Bildquelle: https://commons.wikimedia.org/wiki/File:Meral_Ak%C5%9Fener_delivering_a_speech.jpg
293	Luise Sammann (2017). Konkurrenz für Erdoğan. *Deutschlandfunk*, 19.09.2017. https://www.deutschlandfunk.de/die-nationalistische-politikerin-meral-aksener-konkurrenz-100.html, abgerufen am 24.04.2025.
294	Gerd Höhler (2018). Erdogans Konkurrentin Aksener – »Die Wölfin« zeigt Zähne. *Morgenpost*, 31.05.2018. https://www.morgenpost.de/politik/article401716474/erdogans-konkurrentin-aksener-die-woelfin-zeigt-zaehne.html, abgerufen am 24.04.2025.
295	Susanne Güsten (2021). Erdogans weibliche Konkurrenz. So tickt die konservative Meral Aksener von der »Guten Partei«. *Tagesspiegel*, 06.01.2021. https://www.tagesspiegel.de/politik/so-tickt-die-konservative-meral-aksener-von-der-guten-partei-5386837.html, abgerufen am 24.04.2025.
296	Vgl. AJC (2021).
297	Ausnahmen stellen die Forschungen des (AJC) (2021), Lena Wieses (2018) und Ismail Küpeli (2025). *Graue Wölfe – Türkischer Rechtsextremismus in Deutschland.* Münster: Unrast Verlag dar.
298	Vgl. Ufuq (2018).
299	Vgl. Bozay und Wiese (2020).
300	Susanne Güsten (2023). Nationalismus als neue Religion der Türkei?: Der Rechtsruck wird die Stichwahl entscheiden. *Tagesspiegel*, 19.05.2023. https://www.tagesspiegel.de/internationales/nationalismus-als-neue-religion-der-turkei-der-rechtsruck-wird-die-stichwahl-entscheiden-9837962.html, abgerufen am 24.04.2025.
301	Vgl. Nina Käsehage (2022). Ästhetische Mobilmachung – Radikal-islamische Rekrutierung in den sozialen Medien am Beispiel der IS-Online-Magazine Dabiq und Rumiyah. In Sybille Reinke de Buitrago (Hrsg.). *Radikalisierungsnarrative online. Perspektiven und Lehren aus Wissenschaft und Prävention.* Wiesbaden: Springer VS, S. 109–146.
302	Bell (2017).
303	Rivkah Harris (1991). Inanna-Ishtar as Paradox of Coincidence of Opposites. *History of Religions* 30 (3): 268–272.
304	Vgl. Betzler und Degen (2016).

305	Martin Dinges (2005). »Hegemoniale Männlichkeit – Ein Konzept auf dem Prüfstand. In Martin Dinges (Hrsg.). *Männer-Macht-Körper. Hegemoniale Männlichkeiten vom Mittelalter bis heute.* Frankfurt am Main; vgl. Peter Döge und Michael Meuser (2001). Geschlechterverhältnisse und Männlichkeit. Entwicklung und Perspektiven sozialwissenschaftlicher Männlichkeitsforschung. In Peter Döge und Michael Meuser (Hrsg.). *Männlichkeit und soziale Ordnung. Neue Beiträge zur Geschlechterforschung.* Wiesbaden: Springer VS.
306	Vgl. Betzler und Degen (2016); vgl. Kracher (2024).
307	Amadeu Antonio Stiftung (2021).
308	Sylvia Schraut (2007). Terrorismus und Geschlecht. In Christine Künzel und Gaby Temme, Gaby (Hrsg.). *Täterinnen und/oder Opfer? Frauen in Gewaltstrukturen.* Hamburg: LIT Verlag; vgl. Margarte Mitscherlich (1985). *Die friedfertige Frau. Eine psychoanalytische Untersuchung zur Aggression der Geschlechter.* Frankfurt am Main: S. Fischer.
309	Simone Rehm, Britt Ziolkowski, Eva Herschinger, Hülya Tuncor, Tanja Zischke-Geye, Nelia Miguel Müller, Melanie Thöne und Aylin Turay (2024). *Geschlechterkonstruktionen zwischen Macht und Stereotypen: Eine neue Perspektive für die Deradikalisierungsarbeit im Salafismus* (Beiträge zu Migration und Integration, Band 14). Nürnberg. Bundesamt für Migration und Flüchtlinge, S. 46.
310	Jana Trapp (2022). Von Nazi- über RAF- zu IS-Täterinnen: Zwischen stereotypen Unterdrückungsnarrativen und ideologischen Befreiungsakten. *Gender & Crime – Geschlechteraspekte in Kriminologie und Strafrechtswissenschaft* 54: 87–96. DOI:10.5771/9783748930297-87, abgerufen am 19.03.2025.
311	Sofia Koller und Alexander Schiele (2021). Holding Women Accountable. Prosecuting Female Returnees in Germany. *Counter Terrorism Center in Westpoint (CTC) Sentinel* 14(10): 38–49; vgl. Sofia Koller (2022). Gendered Differences in the Prosecution of Daesh Returnees in Germany. In Omi Hodwitz (Hrsg). *Gender-Disaggregated Data: Religional Analysis of Criminal Justice Outcomes in Terrorism Prosecutions.* 1. Ed. Ankara: NATO, S. 27–39; Vgl. Charlie Kaufhold (2015).
312	Mia Bloom (2005). Mother. Daughter. Sister. Bomber. *Bulletin of the Atomic Scientists* 61: 54–62; vgl. Käsehage (2017).
313	Käsehage (2023): 454–556.
314	Ebenda: 121; vgl. *Lexikon der Psychologie.* Reaktanztheorie. https://www.spektrum.de/lexikon/psychologie/reaktanztheorie/12520, abgerufen am 08.03.2025.
315	Rachel Schmidt (2020). Duped: Examining Gender Stereotypes in Disengagement and Deradicalization Practices. *Studies in Conflict & Terrorism* 3: 953–976. https://doi.org/10.1080/1057761 0X.2020.1711586, abgerufen am 18.10.2021.